한국문화의

탈중국화

저자

김혜원金惠媛, Hyewon Kang Kim Ph.D.

재홍콩 인문학자로 주요 연구분야는 한·중 양국의 문화비교이다. 한·중 문화비교와 관련된 저서로
는, 중국의 '봉황호서방凤凰好书榜'에 선정된 『중한문화담中韩文化谈』(北京大學出版社, 2013), 문화체
육관광부 사회과학부문 세종도서로 선정된 『딤섬으로 점심먹기』(고려대학교출판문화원, 2013), 현
대 한국 문화와 사회를 동아시아적 관점에서 비교 분석한 최초의 영문 저서『Busy Koreans : Essays
on Contemporary Culture and Society of South Korea in East Asian Context』(Korea University Press,
2014) 등이 있다. 그 외에 「The Spread of Korean Language Education in Hong Kong」(In Trans-
national Korea series, UC Berkeley, University of California Press, 2018) 등의 언어교육관련 논문과
「영화를 통한 홍콩의 이해以電影了解香港」(Hong Kong Literature Bimonthly, 2016) 등의 영화 관련 논
문을 다수 발표했다. 『매일경제』에 칼럼 「21세기 인문학리포트」의 고정 필진으로 수년간 집필했다.
홍콩대학 The University of Hong Kong 및 홍콩시티대학 City University of Hong Kong 어문학부에
각각 한국학과와 한국어학과를 설립하고, 홍콩 학계에 한국학 발전의 기초를 세웠다. 현재 The
Cultural Studies Centre of East Asia(東亞細亞文化研究中心) 연구소장으로 한국과 동아시아 문화에
대한 연구와 저술활동 외 한중언어문화연구(韓中言語文化研究) 편집위원 및 The Hong Kong Ass-
ociation for European Studies 사무장이다.

https://hyewonkangkim.wordpress.com

한국문화의 탈중국화 한국인과 중국인의 언어문화 및 사고방식

초판인쇄 2018년 4월 17일 **초판발행** 2018년 4월 24일
지은이 김혜원 **펴낸이** 박성모 **펴낸곳** 소명출판
출판등록 제13-522호 **주소** 서울시 서초구 서초중앙로6길 15, 1층
전화 02-585-7840 **팩스** 02-585-7848 **전자우편** somyungbooks@daum.net **홈페이지** www.somyong.co.kr

값 17,000원
ISBN 979-11-5905-270-5 03300
ⓒ 김혜원, 2018

한국문화의

탈중화

De-Sinicization
of Korean Culture

한국인과
중국인의
언어문화 및
사고방식

김혜원

소명출판

"곳간이 가득 넘쳐야 예절을 알고 의식(衣食)이 넉넉해야
영욕(榮辱)을 안다."

—관중—

(B.C.725~B.C.645, 춘추시대 제나라의 정치가이자 사상가)

문화융성

지난 2013년 정부는 140개의 국정과제를 확정 및 발표하면서 네 가지의 주요 국정기조를 제시했다.[1] 그 네 가지 중 하나가 바로 '문화융성'이라는 것이었다. 이런 까닭에 다소 낯선 문화융성이라는 용어가 지난 몇 년간 매스컴에서 자주 언급되었다. 정부의 의도는 한류의 원천인 한국 대중문화에 대한 인기를 잘 활용하여 관련 문화산업을 미래의 성장동력으로 발전시키겠다는 것으로 보였다. 만약 그렇다면, 정부가 실제 원했던 것은 한국문화의 융성이 아니라 한국 문화산업의 융성이라고 해야 할 것이다.

지난 세기에 비하면 한국경제는 크게 성장했고, 이에 따라 한국의 국력도 크게 신장되었다. 국가가 부강해질수록 그 국가의 문화는 자연스럽게 융성하게 된다. 한국문화도 경제발전에 힘입어 그동안 크게 융성해졌다고 할 수 있다. 그러나 우리들 대부분은 한국이라는 사회가 갈수록 더 각박해지고 있다고 느끼고 있다. 우리가 경제적 풍요 속에서 각박함을 느끼는 가장 큰 이유는 현재의 경제체제가 끊임없이 우리를 경쟁으로 내몰고 있기 때문이다.

만약 한국인들이 한국과 비슷한 경제·사회구조를 가진 다른 나라

---

1   「경제·복지·문화·통일 '4대 국정기조'」, 『경향신문』, 2013.11.18.

사람들에 비해 사회에 대한 불만과 이에 따른 정서적 고통을 더 심하게 느끼고 있다면, 이는 우리가 그동안 해오던 방식들을 한번 되짚어볼 필요가 있다는 것을 의미한다. 즉, 한국의 문화 및 관습 중에서 어떤 것들이 우리를 힘들게 하는지를 찾아내어 그것들을 보완하는 일도 우리에게 시급한 문화정책이 될 수 있다는 것이다.

한류가 나름의 성공을 거두고 있으니, 한국인이라면 누구나 한국문화에 대한 자긍심을 가질 만하다. 하지만 지나친 자화자찬은 한국문화를 오히려 퇴보시킬 수도 있다. 자국 문화에 대한 비뚤어진 자긍심이 타문화에 대한 비하나 멸시로 이어져, 결국 문화적 다양성을 해치고, 그 사회를 퇴보시킨 사례는 세계사에서도 아주 흔히 볼 수 있다. 이런 의미에서 바람직한 문화정책이란, 어떻게 하면 자국 문화를 외국에 더 많이 수출할 수 있을까를 고민하는 것이 아니라, 어떻게 하면 자국 문화를 좀 더 성숙하고 건강하게 만들 수 있을지, 그리고 이를 위해서 어떠한 외국 문화를 수용하는 것이 좋을지를 고민하는 것이다.

일전에 '세계화'라는 구호를 열심히 외칠 때도 이와 유사한 문제가 있었다. 당시 많은 한국인들은 그것이 음식이든 패션이든 한국과 관련된 것들을 외국에 대대적으로 홍보하여 한국상품을 더 많이 수출하는 것이 바로 세계화라고 오해했다. 그동안 이러한 세계화를 통해 한국상품의 수출이 얼마나 늘었는지는 정확히 알 수 없지만, 그러한 일방적인 반쪽자리 문화교류가 오늘날 한국의 사회 및 문화를 풍요롭게 만드는 데에는 전혀 기여하지 못했다고 할 수 있다.

대부분의 한국인들은 잘 인식하지 못하고 있지만, 국제적으로 한국은 제노포비아, 즉 이방인에 대한 혐오가 심한 국가들 중 하나로 알려져 있다.[2] 한국 사회가 타문화에 대해 좀 더 개방적이 되면, 그만큼 한국문화는 외국인들도 공감할 수 있는 보편성을 갖게 되는 것이다. 또한 다양한 이유로 한국을 떠날 수밖에 없었던 한국인들이 한국문화가 그리워 다시 한국으로 돌아올 정도가 될 때 외국인들도 한국의 문화상품은 물론, 한국문화를 진심으로 매력적이라고 느낄 것이다. 그리고 그때가 바로 한국문화가 진정한 의미에서 융성해지는 때이다.

한국문화의 중국화 그리고 서구화

한자와 유교는 동아시아에 각각 한자문화권과 유교문화권을 형성케 한 중국인들이 자랑하는 그들의 대표적인 지적知的 문화유산이다. 『한자문화, 어디로 가나』의 저자인 일본 류코쿠 대학의 리 소테츠 교수는 한자를 동아시아 사람들의 생활공간, 즉 '문화적 공간'으로, 그리고 유교를 '그 공간에서 떠도는 공기'로 각각 비유했다.[3] 과거 우리의 선조들도 중국으로부터 한자와 유교를 수입하여 오랫동안 사용하면서 선진문물이 제공하는 문화적 혜택을 한껏 누렸다. 그 결과, 현재 한국어에는 한자 어휘가 많이 남아있고, 우리의 사고방식에서도 유교적 전통이 낳은 여러 흔적들을 발견할 수 있다.

이 책에서는 중국에서 수입해온 한사와 유교가 각각 한국인의 언어문화와 사고방식에 어떠한 영향을 주었는지, 그리고 서구화가 진행되면서 이러한 중국문화의 영향이 어떻게 약화되고 있는지를 살펴보고자

---

2   「'제노포이아' 심각…32% "이민자와 이웃되기 싫어"」, 『한겨레』, 2016.3.14.
3   리 소테츠, 이동주 역, 『한자문화, 어디로 가나』, 기파랑, 2010, 24쪽.

한다. 즉, 한국이 중국의 문화에 이어서 서구의 문화를 수용해 오면서, 그것들을 어떻게 한국문화의 일부로 소화해왔는지에 대해 설명하고자 한다. 이는 곧 한국 문화사에 대한 개괄적인 설명이 될 것이다.

이 책은 크게 네 개의 장으로 이루어져 있다. 먼저 제1장 「문화를 이해하는 올바른 방법」에서는 문화의 속성이란 무엇인가, 그리고 사회문화 현상을 해석하기 위한 합리적인 방법은 무엇인가에 대해서 논의했다. 제2장 「한자문화와 유교문화」에서는 동아시아에 한자문화권과 유교문화권이 형성될 수 있었던 이유와 그것들이 각각 한국문화에 어떤 영향을 끼쳤는지에 대해서 논의했다. 제3장 「한국문화의 탈중국화」에서는 한국이 서구화되는 과정에서 한국문화에 남겨진 한자 및 유교의 영향이 어떤 식으로 약화되고 있는지에 대해서 논의했다.

마지막 장인 제4장 「한·중 문화유산 원조 논쟁」에서는 과거 한자와 유교 외에 한국이 크게 의존했던 중국의 또 다른 선진문물인 중국식 달력이 한국문화에 어떤 영향을 주었는지에 대해서 논의했다. 이 책에는 부록이 딸려있는데, 여기서는 외국 문화를 이해하기 위한 수단으로서 영화를 어떻게 활용할 수 있는지에 대해서 설명했다. 이를 위해서 한국인들에게 잘 알려진 홍콩영화 〈첨밀밀〉을 텍스트로 사용하여, 이 영화에 등장하는 여러 상징들에 대해서 논의했다.

나는 몇 년 전 『딤섬으로 점심먹기』(고려대출판원, 2013)라는 책을 출간했는데, 이 책을 통해서 한국과 중국의 전반적인 문화를 비교한 바 있다. 그리고 이번의 『한국문화의 탈중국화』는 한·중 양국의 문화비교 중에서도 지적 문화를 중점적으로 다루고 있다. 『딤섬으로 점심먹기』가 한·중 문화비교에 관한 입문서라면, 『한국문화의 탈중국화』는 중급서에 해당한다고 할 수 있다. 참고로, 『딤섬으로 점심먹기』의 일부 내용이 이번의 『한국문화의 탈중국화』에 포함되어 있다.

한국문화는 중국과 서구에서 수입한 외래문화에 의해 크게 영향을 받았다. 그리고 그때마다 한 단계씩 진화할 수 있었다. 이를 통해서 알 수 있는 사실은, 지금보다 한국문화를 좀 더 풍성하고 성숙하게 만들려면 우리가 가지고 있는 문화상품의 수출보다는 우리보다 앞선 다양한 외래문화의 수용에 더 많은 신경을 써야 한다는 것이다.

이 책에서는 한국인의 전통적 사고방식과 현재의 사회환경과의 부조화로 발생되는 여러 가지 사회문화 현상에 대해서도 많은 지면을 할애하여 설명했다. 부디 나의 이런 소박한 노력이 한국의 문화와 사회가 좀 더 풍요로워지고 동시에 건강해질 수 있는 데 조금이라도 기여할 수 있기를 바랄 뿐이다.

홍콩에서 저자 김혜원
2017년 10월

머리말 7

제1장 문화를 이해하는 올바른 방법   13

귀에 걸면 귀걸이 코에 걸면 코걸이 ──────────── 15
예측하기 어려운 사회문화 현상 15 / 문화유물론 18

문화 DNA는 없다 ─────────────────── 21
사회문화 현상에 대한 일반화의 오류 21 / 자문화 중심주의의 유혹 25
/ 한류가 성공한 이유 27 / 문화를 결정하는 경제 정책 33

오래전 사라진 코끼리 ──────────────── 37
문화의 정의 37 / 끊임없이 진화하는 문화 38 / 비경제적 사회환경
요인 41 / 다층구조를 가진 문화 44 / 두 국가 간의 문화교류 47 /
문화라는 코끼리-구성의 오류 51

제2장 한자문화와 유교문화   55

한자, 중국의 자존심 ──────────────── 57
시대를 초월하는 한자 57 / 문맹이었던 위대한 왕 60 / 한자문화권 62

한자어는 외래어? ──────────────────── 66
한자어의 홍수 66 / 쉽게 바뀌는 어휘, 천천히 변하는 언어 69 / 보
수적인 문자문화 72

말이 먼저, 생각이 먼저? ──────────────── 77
언어와 의식(儀式)의 연관성 77 / 문화 전반에 영향을 주는 언어 80
/ 사회규범을 반영하는 언어습관 83

공자 앞에서 문자 쓴다————————————————— 87

동아시아인의 사고방식 87 / 조선의 성리학 91 / 다른 신앙에 끼친
유교의 영향 93

네가 하면 나도 한다————————————————— 97

개인주의에 대한 오해 97 / 인간관계를 중시하는 문화 101 / 일체감
- 한국식 집단주의 105 / 유교적 전통과 권위주의 111

중국문화의 아류?—————————————————— 113

명함에 한자로 적힌 이름 113 / 한자문화와 유교문화의 동력 117 /
실익이 없는 독자적 문화 121

제3장 한국문화의 탈중국화   125

수명을 다한 공용문자—————————————————— 127

간체와 병음 127 / 한자문화권의 붕괴 130 / 한자문화권이 소멸된
이유 134 / 동음이의어 137

아름다운 나라 혹은 쌀의 나라————————————— 144

레스토랑과 식당의 차이 144 / 글로벌 시대에 한자의 약점 147 / 기
대하지 않았던 한글이 지닌 강점 153

자유분방한 한국어—————————————————— 157

언어의 진화 157 / 한자가 중국어의 진화에 끼친 영향 160 / 한자와
한글이 한국어의 진화에 끼친 영향 164 / 배우기 어려운 한국어 169
/ 낭비가 심한 언어습관 173

양자택일——————————————————————— 177

동아시아의 이상향 177 / 경쟁사회에 어울리지 않는 사고방식 179 /
경쟁을 부추기는 일체감 183 / 자본주의와 상충하는 집단의식 188 /
기독교의 부상 193 / 체면과 노블레스 오블리제 195

한국, 문화변용의 성공사례 ————————————— 199

서구화를 통한 탈중국화 199 / 여전히 집단주의적인 인간관계 203 /
한국에서 사라진 한자문화 204 / 한국과 다른 중국문화의 서구화 206
/ 한국과 공유하고 있는 중국의 사회문화 현상 208

제4장 한·중 문화유산 원조 논쟁   211

중국에서 온 달력 ————————————— 213

여러 개의 부처님오신날 213 / 중국식 설날 217

같은 이름, 다른 콘텐츠 ————————————— 221

중국에만 있는 전설 221 / 지역 풍토와 풍습 225 / 강릉단오제 229

맺음말   235

한자를 대체한 영어 236 / 자본주의와 유교의 공존 239 / 한·중 문화비교 242

부록_ 영화를 통한 외국 문화의 이해 – 그 방법론에 대하여 —— 248

영화 〈첨밀밀〉 248 / 첫 번째 가정 – 영화 속 주인공은 나와 다르지 않다 251
/ 영화 속 상징의 이해 254 / 〈첨밀밀〉에서의 문화적 상징 258

참고문헌   261

제1장

문화를 이해하는
올바른 방법

귀에 걸면 귀걸이 코에 걸면 코걸이
문화 DNA는 없다
오래전 사라진 코끼리

귀에 걸면 귀걸이 코에 걸면 코걸이 ─────

예측하기 어려운 사회문화 현상

미국발 금융위기로 전 세계 금융시장이 공황상태에 빠진 2008년 11월의 어느 날, 영국 여왕 엘리자베스 2세는 명문 런던정경대학에서 열린 한 모임에 참석했다. 여왕은 그 모임에 참석한 당대의 저명한 경제학자들에게 힐난하듯 다음과 같은 질문을 던졌다. "왜 아무도 이번 경제위기를 미리 예측하지 못했나요?"[1]

지연과학이나 공학에서는 재현성reproducibility을 중시한다. 과학저널에 투고된 논문들은 각자의 연구에서 수행한 실험방법을 매우 구체적으로 기술해야만 한다. 이는 논문에 소개된 방법 및 조건을 따른다면, 누가 하느냐에 상관없이 동일한 실험결과를 얻을 수 있어야만 하기 때

---

1   "The economic forecasters' failing vision", *Financial Times*, 2008.11.25.

문이다. 만약 실험할 때마다 매번 결과가 달라진다면, 그 이유는 실험자가 미처 인지하지 못한 미지의 변수들이 실험결과에 영향을 주기 때문이다. 그러므로 어떤 현상에 대한 재현성이 없다는 것은 우리가 그 현상을 제대로 파악하고 있지 못하다는 것을 의미한다.

우리가 동일한 실험결과를 재현할 수 있게 되면, 여러 번의 실험을 통해서 발견할 수 있는 '반복되는 패턴'을 근거로 어떤 규칙을 이끌어 낼 수 있게 된다. 그리고 이런 식으로 새로운 규칙을 이해하고 나면, 우리는 마침내 이를 바탕으로 조금 다른 조건에서는 어떤 결과가 나올지를 예측할 수 있게 된다.

과학적 접근 방법이란 어떤 현상을 설명하기 위한 가설을 먼저 세우고, 이 가설의 예측이 실험결과와 일치하는지를 검증하는 것이라고 정의할 수 있다. 만약 실험결과가 재현성이 낮다면, 그 가설은 검증될 수 없게 된다. 결국 그 가설은 가설로 머무를 뿐 결코 정설이 될 수 없게 된다. 이런 관점에서 보면, 경제학자들이 경제위기를 예측하지 못했다는 것은 그들이 그렇게 할 만한 이론 혹은 정설을 아직 얻지 못했다는 것을 의미한다. 그리고 이는 곧 경제학이 아직 과학의 영역에 완전히 도달하지 못했다는 것을 의미한다.

영국 여왕의 질책에 아마도 그 모임에 참석했던 경제학자들은 고려해야 할 변수들이 너무 많아 미래의 경제상황을 예측하는 것은 거의 불가능하다고 항변했을 것이다. 이와 같이 자연현상이 아닌 '사람들이 관여하는 사건 혹은 현상'에 대해서는 고려해야 할 변수들이 너무 많기 때문에 그것들을 그대로 재현해내기란 현실적으로 불가능하다. 그러므로 이런 종류의 현상에 대해서는 실험을 아무리 여러 차례

반복하더라도, 무엇인가를 예측할 수 있는 유용한 법칙을 찾아내기가 쉽지 않다.

경제학이 그러하듯이 재현성과 이를 통한 가설의 검증이란 관점에서 보면, 인문학이나 사회학도 당연히 과학이라고 불리우기에는 미흡하다. 이들 학문도 자유 의지를 가진 서로 다른 개성의 사람들을 그 대상으로 하고 있으니, 이들로부터 무엇인가를 정확히 예측할 수 있는 법칙을 찾아내기란 거의 불가능하다. 또한 어떤 현상을 설명하는 가설이 있다고 해도, 이를 실험을 통해 검증하기가 거의 불가능하다. 이런 까닭에 여타의 학문들에 비해 인문학이나 사회학에서는 이미 일어난 현상을 '귀에 걸면 귀걸이, 코에 걸면 코걸이' 식으로 자의적으로 해석하는 경향이 크다.

이 책에서 앞으로 논의할 사회문화 현상에 대해서도 이미 일어난 일들에 대한 사후事後 해석만이 가능하다. 즉, 문화연구는 아직 과학이 아니다. 그렇다고 이것이 문화연구에서 실증적 근거가 희박한 관념적 해석을 허용해도 된다는 의미는 결코 아니다. 특히 두 나라 혹은 두 집단의 문화를 비교해야 하는 경우, 기준이 모호한 자의적 해석은 금물이며, 중립적이고 일관된 접근 방법이 무엇보다도 필요하다. 그렇다면 문화연구에 있어서 과학적이지는 않더라도 합리적 방법이라고 할 수 있는 것은 어떤 것일까?

문화유물론

유럽인들이 과학적 방법을 동원해 전근대인들이 믿었던 미신을 하나씩 몰아내고 현대를 맞이할 준비에 한창이던 19세기 중반, 독일의 철학자이자 경제학자 칼 마르크스(1818~1883)는 그의 역작 『자본론』(1867)을 통해서 인문학의 영역인 역사를 과학적으로 접근하고자 했다. 그는 헤겔(1770~1831)의 변증법을 이용하여 인류의 역사가 어떻게 정正-반反-합合의 과정을 반복하면서 발전해 왔는지를 제시한 후 이러한 반복적인 패턴을 근거로 "근대적인 자본주의가 망하고, 현대적인 사회주의가 도래할 것"이라고 미래의 역사를 예측했다.

역사가 자주 반복되지만, 마르크스의 역사에 대한 예측은 빗나갔다. 경제학자들이 2008년의 경제위기를 미리 예측할 수 없었듯이, 마르크스의 역사에 대한 과학적인 예측, 즉 역사에 대한 변증법적 접근 방법은 실패했다. 그러나 그의 사회에 대한 유물론적인 시각은 지금도 여전히 유효하며, 특히 문화인류학 등 최근의 문화연구에 많은 영향을 끼쳤다. 여기서 마르크스의 유물론적 시각이란 '사회의 하부구조인 경제적 토대 혹은 경제체제가 사람들의 의식意識이나 사회규범 등과 같은 사회의 상부구조를 결정한다'는 경제 결정론적 관점을 의미한다.

문화유물론이란 그 이름에서 알 수 있듯이 마르크스의 유물론을 문화연구에 차용한 일종의 연구전략이라고 할 수 있다. 문화유물론에서는 문화를 '생존을 위한 인간의 합리적인 노력의 결과'라고 이해한다. 인간에게 생존이란 주어진 환경에 얼마나 잘 적응할 수 있느냐에 의해 결정된다. 문화유물론은 인간에게 주어진 환경 중에서 물질적인 조건들을 중심으로 문화를 해석하는 방법이라고 할 수 있다. 문화유물론이 널리 알려진 계기 중 하나는 '힌두교의 암소 숭배'와 관련된 풍습을 그 이전까지와는 전혀 다른 방식으로 해석하면서였다.

문화유물론 분야의 선구자 중 한 사람이었던 미국의 인류학자 마빈 해리스(1927~2001)는 힌두교에서 암소를 신성시하는 이유를 인도인들의 생활에서 암소가 지니는 경제적 가치 때문이라고 주장했다. 그의 주장을 한마디로 요약하면, 인도인들이 암소를 숭배하는 이유는 살아 있는 암소가 인도인들에게 제공하는 우유, 땔감(즉 쇠똥), 노동력 등이 죽은 암소가 제공하는 고기보다 더 경제적인 가치가 있기 때문이다.[2] 이와 같이 어느 사회에서 어떤 문화나 관습이 오랫동안 유지되려면 그 사회의 구성원들에게 도움—경제적 혜택—을 줄 수 있어야만 한다. 만약 그렇지 못하다면 그 문화나 관습은 언젠가는 사라진다는 것이 문화유물론적 해석이다.

문화유물론과 마르크스의 유물론에는 주목해야 할 한 가지 차이점이 있다. 그것은 문화유물론에서는 경제체제는 물론이고 환경 및 생태 등의 다양한 여러 환경요인들도 모두 사회의 하부구조로 고려한다는 것이다. 이러한 이유로 문화유물론을 생태학적 접근법이라고도 부른다.

문화유물론은 여느 인문사회학 이론들과 마찬가지로 분명 한계가 있나. 따라서 이 이론만으로 모든 사회문화 현상을 완벽하게 설명할 수는 없다. 그러나 문화유물론이 다른 전통적 해석 방법에 비해 보다 합리적이고 객관적일 수 있다. 왜냐하면 문화유물론에서는 실증적 근거

---

2   마빈 해리스, 박종렬 역, 『문화의 수수께끼』, 파주 : 한길사, 2000, 21~41쪽.

를 제시할 수 있는 물질적 조건들이 고려되어야 할 주요 변수인 만큼, 자의적이거나 관념적 해석으로부터 어느 정도 자유로워질 수 있기 때문이다.

이 책에서는 가능한 범위 내에서 문화유물론적인 시각에서 한국문화를 통시적通時的으로 살펴보고, 이를 중국문화와 비교 및 분석할 것이다. 특히 중국문화가 한국인의 언어문화와 사고방식에 어떻게 영향을 주었으며, 그리고 한국문화가 어떤 과정을 거치면서 중국문화와 차별화 되어왔는지를 당시 사회환경과 연계해서 문화유물론적 방법으로 해석을 시도하겠다.

이 책에서는 경제체제 외에도 '국가 정책'이나 '역사적 사건' 등을 한국인의 언어문화와 사고방식에 영향을 주는 주요 사회 환경요인으로 살펴볼 것이다. 이에 대한 이유는 이 장의 후반부인 「오래전 사라진 코끼리」에서 자세히 설명하겠다.

문화 DNA는 없다 ————————

사회문화 현상에 대한 일반화의 오류

　'잘되면 제 탓 못되면 조상 탓'이라는 옛 속담이 있다. 아마도 요즘 젊은이들은 이런 속담이 있다는 사실조차도 잘 모를 것이다. 오히려 요즘은 한국을 대표하는 개인이나 단체가 어떤 분야에서 눈에 띌만한 성과를 보이기만 하면, 이를 한국인의 DNA 혹은 한국의 반만년 역사와 전통 덕분이라며 우리의 문화유산을 자화자찬하는 경향이 있다.

　자국 문화에 대한 자긍심을 갖는 것은 바람직한 일이다. 그렇다고 우리 문화의 긍정적인 면만을 선택적으로 추출하여 이를 지나치게 일반화시켜서는 곤란하다. 이러한 태도는 당연히 '일반화의 오류'에 해당한다. 이에 대한 두 가지 대표적인 사례를 살펴보면서 문화의 속성이란 무엇이고, 사회문화 현상을 어떻게 해석해야 하는가에 대해서 논의하도록 하겠다.

　여기서 소개할 사회문화 현상의 잘못된 해석을 보여주는 첫 번째 사례는 '한류'에 관한 것이다. 2000년대 초 텔레비전 드라마를 중심으로 한국의 대중문화가 일본과 중국을 비롯한 아시아 지역에서 갑작스럽게 위세를 떨치며, 일종의 사회적 동조同調 현상을 만들었다. 그러자 현지 언론은 물론이고 국제학술회의에서도 이에 대한 여러 연구가 발표되기도 했다.

　한국 가수가 한국어로 부른 노래와 현지어로 더빙된 한국산 텔레비전 드라마가 외국에서 인기가 있다는 사실에 당시 한국인들은 한편으론 놀라고 또 다른 한편으론 이를 대견스러워했다. 한 유명 작가는 인터뷰를 통해 한류의 성공에 대해서 자신의 의견을 다음과 같이 피력했다. "문헌을 보면 우리 선조들이 가무歌舞를 좋아했다고 한다. 이를 통해서 알 수 있듯이 한류의 성공은 이러한 한국인의 DNA 덕분이다."

그가 언급한 문헌이란 중국의 진晉나라 진수陳壽(233~297)가 편찬한 삼국지 정사 중 하나인 『위서魏書』를 가리킨다. 『위서』의 「동이전東夷傳」에는 "고구려인들은 가무를 좋아하며, 마을에서는 밤이면 남녀가 모여 가무를 즐긴다"라고 적혀있다. 그런데 중요한 사실은 노래와 춤에 대한 '재능'이라면 몰라도, 단지 노래와 춤을 즐기는 '취향'은 유전적 형질이 될 수는 없다는 것이다. 설령 아무리 그렇다 하더라도, 고구려인들의 가무를 좋아하는 유전자가 통일신라와 고려 및 조선시대를 거쳐 현대의 한국인들에게 온전히 전해졌을 리도 만무하다.

문화의 잘못된 해석에 관한 두 번째 사례는 한 국가의 문화는 경제발전에 어떤 영향을 줄 수 있느냐에 대한 것이다. 1997년 말에 갑자기 들이닥친 아시아 외환위기 전까지 지난 세기 후반부 동안은 일본과 소위 '아시아의 네 마리 용'이라고 불렸던 한국, 대만, 홍콩, 싱가포르 등이 놀라운 경제발전을 구가했다.

당시 싱가포르의 수상이었던 리콴유(1923~2015)는 '아시아적 가치 Asian values'라는 개념으로 위에서 열거한 아시아 국가들의 성공적인 경제발전을 설명했다.[3] 이를 한마디로 요약하면, 충효사상과 같이 공동체를

---

3   "Lee Kuan Yew, the Man Who Remade Asia", *The Wall Street Journal*, 2015.3.27.

위한 헌신을 강조하는 유교적 전통이 아시아 국가들의 경제발전에 도움이 되었다는 것이다. 실제로 한국 굴지의 기업인 삼성그룹의 창업자 고故 이병철(1910~1987) 회장의 경영철학이 사업보국事業報國이기도 했다.[4]

여기서 한발 더 나아가 경제개발에 끼친 유교의 긍정적 영향에 대해서 한국의 한 학자는 다음과 같이 주장한 바 있다. "한국의 경제발전은 오랜 유교적 전통으로 체득한 한국인의 근면함과 성실함 때문이다."

유교뿐만 아니라 동서고금을 막론하고 대부분의 사회윤리는 물질적 욕망에 대해서는 경계의 태도를 보이면서도 근면과 성실을 주요 덕목으로 가르친다. 현세보다는 내세를 중요시하는 종교에서도 이러한 덕목들을 강조하기도 한다. 예를 들면, 그 규율이 엄격하기로 유명한 이슬람에서도 근면과 성실을 매우 강조한다.[5] 다만 이슬람에서는 경제활동에 관한 규제가 매우 까다로운 편이며, 특히 고리대금을 지극히 탐욕스러운 일로 여기는 전통이 남아있다. 이런 까닭에 대부분의 이슬람 국가에서는 은행에서 돈을 빌리거나 예금을 하더라도 이자를 받지도 주지도 않는 것이 원칙이다.

약 한 세기 전 독일의 정치가 막스 베버(1864~1920)는 청렴함과 성실함을 중요시하는 청교도의 윤리관 덕분에 미국을 비롯한 서구 국가에서 자본주의가 발달할 수 있었다고 주장한 바 있다.[6] 그러나 이것보다도 너욱 주목할 만한 사실은 청교도를 포함한 개신교에서는 깨끗한

---

4 고 이병철 회장의 또 다른 경영철학이었던 '인재제일'은 그의 후손들에 의해 여전히 계승되고 있다. 하지만 지금은 그 누구도 '사업보국'을 경영철학이라고 자랑스럽게 내세우는 사람은 없다.
5 정수일, 『이슬람 문명』, 파주 : 창비, 2002, 194~195쪽.
6 막스 베버는 『개신교 윤리와 자본주의 정신』(1920)이라는 책에서 이를 주장했다.

부자라는 의미인 '청부淸富'라는 개념이 존재한다는 것이다.[7] 이는 개신교가 이슬람을 포함한 다른 종교에 비해 부의 축척에 대해서 무척이나 관대하다는 것을 의미한다.

유교에서도 청빈함을 강조했지만, 열심히 일하고 이를 통해 부를 축척하는 것을 크게 나무라지는 않았다. 그렇다면 한 국가의 경제발전은 사회규범이 근면과 성실을 강조하느냐의 여부보다는 부의 축척에 대해서 관대한가의 여부에 더 영향을 받는다고 주장할 수 있다. 이렇듯이 다른 종교나 윤리에 비해 특별히 유교의 덕목이 국가의 경제발전에 대해 직접적인 상관관계가 더 크다고 보기는 어렵다.

조선시대에는 지금과는 비교할 수 없을 만큼 철저하게 유교적 가치를 추구했다. 그러나 당시 조선의 경제발전은 이웃국가인 중국의 청 왕조(1644~1912)나 일본의 에도 시대(1603~1868)에 비해 그리 내세울 만 하지는 못했다.[8] 이러한 역사적 사실을 고려하면, '공동체를 위한 헌신이 그 나라의 경제발전에 도움이 된다'는 개념인 아시아적 가치는 시대적 보편성을 갖지 못한다고 할 수 있다. 따라서 한국의 경제발전이 유교적 전통 덕분이라는 주장은 그 근거가 불충분한 자의적인 해석이라고 할 수 있다.

---

7   「부자는 하나님나라에 가지 못한다?」, 『기독일보 *Atlanta*』, 2012.5.2.
8   문소영, 『못난 조선─16~18세기 조선 일본 비교』, 전략과문화, 2013, 124~175쪽.

자문화 중심주의의 유혹

16세기 이후 포르투갈 등 서유럽 국가들이 아프리카로 진출하여, 그 지역의 원주민을 노예로 잡아들이면서 노예무역이 본격화되었다. 이후 수세기 동안 유럽 국가들은 노예무역을 통해 상당한 부를 축적할 수 있었다. 그런데 대부분이 독실한 기독교 신자였던 당시의 유럽인들은 무자비한 노예무역이 그들의 신앙을 거스르는 일이 아니라는 변명이 필요했다. 그들은 노예무역을 합리화하기 위해서 유럽이 아닌 아프리카나 남미 등에서 잡아온 노예들은 자신들과 생물학적으로 다르다고 주장해야만 했다.[9]

이후 19세기 제국주의 시대를 맞아 유럽인들은 인종 간의 유전학적 차이를 식민지 약탈에 대한 근거로 사용했다. 19세기의 유럽, 특히 대혁명(1789~1794)을 치러낸 프랑스의 정치철학자들은 평등과 보편주의 등 자유주의 사상에 한껏 심취해 있었다. 문제는 이러한 사상과 '식민주의colonialism'라고 불리는 식민지 약탈 정책은 서로 모순된다는 사실이었다. 이를 모면하기 위해서 당시 유럽의 정치가와 학자들은 '문명화 사명civilizing mission'이라는 황당한 개념을 만들어냈다.[10] 이 새로운 개념이 내세우는 억지 논리에 따르면, 비유럽인들이 미개한 이유는 그들의 타고난 성품 때문이며, 그들을 개화시키기 위해서는 어쩔 수 없이

---

9   15세기 로마의 가톨릭 교회는 해외 영토에서 비기독교인을 노예화하는 행위를 합법화했다.
10 일제강점기에 일제가 시행한 악명 높은 '동화 정책'도 그 원조는 프랑스의 정치철학자들에게서 나온 것이었다. 이러한 역사적 배경으로, 예전 프랑스의 식민지였던 아프리카 국가들은 지금도 불어를 공용어로 사용하고 있다.

유럽인들이 그들을 지배해야 한다는 것이었다.[11]

20세기 중반 독일의 나치스는 우생학에 기반을 둔 소위 인종위생 Rassenhygiene 운동을 반유대주의 정책 등의 정치적 운동으로 활용한 바 있다. 이러한 인종주의 정책에 대한 근거로 히틀러(1889~1945)는 인류가 문화의 창조자, 문화의 향유자, 문화의 파괴자 등 세 가지로 분류되며, 게르만족은 문화의 창조자이고, 유대인은 문화의 파괴자라고 주장했다.[12] 이와 같이 문화는 선천적으로 타고나는 것이라는 주장이 전쟁 중 독일이 저지른 반인륜적 행위인 홀로코스트의 이론적 근거로 사용되었다.

한 국가나 사회의 문화를 그 구성원들의 타고난 유전적 형질로 이해하는 것은 잘못된 방법일 뿐만 아니라 지극히 위험한 발상이기도 하다. 몇 년 전 발표된 한 과학 논문에 따르면, 수컷 명금류鳴禽類(노래하는 조류)가 짝짓기를 위해 암컷에게 부르는 노래가 유전된다는 증거가 일부 발견되었다고 한다.[13] 그러나 이것은 매우 드문 사례일 뿐, 문화는 유전적 형질이 아닌 후천적 획득형질이라는 것이 관련 학계의 확고한 정설이다.

한 국가나 사회의 정체성을 잘 보여주는 문화적 요소들로는 언어, 음식, 사고방식 등이 있다. 예를 들면, 어떤 사람이 한국어로 말하고, 한국 음식을 주로 먹고, 한국식 사고방식을 가지고 있다면, 그는 문화적으로 한국인이라고 정의할 수 있다는 것이다. 이에 반해 한국에서 태어났지만 어린 나이에 미국으로 이주한 교포라면, 영어로 말하고, 밥보다

---

11 마이클 에이더스, 김동광 역, 『기계, 인간의 척도가 되다』, 산처럼, 2011, 262~288쪽.
12 아돌프 히틀러는 그의 악명 높은 저서 『나의 투쟁』(1925)에서 이를 주장했다.
13 "Culture May Be Encoded in DNA", *Wired*, 2009.3.5.

는 빵이 편하고, 미국식 사고방식을 가진다. 이렇듯 문화라는 것은 후천적으로 획득되는 형질이다. 그러므로 문화는 유전적 요인보다는 환경적 요인에 의해서 지배를 받는다.

일부 언론매체는 물론이고 일부 학계에서조차 은유적 표현으로 '문화 DNA'라는 용어를 자주 사용하고 있다. 이러한 관행은 일반 독자들에게 '문화는 유전적 혹은 선천적으로 타고나는 것'이라는 잘못된 인식을 줄 수 있어 매우 부적절하고 위험하다. 오해의 소지가 많은 이런 용어의 사용은 자칫 인종차별주의를 부추길 수 있다. 또한 이는 타문화를 비하하는 일종의 자문화 중심적 태도로 가뜩이나 부족한 한국 사회의 문화적 다양성을 해칠 수도 있다.

한류가 성공한 이유

한국 대중문화의 부흥과 한류의 성공이 한국인의 DNA와 전혀 상관없는 사회문화 현상이라면, 그것을 어떻게 설명해야 할까? 주지하듯이 한국은 반도체나 스마트폰 등 정보통신 분야에서 세계적 경쟁력을 가지고 있다. 그렇지만 이러한 사실을 근거로 어느 누구도 한국인이 전자공학에 특화된 재능을 가지고 있나고 주장하지는 않는다. 관련 전문가들은 한국 정보통신 기업들의 시의 적절했던 대규모 투자와 정부의 지원 등 산업적 측면에서 그 성공 이유를 찾는다. 그렇다면 한류도 하나의 산업이니만큼 한류의 성공도 산업적 측면에서 그 이유를 찾아야만 한다.

텔레비전 드라마 한 편이 상업적으로 크게 성공했다면, 배우나 작가 및 감독 등 거기에 참여한 아티스트들의 재능이 성공요인이었다고 평가할 수 있다. 그러나 드라마 한 편이 아닌 한 국가의 엔터테인먼트 산업 전체가 다른 국가들에 비해 경쟁우위에 있다면, 아티스트 개인 차원이 아닌 산업을 받쳐주는 시스템 차원에서 그 성공 이유를 찾아야 한다.[14]

물론 대중문화 상품의 제작에 참여하는 아티스트들의 재능이 그 작품의 성공 여부에서도 중요하겠지만, 그것이 전부가 아니라는 것이다. 순수예술 분야에서 성공하려면 예술가의 재능이 무엇보다도 중요한 필수조건이다. 하지만 소위 대중문화는 순수예술과는 전혀 다른 방식으로 생산 및 소비된다.

대중문화의 제작은 마치 자동차가 여러 단계의 공정을 거쳐 설계 및 조립되듯이 상당히 분업화된 시스템을 통해서 만들어진다. 이렇게 만들어진 대중문화 상품은 매스미디어를 통해서 대량으로 소비된다. 또한 소비의 주체인 대중의 취향은 유행에 매우 민감하게 변한다. 따라서 한 국가의 엔터테인먼트 산업이 경쟁력을 갖추려면 재능 있는 아티스트들을 발굴 및 훈련시키는 시스템도 필요하고, 이와 동시에 대중의 취향에 맞는 문화상품을 효율적으로 만들고, 이를 효과적으로 배급할 수 있는 시스템도 동반되어야만 한다. 즉, 한류의 위세가 여전하다는 것은 이러한 시스템들이 아직은 제대로 작동되고 있음을 말해준다.

다행스럽게도 한국의 엔터테인먼트 산업을 이끌어갈 다수의 재능 있는 아티스트들이 계속해서 출현하고 있다. 한 산업이 체계화되고 경

---

14 金惠媛, 「大衆文化」, 『香港文學』 308, 2010, pp.80~82.

쟁력을 갖추면서 수익을 창출하게 되면, 인재들은 자연스럽게 그 분야로 모여들게 마련이다. 따라서 이들의 출현은 한국의 엔터테인먼트 산업이 나름 체계화된 결과인 것이지, 그 원인이 아니라는 것이다.

르네상스 시기(14~17세기) 인구 6만 명의 조그만 도시국가였던 이탈리아의 피렌체에서 단테, 다빈치, 미켈란젤로 등과 같은 백 년에 한 번 나오기도 힘든 천재들이 줄줄이 등장했다. 이것은 인류 지성사에서 그 유래를 찾아볼 수 없는 사회문화 현상이라고 할 수 있다. 몇 년 전 방영된 한 다큐멘터리 프로그램에서 이 수수께끼에 대한 설명을 비교적 명쾌하게 제시한 바 있다.[15]

그 다큐멘터리 방송에 따르면, 천재가 태어날 확률은 어느 시기이든 혹은 어느 지역이든 상관없이 대부분 비슷하지만, 그러한 천재들이 잠재적으로 가진 천재성이 발현될 수 있느냐의 여부는 그들이 성장한 사회가 어떤 상황이었느냐에 따라 절대적으로 영향을 받는다는 것이다. 실제로 당시 피렌체에는 문화와 예술을 파격적으로 지원하는 독특한 사회 시스템이 있었고, 이것이 바로 수많은 천재들의 천재성이 발현될 수 있었던 계기가 되었다고 설명할 수 있다.[16]

이렇듯 르네상스 시대의 피렌체가 문화적으로 부흥할 수 있었던 이유를 당시의 사회환경으로 설명할 수 있다. 이와 마찬가지로 지난 십여 년 동안 한국의 대중문화가 부흥할 수 있었던 이유도 엔터테인먼트 산

---

15 SBS특집 다큐멘터리 3부작 〈천재들의 도시 피렌체〉, 2012.3.25~4.8; 「르네상스시대 천재 넘쳐났던 비밀은?」, 『한겨레』, 2012.3.23.

16 당시 피렌체의 실질적 지배자는 메디치 가문이었다. 이들은 역사상 전례가 없는 수준으로 문화와 예술을 적극적으로 후원했고, 결국 이것이 수 많은 천재들이 천재성을 발현할 수 있었던 계기가 되었다.

업이 체계적으로 자리 잡을 수 있는 사회환경이 만들어졌기 때문이라고 설명할 수 있다. 즉, 근래에 한국 대중문화가 부흥했다는 사실과 한국인이 노래와 춤에 특별한 재능이 있느냐의 여부와는 별다른 연관성이 없다는 것이다. 그렇다면 한국에 엔터테인먼트 산업에 유리한 사회환경은 어떻게 조성될 수 있었는가?

정부가 제공한 통계자료에 따르면, 1990년에 문화부가 출범되면서 정부의 문화예산이 상승하기 시작하여, 2000년에 마침내 정부 총예산의 1%대를 돌파했다.[17] 이와 동시에 1987년의 민주화 이후, 1993년과 1998년에 각각 '문민정부'와 '국민의 정부'가 들어서면서 자유로운 창작활동에 보다 유리한 사회 분위기가 조성되었다고 볼 수 있다. 실제로도 CJ엔터테인먼트나 SM엔터테인먼트와 같은 대형 영화배급사와 연예기획사들 대부분이 이 시기에 설립되었다.

문화유물론적인 시각에서 보면, 새로운 정책의 입안을 통한 문화예산의 확충과 민주화를 비롯한 일련의 역사적 사건 등이 당시 한국의 사회 분위기를 바꿀만한 경제적 토대로 작용했고, 이는 결국 한국의 대중문화가 부흥할 수 있는 계기가 되었다고 설명할 수 있다.

중국인 시청자들은 한국산 텔레비전 드라마에 자주 등장하는 가부장적 가족주의에 열광한다는 연구가 보고된 바 있다.[18] 이것을 근거로 한류 콘텐츠에 담겨 있는 한국의 고유문화가 외국인 관객들에게 매력적으로 어필한다는 주장이 나오기도 한다. 이러한 주장은 당연히 일종의 체리피킹, 즉 자신에게 유리한 부분만을 골라내서 그것으로 전체를 일반화시키

17　박광무, 『한국문화정책론』(개정판), 김영사, 2013.
18　김기덕 외, 「한류 드라마에 나타난 가족주의」, 『문화콘텐츠연구』 2, 2012, 7~29쪽.

는 것이라고 할 수 있다. 왜냐하면 낯설거나 이상하게 느껴질 수 있는 한국만의 독특한 고유문화보다는, 사랑이나 정의 등과 같은 보편적 가치가 보다 많은 외국인 관객들로부터 공감을 얻을 수 있기 때문이다.

다수의 대중을 상대로 하는 텔레비전 드라마나 상업영화는 어려운 주제를 담기보다는 재미있고 볼거리 위주로 제작되어야 하는 것이 이 분야의 현실이다. 이것은 우리가 외국산 드라마나 영화를 볼 때도 그대로 적용된다. 흥행에 성공한 대부분의 할리우드 드라마나 영화에서는 우리가 특별히 좋아하거나 감탄할 만한 미국의 고유문화를 찾아볼 수 없다. 우리가 그러한 드라마나 영화를 즐기는 이유는 스토리가 재미있거나, 배우나 컴퓨터 그래픽 등의 볼거리가 다양하고 풍성하기 때문이지, 미국인들이 가지고 있는 그들만의 고유문화에 매료되었기 때문은 아닐 것이다.

최근 중국에서 상업적으로 가장 성공한 한국산 텔레비전 드라마는 〈태양의 후예〉(2016)인데, 이 드라마에 대한 중국인 시청자들의 반응을 조사한 연구가 보고되었다.[19] 이 연구에 따르면, 중국인 시청자들은 이 드라마의 남녀 주연배우, 영상미, OST, 연기력 등을 긍정적으로 평가했다. 이에 반해 보편적 가치의 부재가 이 드라마가 가지고 있는 가장 부정적인 점으로 꼽혔다. 이를 통해서도 알 수 있듯이, 텔레비전 드라마가 외국에서 상업적으로 성공하려면 외국인 관객들에게 어느 정도의 감각적 즐거움을 줄 수 있어야 하며, 한국의 고유문화가 어떠하냐는 그다지 중요하지 않다.

---

19 심춘수, 「한류드라마 콘텐츠 개발 연구」, 『영상문화콘텐츠연구』 10, 2016, 45~60쪽.

외국에서 인기가 많은 한국산 대중문화 상품은 크게 텔레비전 드라마와 '케이팝'이라고 불리는 대중가요로 구분할 수 있다. 한국산 텔레비전 드라마와는 달리 케이팝에는 이렇다 할 한국의 고유문화라는 것이 아예 없다. 그 이유는 케이팝이 힙합 등과 같은 미국 음악에 많은 영향을 받았기 때문이다.[20]

케이팝은 외국인 관객들 특히 아시아의 젊은 관객들에게 인기가 많다. 그 이유를 유추해 보면, 그들이 보편적으로 동경하는 서구화된 모습들이 케이팝에 보기 좋게 담겨 있기 때문이라고 설명할 수 있다. 한편, 케이팝과는 달리 한국의 전통음악은 외국에서 그다지 주목을 받지 못하고 있다. 이러한 사실은 케이팝의 인기가 한국의 고유문화와는 전혀 상관이 없다는 것을 증명한다.

고급 문화예술이 아닌 대중문화 상품을 전 세계의 관객들을 대상으로 판매하려면, 그들 모두가 보편적으로 공감할 수 있으면서 동시에 유행에 뒤쳐지지 않아야만 승산이 있다. 케이팝에서는 '가장 한국적인 것이 가장 세계적인 것이다'라는 전략으로 성공한 사례를 찾아볼 수 없다.

위에서 살펴 본대로, 한류의 성공은 대중문화의 부흥에 유리한 사회환경, 즉 엔터테인먼트 산업에 보다 유리한 사회환경이 조성되었기 때문이라고 해석해야 한다. 객관적 근거도 없이 우리의 문화 DNA 혹은 고유문화유산 덕분이라고 그 인과관계를 곡해한다면, 현재까지는 잘 나가고 있는 한류가 앞으로 이상한 길로 빠지지나 않을까 심히 걱정이 된다.

---

20   金惠媛, 앞의 글, pp.80~82.

문화를 결정하는 경제 정책

1980년대부터 중국이 보여준 기적에 가까운 높은 경제 성장은 열악한 환경에도 불구하고 열심히 일해준 '농민공農民工'(도시에서 일하는 하급 이주노동자)이 없었다면 불가능했을 것이다.[21] 이들은 중국 전역의 농촌 출신으로, 가족을 고향에 남겨 두고 홀로 베이징, 상하이, 선전 등의 대도시로 이주하여 건설업, 제조업 등의 산업현장에서 힘든 일을 도맡아 해오고 있다.[22]

중국은 1978년에 '개혁개방'이라는 정책으로 시장경제를 도입한 이후 급격한 사회환경 변화를 겪고 있다. 예전에 한국인들은 중국인들을 '만만디'라고 부르면서 그들의 하염없는 느긋함을 조롱하기도 하고, 다른 한편으론 대륙적 기질이라며 다소 부러워하기도 했었다. 그러나 개혁개방 정책이 시행된 후 언제부턴가 중국인들은 '빨리빨리'의 원조인 한국인들보다도 매사를 더 급하게 서두르게 되었다.[23]

중국이 현재 경험하고 있는 산업화를 통한 경제발전과 이에 따른 사회환경 변화는 이미 한국이 지난 세기 후반부에 똑같이 겪어온 과정이었다. 지금이야 '빨리빨리'를 외치지만 한국인들도 예전에는 "군자는 아무리 급해도 대로서행大路徐行해야 한다"라며 효율efficiency보다는 점잖음decency을, 즉 경세적 이익보다는 고상함을 더 중요한 사회적 가치로 여겼다.

---

21   "China's Migration Workers—at the Heart of Economic Growth", *Epoch Times*, 2016.6.6.
22   "No toilets, water or heating… China's migrants still living on margins despite promise of reform", *The South China Morning Post*, 2016.11.21.
23   「中 건설업체, 19일 만에 57층 건물 완공」, 『조선일보』, 2015.3.11.

영국 케임브리지 대학의 경제학자 장하준 교수는 이렇게 한국인들의 행동양식이 극적으로 변화하게 된 것은 고속 경제발전의 결과라고 지적했다.[24] 또한 그는 "문화는 고정불변의 것이 아니고, 문화가 경제발전에 미치는 영향보다는 경제발전이 문화에 미치는 영향이 훨씬 더 크다"라고 주장했다. 즉, 근면성과 같은 경제발전을 설명하는 행동특성은 경제발전의 원인이 아니라 경제발전의 결과라는 것이다. 물론 장 교수의 이러한 주장은 '사회의 하부구조인 경제적 토대가 상부구조인 문화를 결정한다'는 유물론적인 해석이라고 할 수 있다.

문화유물론의 관점에서 보면, 중국의 농민공들이 정든 고향을 떠나 열악한 환경에서도 갖은 고생을 다해가며 열심히 일하는 이유는, 그들이 중국의 전통적 사회규범에 따라 성실하고 근면하기 때문이 아니라 동기부여가 되었기 때문이다. 중국의 새로운 국가 정책에 따라 계획경제에서 시장경제로 경제체제가 바뀌면서 대도시를 중심으로 새로운 일자리가 많이 생겨났고, 이제 누구라도 열심히 일하면 좀 더 나은 보수를 받을 수 있다는 생각이 시골 출신의 순박한 농부들을 도시 이주노동자로 만들었던 것이다.

현재 중국의 농민공 숫자는 약 3억 명에 달한다고 알려져 있다.[25] 이들의 가족을 모두 포함한다면, 중국 인구의 거의 절반에 육박하는 엄청나게 많은 수의 중국인들이 경제적인 이유로 이산離散을 경험하고 있는 셈이다. 중국 농민공들의 대규모 이산에서 알 수 있듯이, 경제 정책에 따라 국가의 경제체제가 바뀌면 여러 가지 사회문화 현상이 그 뒤를 따

---

24   장하준, 『나쁜 사마리아인』, 부키, 2007, 308쪽.
25   「中 초고속 경제성장의 그늘, 농민공」, 『동아일보』, 2016.8.29.

른다. 실제 현대사회에서 대부분의 사회문제는 곧 경제문제이며, 경제정책의 도움 없이 해결될 수 있는 사회문제는 거의 없다. 따라서 대부분의 사회문화 현상은 경제적 관점, 특히 경제체제가 어떻게 변했느냐의 관점으로 설명될 수 있다.

앞에서 인용한 장하준 교수는 산업화 시기 한국의 경제발전을 몸소 체험한 바 있는데, 그는 한국 경제가 빠르게 발전할 수 있었던 주요 요인은 당시 정부가 적절한 정책을 시행했기 때문이라고 평가했다. 이와 마찬가지로 중국 경제의 초고속 성장은 1978년의 개혁개방 정책이 주효했기 때문이다. 그리고 이것이 이 정책의 설계자인 덩샤오핑(1904~1997)이 위대한 지도자로 칭송 받고 있는 이유일 것이다. 즉, 고생을 마다하지 않았던 농민공들이 중국 경제의 초고속 성장을 이끈 주역이라고 주장할 수 있지만, 시골 출신 농부들이 자발적으로 도시 이주노동자가 된 계기는 바로 덩샤오핑의 개혁개방 정책이었다.

성취동기 이론으로 유명한 미국 하버드 대학의 심리학자 데이비드 맥클랜드(1917~1998)는 사람들의 성취적 동기가 국가의 경제발전에 매우 큰 영향을 끼칠 수 있다고 주장했다. 또한 그는 성취적 욕구는 선천적인 것이 아니고 후천적으로 경험을 통해 학습된다고 강조했다.[26] 그의 이런 주장이 타당하다면, 후진국의 경제가 낙후된 이유는 그 나라의 국민들이 선천적으로 게을러서가 아니라, 그들이 열심히 일할 수 있도록 동기부여를 해주는 제도 및 정책이 없었기 때문이라고 해석되어야 한다.[27]

---

26 그의 유명한 저서인 『성취하는 사회(*The Achieving Society*)』(1961)에서 이를 주장했다.
27 장하준, 『그들이 말하지 않는 23가지』, 부키, 2010, 209~222쪽.

문화는 타고나는 것이어서 고정불변하고, 국가의 경제발전에 영향을 준다면, 이집트나 그리스처럼 고대에 찬란한 문화와 역사를 가졌던 나라들은 지금도 여전히 경제력으로 타국을 압도할 수 있어야만 한다. 그러나 주지하듯이 실상은 그렇지 않다. 이를 뒤집어 말하자면, 고대 이집트나 그리스가 찬란한 문화적 전통이 있었던 이유는 그 당시 그들의 국력이 강성했었기 때문이지, 문화가 강력한 국력을 만들었던 것이 아니라는 것이다.

여러 역사적 사례를 통해서도 알 수 있듯이, 문화는 타고나는 것이 아니고, 사회환경 — 특히 경제체제 — 에 따라 크게 영향을 받는다. 또한 이러한 경제체제의 문화에 대한 지대한 영향과는 달리, 문화는 경제체제에 큰 영향을 주지 않는다. 그러므로 국가의 경제력이 크든 작든, 이에 대해서 조상 탓을 할 필요도 없고, 문화유산으로 치장할 필요도 없다.

오래전 사라진 코끼리

문화의 정의

우리 주변에 존재하는 대부분의 것들은 모두 문화와 관련이 있다고 주장할 수 있다. 그렇지만 이 흔한 문화를 정의하기는 생각보다 쉽지 않다. 예를 들면, 화가가 그림을 그리는 행위는 관례에 따라 '예술'이라고 부르지만, 관객이 그 그림을 감상하는 행위는 '문화'라고 불린다. 또한 문명과 문화를 혼동하여 사용하는 경우도 빈번한 탓에 문화를 정확하게 정의하기란 상당히 까다롭다.

인류학은 물론이고 사회학, 심리학, 민속학, 언어학, 교육학, 문학 등 문화와 관련 있는 학문이 워낙 다양하게 많다. 당연히 각 전문 분야별로 문화에 대한 정의도 조금씩 다를 수 있다. 이렇다 보니 문화이론을 전공하는 학자들도 문화를 정의하는데 많은 어려움을 겪어왔다. 영국 케임브리지 대학의 연극과 교수였던 레이몬드 윌리엄스(1921~1988)는 문화연구에 많은 업적을 남겼고, 그 자신도 문화에 대해서 여러 가지 정의를 내놓은 바 있다. 그는 "문화는 세상에서 가장 많은 정의를 가지고 있나"라고 말했을 정도이다.[28]

현재 가장 많이 통용되는 문화에 대한 정의는 영국의 문화인류학자 에드워드 버넷 타일러(1832~1917)의 견해라고 할 수 있다. 그는 "문화

---

28   필립 스미스, 한국문화사회학회 역,『문화이론』, 이학사, 2008, 15쪽.

는 인간 생활양식의 총체이다"라고 정의했다.[29] 그의 정의가 지닌 가장 큰 장점은 매우 광범위하여 웬만한 것들을 모두 문화의 범주에 포함시킬 수 있다는 것이다.

이 책은 광범위한 문화 전반에 대해서 다루기보다는 언어와 사고방식이라는 '지적知的 문화'를 중점으로 한국문화의 과거와 현재를 비교하고, 또한 이를 중국 등 이웃국가들의 문화와도 비교할 것이다. 앞으로 전개할 문화비교에서 편의상 문화를 '한 집단이나 사회의 구성원들이 일정기간 공유하는 습관'으로 정의하고자 한다. 이런 식으로 타일러의 정의보다 훨씬 좁은 범위로 문화를 한정한 이유는, 범위를 좁힌 만큼 문화에 대한 의미를 좀 더 구체화시켜 독자의 이해를 돕기 위해서이다.

끊임없이 진화하는 문화

한 젊은이가 늦게 자고 늦게 일어나는 습관이 있다고 가정해보자. 대개 습관이라는 것이 그러하듯이 그의 이러한 습관은 쉽게 고쳐지기 힘들다. 하지만 만약 그가 아침 업무가 필수적인 꽤나 괜찮은 직업을 얻게 된다면, 그는 이를 악물고라도 아침 일찍 일어나야 할 것이고, 결국 언젠가는 그의 늦잠 자는 습관이 바뀔 수 있을 것이다. 이렇듯이 사람들은 어떤 '동기'가 생기면 불편함을 무릅쓰고라도 자신들의 오랜 습관을 바꾸기도 한다. 그리고 앞서 예를 들었듯이, 습관을 바꾸는 가장 강

---

29   위의 책, 18쪽.

력한 동기는 경제적인 동기라고 할 수 있다.

주지하듯이 인간심리에서 경제적인 동기가 가장 중요하다는 것은 『자본론』을 쓴 칼 마르크스의 주장이었다. 이런 이유로 그의 사회에 대한 유물론적 시각은 곧 경제 결정론을 의미한다. 동기부여를 여러 가지 다양한 형태로 구분하여 이를 자세하게 연구하는 심리학자들도 대체로 경제적인 동기의 중요성을 인정하고 있다.

문화라는 것이 '어떤 집단이나 사회에서 공통적으로 발견되는 일종의 습관'이라고 정의할 수 있다면, 문화도 어떤 동기 특히 경제적인 동기에 의해 변화 또는 진화하게 된다고 설명할 수 있다. 그렇다면 문화는 어떤 방향으로 진화하는 것일까?

앞에서 설명한 바대로, 문화유물론에서는 문화를 '생존을 위한 인간의 합리적인 노력의 결과'로 이해한다. 사람들을 둘러싼 환경은 끊임없이 변화하므로, 사람들은 생존을 위해서 삶에 대한 자신들의 방식을 끊임없이 변화시켜 변화된 환경에 적응해야만 한다. 따라서 사람들의 삶의 방식인 문화는 사람들이 환경에 잘 적응할 수 있도록 도움을 주는 방향으로 진화할 수밖에 없다.

사람들이 적응해야 할 환경은 '자연환경'과 '사회환경'이라는 두 가지 다른 성격의 환경으로 크게 구분된다. 자연환경이란 기후나 토양 등의 생태계를 의미하며, 이것은 의식주와 관련된 문화에 절대적인 영향을 준다. 반면, 사회환경이란 정치 및 사법제도와 경제체제 등의 사회 시스템은 물론, 종교나 도덕 등 비강제적 사회규범도 포함한다.

이렇듯 사회환경은 여러 가지 요소들로 구성되어 있는데, 그중에서 가장 중요한 것은 경제체제라고 할 수 있다. 유물론적인 입장에서는,

경제체제가 사회의 하부구조를 이루는 반면, 사회규범 등을 포함한 그 밖의 요소들은 모두 사회의 상부구조를 이룬다고 가정한다. 즉, 유물론에서는 경제체제가 어떠하냐에 따라서 사회규범은 물론이고 사법제도와 같은 사회 시스템이 결정된다고 주장한다.

앞서 「코에 걸면 코걸이 귀에 걸면 귀걸이」에서 힌두교의 암소 숭배 사상을 그 예로 설명했듯이, 문화유물론적 입장에서는 한 집단이나 사회에서 어떤 종교적 전통, 관습 혹은 제도가 오랫동안 유지되기 위해서는 그것이 그 사회의 구성원들에게 경제적인 혜택을 줄 수 있어야만 한다. 만약 구성원들에게 득보다 해가 더 많다면, 그것이 아무리 오래된 전통이라 하더라도 언젠가는 사라질 수밖에 없다는 것이 유물론적 시각이다. 이렇듯이 유물론의 입장에서 가장 중요한 사회환경은 사회 구성원들에게 경제적인 동기를 줄 수 있는지의 여부를 결정하는 경제적 토대 혹은 경제체제이다.

여기서 주목해야 할 또 하나의 중요한 사항은 동기부여란 저절로 되는 것이 아니라 외부적 환경요인에 의해서 가능하다는 사실이다. 앞에서도 인용했듯이, 성취동기 이론으로 유명한 심리학자 데이비드 맥클랜드는 성취욕구는 경험을 통해 후천적으로 학습된다고 주장한 바 있다. 이는 문화가 진화하는 방향이 경제체제 등의 사회환경 요인에 의해 결정되지만, 문화가 진화하는 데 필요한 동력動力 또한 사회환경으로부터 나온다는 것을 의미한다.

비경제적 사회환경 요인

경제체제는 사회환경의 한 부분이다. 하지만 유물론적 시각에서 보면, 경제체제는 사회환경 전체를 변화시킬 수 있는, 즉 문화의 진화 방향을 결정하는 가장 중요한 환경요인이다. 그러나 사회환경 변화에 영향을 주는 '비경제적' 요인들도 얼마든지 존재할 수 있다. 물론 비경제적 요인들도 직간접적으로 경제체제에 의해 영향을 받는다고 주장할 수도 있다. 그렇지만 실제 그 관계가 명확하지 않을 때가 많기 때문에 단순히 경제체제만으로 모든 사회문화 현상을 명확히 설명하기는 쉽지 않다.

미국의 사회심리학자 리처드 니스벳은 그의 명저 『생각의 지도』(2003)에서 동양인과 서양인의 사고방식이 어떻게 달라지게 되었는지를 중국과 그리스를 예로 들어 설명했다.[30] 먼저, 그는 중국과 그리스에서 서로 다른 경제·사회구조가 만들어진 주요 원인으로 양국의 상이한 생태학적 환경을 지적했다. 그리고 그는 이러한 경제·사회구조의 차이가 고대 중국인들과 그리스인들의 형이상학적 신념에 대한 차이를 만들고, 그 다음 단계로 서로 다른 인식론과 사고과정을 낳았다고 주장했다.

니스벳의 이러한 주장은 물질적 요인을 중시하는 문화유물론적 접근이라고 할 수 있다. 하지만 동시에 그는 사고습관을 결정짓는 가장 중요한 요인으로 '사회적 요인'을 지목하면서, 이러한 사회적 요인이 반드시 경제체제에 의해 결정되지는 않는다고 부연했다.

위의 니스벳의 주장에서도 알 수 있듯이, 경제체제를 중심으로 문화

---

30 리처드 니스벳, 최인철 역, 『생각의 지도』, 파주 : 김영사, 2003, 186~199쪽.

현상을 해석하는 문화유물론적 접근법에는 몇 가지 주의해야 할 사항들이 있다. 첫째, 사회규범과 경제체제를 각각 사회의 상부구조와 하부구조라고 구분하지만, 사회규범은 여타의 문화에 대해서는 하부구조일 수 있다는 점이다. 사회규범이 사회환경의 한 축을 맡고 있으므로 다른 문화적 요소들에게 영향을 줄 수 있다는 것이다. 예를 들면, 언어습관 혹은 언어문화는 그 사회의 관습이나 규범을 직접적으로 반영하지만, 경제체제와의 연관성은 불명확하다(이에 대한 보다 자세한 논의는 이번 장의 후반부에서 계속 하겠다).

둘째, 사회환경에 대한 '제도적 장치'의 영향도 주목해야 할 중요한 사항이다. 유물론의 입장에서는 종교적 신념 등과 같은 비경제적 이유로 만들어진 규칙이나 제도는 결국 경제적 이유로 사라질 것이라고 주장한다. 그렇지만 그것의 법적 효력이 유지되는 한, 그 제도는 문화의 전반에 지대한 영향을 줄 수밖에 없다. 즉, 법적 구속력은 경제체제만큼이나 문화의 진화 방향을 결정하는 중요한 사회 환경요인이라는 것이다. 따라서 사회문화 현상을 제대로 해석하려면, 경제체제는 물론이고 관련된 제도적 장치를 자세히 살펴볼 필요가 있다. 이는 경제체제가 가장 효과적으로 문화 전반에 영향을 줄 수 있는 이유는, 그것이 경제적 동기를 줄 수 있는지의 여부를 결정할 뿐만 아니라, 동시에 법적 효력을 가진 사회의 하부구조이기 때문이라는 것을 의미하기도 한다.

세 번째로 주목할 사항은 '역사적 사건들'을 어떻게 다룰 것이냐에 관한 것이다. 역사적 사건들이란 전쟁, 새로운 왕조나 새로운 이념을 가진 정권의 출범 등과 같이 역사책에 기술될 만한 사건들을 말한다. 이러한 사건들은 일종의 사회문화 현상이므로, 사회 혹은 자연환경의 변화에 의한 결과이며, 이들 중 많은 사건들이 경제적인 이유 때문에 발생했을 가능성이 있다. 그렇지만 대개의 경우 이러한 역사적 사건들은 새로운 정책의 도입을 동반하고, 이것이 결국 새로운 경제체제를 만들거나 혹은 사회규범을 통째로 바꾸기도 한다. 이렇듯이 역사적 사건은 그 사건 이후에 일어나는 사회환경 변화의 주요 원인으로도 작용한다.

역사적 사건을 하나의 사회문화 현상으로 보고, 그 원인을 유물론적 시각으로 해석하는 방법도 가능하다. 그러나 이런 작업은 이미 역사학의 영역이다. 이 책에서와 같이 언어습관이나 사고방식 등을 대상으로 하는 문화연구에서는, 역사적 사건을 사회환경에 영향을 주는 주요 원인으로 고려하는 것이 타당하다. 따라서 사회문화 현상을 해석하기 위해서는, 이전에 발생했던 주요 역사적 사건들을 경제체제의 변화와 함께 사회환경 변화의 요인으로 살펴 볼 필요가 있다.

마지막으로 주목할 사항은 문화의 진화를 이끌 수 있는 '비경제적 동기'에 관한 것이다. 앞서 경제적 동기의 중요성에 대해서 강조했지만, 인간심리에는 경제적 욕구 외에도 다양한 욕구들이 존재한다. 미국의 심리학자 에이브러햄 매슬로(1908~1970)의 '인간욕구 5단계설'에 따르면, 인간의 욕구에는 '생리적 욕구', '안전지향의 욕구', '애정 및 소속의 욕구', '존경의 욕구', '자아실현의 욕구' 등의 다섯 가지의 욕구가 차례로 계층을 이루고 있다.[31]

매슬로가 정의한 다섯 가지의 욕구들 중 하위 두 단계의 욕구인 생리적 욕구와 안전지향의 욕구는 경제적 동기와 밀접한 연관이 있다. 반

---

[31] A. H. Maslow, "A Theory of Human Motivation", *Psychological Review* 50, 1943, pp.37 0~396.

면, 나머지 상위 세 단계의 욕구들은 상대적으로 경제적 동기와의 연관성이 적다. 이 책에서는 이들 상위의 세 가지 욕구들, 즉 비경제적 동기들을 '허영심과 관련된 욕구'라고 정의하고자 한다.

참고로 말하자면, '지적知的 허영심'이란 말이 있듯이 허영심이란 '실속이 없는 자기만족'을 의미한다. 사람들이 허영심을 갖는 이유는 자신에게 경제적인 혜택이 돌아오지 않더라도 남들에게 사랑이나 존경을 받기 위해서이다. 따라서 허영심을 비경제적 동기의 주요 요소라고 가정할 수 있다.

이 책에서 허영심을 문화의 진화 방향에 영향을 주는 비경제적 동기로 규정하는 이유는 경제적 동기만으로는 설명하기 어려운 사회문화 현상이 분명히 존재하기 때문이다. 예를 들면, 소위 유행과 같은 사회문화 현상이 그러한 것들 중 하나이다. 유행은 몇몇 선도자들trend-setters에 의해서 만들어진 후 대중들이 그것을 모방하면서 지속된다. 이때 유행을 전파시키는 동력은, 대개의 경우 사람들의 허영심, 즉 사랑이나 존경을 받고 싶어 하는 등 남들에게 잘 보이고 싶어 하는 욕구에 의해서라고 해석할 수 있다.

다층구조를 가진 문화

끊임없이 변화하는 사회 및 자연환경에 적응하기 위해 문화 역시 끊임없이 변한다. 그런데 어떤 문화적 요소들은 빠르게 변하는 반면, 그렇게 빠르게 변하지 못하는 문화적 요소들도 있다. 대략적으로 설명하자면, 취향과 관련된 문화적 요소들은 그 변화속도가 빠른 편이다. 어떤 습관을 가지고 있느냐에 따라 자신의 취향이 결정되기도 하지만, 굳이 습관을 바꾸지 않더라도 취향은 얼마든지 쉽게 바뀔 수 있다. 이런 까닭에 오래된 습관과 관련된 문화적 요소들보다는 취향과 관련된 문화적 요소들이 당연히 상대적으로 쉽게 바뀐다.

소위 유행이란 '일정한 시기에 다수의 사람들이 공유하는 일종의 취향'이라고 정의할 수 있다. 유행은 습관이 아니므로 완고하지 않다. 따라서 유행은 수시로 변할 수 있다. 그러나 종종 어떤 유행은 한 지역에서 오랫동안 생명력을 유지하여 그 지역의 주류문화로 편입되기도 한다. 실제로 우리가 전통문화라고 부르는 것들 중에는 처음에는 새로운 유행의 형태로 도입되었다가 지금까지 용하게 살아남은 것들이 많다. 이렇듯이 일정기간 유행했던 한낱 취향이었다고 하더라도, 그 지역의 자연 및 사회환경과 잘 어울려 사람들에게 해보다는 득을 더 많이 줄 수 있을 때는 그 지역의 주류문화가 될 수 있는 것이다.

앞에서도 언급했듯이, 의식주와 관련된 문화는 자연환경의 영향을 크게 받을 수밖에 없다. 한반도 지역의 기후나 토양 등과 같은 자연환경은 크게 변하지 않았는데, 우리의 의식주와 관련된 문화는 왜 그동안 많은 변화를 겪었을까 하고 의문을 가질 수 있다. 과거와 현재의 의식주와 관련된 문화가 서로 다른 이유는 과학기술이 발전하면서 우리가 자연환경에 적응하는 방식이 그동안 달라져왔기 때문이라고 설명할 수 있다. 예를 들면, 새로이 개발된 소재가 의복이나 건축재료로 사용되면서, 관련된 의복문화나 주거문화에 큰 변화가 생겼다는 것이다.

과학기술의 발달과 이에 대한 의존도가 커지면서, 의식주 중 특히 의

복문화와 주거문화는 지역적 특성을 많이 잃어버렸다. 이제 세계 어디를 가도, 거기서 우리는 우리의 옷차림과 크게 다르지 않은 사람들을 만날 수 있고, 대도시에는 즐비한 아파트들을 볼 수 있다. 이런 점들을 고려하면, 의식주 중에서 음식문화가 가장 완고하다고 할 수 있다. 물론 음식문화도 진화를 거듭해왔다. 다만 '어릴 적 입맛이 평생 간다'는 말이 있듯이, 한번 길들여진 입맛은 바꾸기 힘든 습관임에 틀림없다. 음식과 같이 완고한 문화적 요소들 중에서 가장 대표적인 것들이 바로 '언어'와 '사고방식'이라고 할 수 있다.

언어습득에 관해서는 여러 가지 다양한 가설들이 존재하지만, 이들 대부분은 유아시절에 부모나 가족 등 주변 어른들과의 상호작용이 언어발달에 지대한 영향을 끼친다는 점을 인정한다. 이와 마찬가지로 어린 시절 주변 어른들에 의해서 무비판적으로 주입된 사고방식도 평생 크게 바뀌지 않는 경우가 많다. 예를 들면, 역시 일종의 사고방식이라고 할 수 있는 종교적 신념이 그러하다. '모태신앙'이라는 어휘가 있듯이 종교의 선택은 많은 경우 어린 시절에 이루어진다. 이런 까닭에 영국의 옥스퍼드대학 생물학 교수 출신의 무신론자로 유명한 리처드 도킨스는 모태신앙을 "아이들에게 종교에 대한 선택권을 빼앗는 행위"라며, 이를 맹렬히 비난했다.[32]

의복과 같이 취향이나 유행의 영향을 많이 받는 문화적 요소들은 쉽게 변한다. 이에 반해 음식, 언어, 사고방식 등과 같은 문화적 요소들은 상대적으로 천천히 변한다. 따라서 문화라는 것은 다층적인 구조를 가

32 　리처드 도킨스, 이한음 역, 『만들어진 신』, 파주 : 김영사, 2006, 498~504쪽.

지고 있다고 가정할 수 있다. 즉, 그 안쪽으로는 음식, 언어, 사고방식 등의 변화속도가 느린 문화적 요소들이 자리 잡고 있는 반면, 그 바깥층으로는 의복 등과 같이 바뀌어도 별로 불편을 주지 않아 상대적으로 쉽게 변하는 것들이 자리한다고 설명할 수 있다.

문화라는 커다란 구조물의 안쪽에 자리 잡은 문화적 요소들은 바깥층에 자리 잡은 문화적 요소들에 비해 보다 완고하여 환경변화에 덜 민감하게 반응한다. 환경변화에 덜 민감한 만큼, 이러한 문화적 요소들은 한 국가나 사회의 문화적 정체성을 대표할 수 있게 된다. 이런 이유로 음식, 언어, 사고방식 등은 한 국가나 사회의 문화적 정체성을 대표하는 문화적 요소들이라고 할 수 있다.

한편, 문화라는 구조물의 바깥층을 이루는 문화적 요소들은 주로 취향과 관련된 것들이 대부분이다. 따라서 그것들이 지적知的이든 아니든 우리의 허영심을 채워주는 방향으로 쉽게 변화 또는 진화한다고 설명할 수 있다. 의복 등 예술과 관련된 문화적 요소들이 바로 이들에 해당된다. 이는 예술의 한 분야라고 할 수 있는 대중문화가 본질적으로 문화적 정체성과 큰 연관성이 없다는 것을 의미한다. 따라서 한류가 한국의 고유문화를 담고 있지 않다거나, 한류가 한국의 문화적 정체성을 대변하지 않는다고 너무 서운해할 필요는 없는 것이다.

두 국가 간의 문화교류

문화적 다양성과 함께 '문화에는 우열이 없다'고 주장할 수도 있다.

그러나 국가들 간에 문화의 우열은 실제로 엄연히 존재한다. 그리고 그 우열은 국가들 간의 경제력에 의해 결정된다는 사실을 부인하기 어렵다. 한 국가가 아무리 찬란한 역사와 문화적 전통이 있다고 하더라도 현재의 경제 수준이 높지 않다면, 그 국가의 문화는 외국인들에게 관심의 대상이 되지 못할 뿐만 아니라, 자국민들에게도 무시당하는 것이 현실이다.

경제력에 우열이 있는 두 국가 간의 문화교류는 언제나 일방통행이다. 왜냐하면 부유한 나라의 국민들이 가난한 나라의 문화를 배우려 하는 경우는 거의 없기 때문이다. 이는 앞서 설명했듯이, 문화의 진화는 사람들에게 경제적 혜택을 주거나, 아니면 허영심을 채우는 쪽으로 진행되기 때문이라고 설명할 수 있다.

비록 일본이 경제력으로 우위에 있다고 해도, 동아시아 문명의 원조인 중국이나 이것을 일본에 전수해 준 한국의 입장에서는 일본의 문화를 특별히 꼭 배워야 할 만큼 대단한 것으로 여기지는 않는다. 그러나 서양인들의 일본문화에 대한 인식은 이러한 우리의 생각과는 크게 다르다. 서양인들은 '다도'나 '스모' 등과 같은 일본의 전통문화는 물론이고, '망가'나 '애니메' 등과 같은 일본의 대중문화도 꽤나 높이 평가해주고 있다.

일본문화가 본격적으로 서양인들의 관심을 끌기 시작한 것은 1980년대부터였다. 그 계기는 일본의 경제력이 대부분의 서양 국가들을 압도하기 시작하면서였다.[33] 서양인들에게 일본문화를 좋아하는 이유를

---

33 1970년대 서양인들은 자국의 경제성장을 위해 물불을 안 가린다는 의미로 일본인들을 '이코노믹 애니멀'이라고 부르며 조롱했다.

물어보면, 대부분은 일본문화의 독특함 때문이라고 대답한다. 그러나 일본의 경제력이 그리 높지 않았다면, 거구의 선수들이 민망한 차림으로 겨루는 일본식 씨름인 스모나 익히지 않은 날 생선으로 만든 스시 등과 같은 서양인들에게 생소한 일본문화는 독특한 것이 아니라 괴이한 것이라고 놀림의 대상이 되었을지도 모른다.

예전만큼은 못하다고 하나 그래도 미국은 일본을 압도하는 세계 제일의 경제대국이다. 이런 까닭에 '햄버거와 콜라'로 대변되는 미국문화는 전 세계에 널리 퍼져있다. 기본적으로 미국문화는 형식보다는 능률을 중시하는 합리주의에 그 바탕을 두고 있다. 이러한 합리주의는 경쟁을 통한 효율제고라는 자본주의 체제의 철학과 서로 잘 어울린다. 따라서 자본주의를 시행하는 다른 나라에서 미국식 합리주의 문화가 환영받지 못할 이유가 없다. 다른 국가들이 미국식 합리주의를 배우는 이유가 경제적 동기 때문이라고 한다면, 미국의 대중문화가 전 세계에 지대한 영향력을 행사하는 이유는 비경제적 동기, 즉 허영심 때문이라고 설명할 수 있다.

매년 미국에서 열리는 아카데미 시상식에서 누가 무슨 상을 받는지는 한국에서조차 실시간으로 생중계되며, 한국 가수의 노래가 미국의 빌보드차트에 오르기만 하면 당장에 뉴스거리가 되곤 한다. 이렇듯이 많은 한국인들이 미국의 대중문화에 큰 관심을 갖는 이유는 미국문화가 세계를 선도하고 있기 때문이다. 앞서 설명했듯이, 유행은 대중이 선도자를 모방하면서 전파되고, 이때의 동력은 남들에게 멋있게 보이고 싶어하는 욕구, 즉 허영심에서 나온다.

한국과 미국 양국 간의 문화교류에서와 마찬가지로, 한국과 중국 양국 간의 문화교류에서도 한쪽의 경제력이 그 방향을 결정해왔다. 중국이 대국으로 경제력이 우위에 있던 삼국시대부터 조선시대까지 천 년 이상이라는 오랜 기간 동안 한국은 중국으로부터 그들의 문화를 배웠다. 과거 한·중 양국 간의 문화교류는 현재 한국이 미국으로부터 합리주의를 배우고 미국의 대중문화에 열광하는 것과 똑같은 방식의 일방통행이었다고 할 수 있다.

1970년대 이후 한국이 산업화를 통해 점차 경제 수준을 향상시키면서 마침내 선진국 진입을 앞두게 되자, 최근 들어서는 중국이 한국으로부터 대중문화를 중심으로 여러 분야에서 조금씩이나마 배우기를 시작했다. 그러나 지금 중국과 한국이 배우고 있는 주요 대상은 상대방이 아니라 미국을 포함한 서구이다. 이런 까닭에 한국이나 중국에서는 다층구조를 가진 문화의 가장 바깥층은 이미 서구화가 상당히 진행되었고, 그 안쪽에 자리 잡은 문화적 정체성을 보여주는 완고한 문화적 요소들(예: 음식, 언어, 사고방식)조차 조금씩 서구식으로 바뀌어 가고 있다.

한국과 중국 양국 간의 문화교류를 한마디로 요약하자면, 예전에는 한국이 중국문화를 배우면서 중국과 비슷해졌지만, 지금은 중국과 한국 양국이 모두 서양의 문화를 배우면서 예전과는 다른 식으로 서로 비슷해지고 있다고 할 수 있다. 이에 대해서는 앞으로 서술될 본격적인 한·중 양국의 문화비교에서 자세히 논의하겠다.

문화라는 코끼리-구성의 오류

한국문화와 관련된 여러 가지 현상들 중에서 몇 가지 자기 입맛에 맞는 부분들만을 골라 그것으로 전체를 일반화시키는 소위 일반화의 오류에 대한 사례들을 앞서 「코에 걸면 코걸이 귀에 걸면 귀걸이」에서 소개했다. 또한 문화라는 것이 간단하게 정의하기가 어려울 정도로 그 범위가 넓은 만큼 '구성의 오류fallacy of composition'에도 빠지기 쉽다. 구성의 오류란 '장님 코끼리 만지기'라는 인도의 속담에서도 알 수 있듯이, 여기 저기 부분적으로 맞는 의견들이라도 이들 모두를 합칠 때 잘못 끼워 맞추면 엉뚱한 결과가 나오는 경우를 의미한다. 여기서는 사회문화 현상의 해석을 까다롭게 만드는 구성의 오류와 연관된 두 가지 문화의 속성에 대해서 논의하겠다.

첫째, 문화는 끊임없이 진화하는데 문화의 진화 방향을 결정하는 사회환경은 복잡하게 구성되어 있다는 것이다. 예를 들면, 사회규범은 문화의 진화 방향을 결정하는 주요한 환경요인이면서, 동시에 사회환경의 영향을 받는 문화적 요소이다.[34] 유물론적인 관점에서 보면, 사회규범은 사회의 하부구조인 경제적 토대에 의해서 영향을 받는 사회의 상부구조라고 할 수 있다. 그러나 세부적으로 들여다보면, 문화적 요소들 중에는 경세적 토대에 의한 영향보다는 사회규범에 의한 영향이 보다 명확한 것들이 더 많다.

---

34 한국의 전통적 사회규범인 유교가 그러하다. 유교는 여러 방면에 걸쳐 한국문화에 많은 영향을 주었다. 그러나 유교적 전통은 현재 한국 사회에서 많은 도전을 받고 있으며, 이는 현 경제체제인 자본주의의 영향 때문이라고 설명할 수 있다. 이 점에 대해서는 제3장의 「양자택일」에서 자세히 논의하겠다.

사회문화 현상의 해석을 까다롭게 만드는 두 번째 요인은, 문화는 끊임없이 변하는데 어떤 문화적 요소들은 빨리 변하는 반면, 다른 문화적 요소들은 그렇지 않다는 것이다.[35] 이와 같이 다양한 문화적 요소들이 각자 서로 다른 변화속도로 환경변화에 대해서 적응한다. 따라서 사회문화 현상과 환경요인과의 상관관계를 제대로 파악하려면, 먼저 그 현상이 어느 시점의 환경변화에 의한 반응인지를 가려내야만 한다. 만약 어떤 환경변화가 일정 기간 지속되지 못하고 일시적이었거나, 다른 형태의 환경변화와 동시에 발생한 것이라면, 이에 대한 사회문화 현상의 해석은 그 복합적 환경변화로 인해 어려워질 수밖에 없다.

이와 같이 사회문화 현상에 대한 해석은 간단하지 않다는 사실을 염두에 두고, 지금까지 논의한 문화의 속성에 대해서 간단히 정리해 보겠다. 먼저, 문화는 '한 국가나 사회의 구성원들이 공유하는 일종의 습관'이라고 정의할 수 있다. 그리고 이러한 습관은 선천적으로 타고나는 것이 아니라 경험을 통해 만들어진 결과물이다. 이는 한국문화가 남달리 특별하다면, 그것은 한국인의 유전자가 남달라서가 아니라, 한국이라는 사회에서 살았던 사람들이 그동안 겪어온 경험, 즉 역사가 남달랐기 때문이라는 것을 의미한다. 따라서 앞으로도 한국인들이 새로운 경험을 쌓아가면서 한국문화는 지금과는 조금씩 달라질 것이다.

한편, 문화의 진화에 가장 큰 영향을 주는 사회환경 요인은 경제체제이다. 이와 더불어 법적 구속력이 있는 제도적 장치도 경제체제에 못지

35　제3장 「양자택일」에서 자세히 논의하겠지만, 한국인들의 사고방식 중에서 어떤 것 (예 : 경제활동과 관련된 사고방식)은 자본주의식 경제체제에 빨리 적응한 반면, 어떤 것(예 : 인간관계와 관련된 사고방식)은 아직 그러하지 못하다.

않게 문화의 전반에 영향을 줄 수 있다. 따라서 문화가 진화하는 방향은 경제체제를 포함한 '국가 정책'에 크게 좌우된다. 이는 경제적 보상 등이 사람들의 행동 및 인식 변화의 동기가 되고, 이러한 보상이 제도적으로 뒷받침 되면, 결국 국가나 사회의 문화는 그 보상이 정한 방향으로 진화된다는 것을 말한다. 또한 국가 정책이든 관습이든 그것이 사회 구성원들에게 이득이 되지 않는다면, 그것은 언젠가는 사라진다는 것이 바로 문화유물론적 시각이다. 이는 악습을 오래된 전통이라는 이유로 고집할 필요가 없다는 것을 의미하기도 한다.

앞에서 언급한 '장님 코끼리 만지기'는 인도의 고사에서 유래한 속담이지만, 중국에도 코끼리에 관한 고사 하나가 전해오고 있다. 예전에 황하 유역에 살던 고대 중국인들은 화석을 통해서 덩치가 크고 코가 긴 동물이 한때 그곳에 살았다는 사실을 알게 되었다. 이때 유래된 어휘가 바로 '상상想像'이다. 이 어휘는 화석을 통해서 기후변화 탓에 사라진 코끼리像를 머릿속으로 그려본다想는 것을 의미했다.

문화는 광범위하게 여러 다양한 모습을 가지고 있기 때문에 코끼리에 비유할만하다. 화석에 남겨진 뼈대를 통해서 오래전 사라진 코끼리가 어떻게 생겼는지 그 겉모습을 상상할 수는 있다. 그러나 그들이 그 옛날에 무엇을 먹었는지 등과 같이 실제로 코끼리가 어떻게 살았는지를 제대로 알려면, 뼈대와 함께 화석에 남겨진 다른 부분들도 면밀히 살펴보아야 한다. 결국, 문화연구란 사라진 코끼리를 상상해내기 위해서 그 동물이 살았던 환경을 조사하는 것이고, 이를 통해서 과연 코끼리가 어떻게 살았으며, 왜 사라지게 되었는지 등에 대한 해답을 찾는 것이라고 할 수 있다.

과거 황하 유역에 살았던 코끼리들도 현재 인도 지역에 살고 있는 코끼리들과 크게 다르지는 않았을 것이다. 이와 마찬가지로 문화를 만드는 주체인 사람들도 그들이 과거 우리의 조상이든 아니면 이웃나라 사람들이든 모두 같은 인류로서 현재의 우리와 큰 차이가 있을 수 없다. 이 점이 바로 문화연구에 있어서 우리가 잊어서는 안 되는 중요한 사실이다. 그러므로 연구의 대상이 되는 사람들이 현재의 우리와 다른 문화를 가지고 있다면, 그 까닭은 그들이 우리와는 다른 사람들이기 때문이 아니라, 그들이 우리의 환경과는 다른 환경에 처해 있었기 때문이라고 이해해야 하는 것이다.

제2장

한자문화와 유교문화

한자, 중국의 자존심
한자어는 외래어?
말이 먼저, 생각이 먼저?
공자 앞에서 문자 쓴다
네가 하면 나도 한다
중국문화의 아류?

한자, 중국의 자존심

시대를 초월하는 한자

한국어사에서 '중세'라고 하면 대략 10세기에서 16세기를 가리킨다. 영어의 시대 구분도 한국어와 엇비슷하다. 언어학자들은 대략 12세기 말에서 15세기말까지 사용되었던 영어를 중세영어라고 정의한다. 이런 식으로 한국어와 영어에서 중세언어와 현대언어를 구별하는 이유는 그 당시의 말이 지금과는 많은 차이를 보이기 때문이다.

좀 더 구체적으로 말하자면, 중세국어는 고려가 건국된 시기인 10세기부터 조선시대의 최대 역사적 사건이라고 할 수 있는 임진왜란 직후인 16세기까지 고려의 수도였던 개성 지역에서 사용되었던 말을 일컫는다. 훈민정음, 즉 한글의 창제 이전에는 한국어를 정확히 기록할 방법이 없었다. 따라서 당시 개성 지역에서 쓰였던 말이 실제로 어떠했는지를 제대로 확인할 수가 없다. 중세국어는 훈민정음이 반포된 후 『용비어천가』(1447) 등의 한글로 출판된 서적들을 통해 그 모습을 제대로 드러냈다.

15세기의 중세국어는 전공자가 아니면 한국인들도 해독하기가 매우 어렵다. 예를 들어, 『용비어천가』는 한국인에게는 너무도 유명한 서적이지만, 처음 몇 구절을 제외하고는 해설서가 없이는 그 내용의 이해는 물론이고, 지금은 사용하지 않는 발음들이 워낙 많아 읽기조차 힘들다. 이렇듯이 불과 지난 오백 년 동안 한국어가 많이 변화했다는 것을 알 수 있다. 이러한 현상은 영어에서도 마찬가지이다. 아무리 영국 출신의 원어민이라도 따로 배우지 않고서는, 중세영어로 쓰인 셰익스피어의 희곡을 원문 그대로 읽고, 그 뜻을 이해하기란 매우 어려운 일이다.

반면, 원형 그대로의 한자인 번체繁體를 사용하는 대만인이나 홍콩 인이라면, 천 년 전 중국의 당대唐代(618~907) 혹은 송대宋代(960~1279)에 쓰인 고전의 원문을 별다른 어려움 없이 이해할 수 있다. 지금도 당대의 시인인 이백(701~762)이나 두보(712~770)의 시집 등은 해설서 없이 원문 그대로 출판되기도 한다. 이와 마찬가지로 중국어를 전혀 구사할 줄 모르지만 한자에 익숙한 한국인이라면 천 년 이상 오랜 된 한문서적이라도 그것을 읽고 어느 정도 이해할 수 있다.

문화는 끊임없이 진화하듯이 문화의 주요한 한 부분인 언어도 시간이 지나면서 변한다. 오랜 세월 동안 중국의 한족漢族은 주변의 여러 이민족들과 서로 교류해왔다. 이런 과정을 통하여 우리가 중국어라고 부르는 그들의 언어인 한어漢語도 꾸준히 변해왔다.[1]

장구한 중국 역사에 걸맞게 중국어에서는 시대를 구분하는 스케일이 한국어나 영어에 비해 훨씬 크다. 중세중국어는 대략 후한 말 때인 3세기부터 수, 당을 거쳐 남송대에 이르는 약 천 년 동안 사용된 한어를 가리킨다. 중국에서는 시가詩歌에 등장하는 라임rhyme, 즉 압운押韻을 정리한 '운서韻書'라고 하는 일종의 라임사전이 발간되곤 했다. 이를 통해서 언어학자들은 과거에 한자가 어떻게 발음되었는지를 재구성할 수 있었다. 참고로, 현존하는 가장 유명한 중국의 운서로는 601년에 발간된『절운切韻』이라는 책이 있다.

과거 중국에서 운서를 발간했던 이유는 각 한자가 어떻게 발음되어야 하는가를 규정하기 위해서였다. 이런 정책은 로만 알파벳이나 한글과 같은 표음문자 체계를 사용하는 국가에서는 찾아 볼 수 없다. 표음문자를 사용하는 경우에는 당대에 사용되는 각 단어가 어떻게 발음되어야 하는지에 대한 관심보다는 철자법이나 맞춤법 등의 표기법에 보다 많은 관심을 기울여야 하기 때문이다.[2] 즉, 표음문자와 달리 각 한자의 표기법은 한번 정해지면 변하지 않으며, 각 한자의 발음만이 시대에 따라 변화한다.

중국어 언어학자들이『절운』등의 운서를 통해서 재구성한 천여 년 전 중세중국어의 한자 발음은 생각보다 현대중국어와 크게 다르지 않다.[3] 여기서 더욱 중요한 사실은, 각각의 한자 발음은 시대에 따라 변할

---

1   William S-Y. Wang, "Languages Emergence and Transmission", Edited by Alain Peyranbe and Chaofen Sun, *Studies on Chinese Historical Syntax and Morphology*, Paris : EHESS, 1999, pp.247~257.
2   오영균,「기호와 문자로서의 한자─뜻과 소리의 자리」,『동아시아문화와예술』6, 2009, 73~101쪽.
3   고대중국어는 후한 말 이전에 사용되었던 중국어이다.『시경(詩經)』은 공자 시대에 만들어진 시가집이다. 여기에 수록된 시들의 압운을 통해 당시의 각 한자의 발음을 학자들이

수 있지만, 각각의 한자가 나타내는 의미는 변하지 않는다는 것이다. 이와 같이 한자는 말, 즉 한어에 의존하지 않고, 그 의미의 해독이 독립적으로 존재할 수 있다. 바로 이러한 독특한 특징 덕분에 한자로 쓰인 글은 시대를 초월할 수 있게 된다.

문맹이었던 위대한 왕

중세 유럽의 주요 왕국들 중 하나였던 프랑크 왕국(481~843)의 가장 위대한 왕이자 신성로마제국 초대 황제였던 카롤루스(혹은 샤를마뉴) 대제(740?~814)가 문맹이었다는 사실은 잘 알려져 있다. 게르만의 일파인 프랑크족이었던 카롤루스 대제는 라틴어를 몰랐다. 당시 서적이라면 로마제국 시절에 라틴어로 쓰인 것이 대부분이었고, 게르만어로 쓰인 문서나 책은 없었다. 그러므로 그가 로만 알파벳을 배웠어도, 그가 읽을 수 있는 것은 없었다. 이와 같이 당시 프랑크 왕국을 비롯한 서유럽의 대부분 지역에 살고 있던 사람들에게 글을 읽는다는 것은 곧 외국어인 라틴어를 새로 배워야 한다는 것을 의미했다.

로마제국이 멸망(476)한 후 당연히 라틴어는 유럽에서 표준어의 지위를 잃었다. 그리고 소수의 기독교 성직자들을 제외한 대부분의 유럽인들은 더 이상 라틴어를 배우지 않게 되었다. 즉, 중세시대에 대부분의 유럽인들이 문맹이었던 이유는, 사어死語인 라틴어를 더 이상 배우

재구성할 수 있었다. 중세중국어에 비해 고대중국어는 현대중국어와 그 발음이 많이 다르다.

지 않게 되자 이전에 라틴어로 쓰인 문서나 책을 읽을 수 없었기 때문이지, 로만 알파벳이 배우기 어려운 문자체계였기 때문은 아니었다.

만약 로마제국이 알파벳이 아닌 한자와 같은 표의문자[4]를 사용했다면, 유럽인들이 소위 암흑시대라고 일컫는 문명의 단절을 어느 정도 피할 수 있지 않았을까 하는 의문을 갖게 된다. 만약 그러했다면 로마제국이 붕괴되고 라틴어가 더 이상 사용되지 않았더라도, 글을 읽을 수 있는 사람들은 아마도 상당수 유럽에 남아 있었을 것으로 짐작된다.

말과 문자의 관계에 대한 이러한 가설 및 고찰은 중국어와 한자의 관계를 고려해 볼 때 더욱 흥미롭게 확인된다. 몽고족과 만주족은 각각 중국 대륙에 통일왕조를 세운바 있다. 이들 외에도 여러 다양한 북방의 유목민족들이 만리장성 부근의 북쪽 국경을 끊임없이 침입했었다. 특히 5호 15국 시대(304~439)에는 다섯 개의 이민족들이 중국 대륙 내부분의 지역에서 각자의 왕조를 세우고 난립한 적도 있었다. 그리고 이민족들이 중원中原을 들락거릴 때마다, 거기서 정착하고 살고 있던 한족은 뿔뿔이 흩어지곤 했었다.

마치 로마제국이 망하고 게르만계 야만족들이 서유럽을 장악했듯이, 중국 역사에서도 여러 이민족들이 중원을 여러 번 휘저었던 적이 있었다. 그럼에도 불구하고, 중국에서는 유럽의 암흑시대와 같은 문명의 단절이 발생하지 않았다. 왜냐하면 이민족들이 새로이 중국 대륙으로 유입되어 한어를 쓰던 한족이 뿔뿔이 흩어지게 되었어도, 누구든지 한자

4　통상적으로 한자를 표의문자로 분류하지만, 엄밀한 의미에서 한자는 표어문자(表語文字, logogram)이다. 왜냐하면 각각의 한자는 의미뿐만이 아니라 발음도 가지고 있기 때문이다.

만 배우면 그 이전에 쓰인 문서를 읽을 수 있었기 때문이다.

한어는 전혀 이해하지 못하지만, 한자를 읽고 쓸 수 있는 사람들은 지금도 한국이나 일본에 많이 있다. 이와 같이 만에 하나 중국 대륙에서 한어가 사라졌다고 해도, 그들이 이민족이든 한족이든 상관없이 조금만 노력하면, 그것이 옛 것이든 새것이든 한자로 쓰인 문서는 계속 읽을 수 있었을 것이다. 이런 까닭에 수없이 이민족들이 거쳐갔어도 중국 대륙에서 문명이 단절될 일은 없었다.

한자문화권

물론 한자는 적지 않은 시간을 투자해야만 되는 배우기 까다로운 문자체계이다. 그래서 한자를 귀족문자aristocratic letters라고도 한다. 이는 한자가 노동에 구속을 받지 않는 한가한 귀족들만이 배울 수 있다는 것을 의미한다. 여기서 중요한 사실은, 한족의 경우 한어가 모어母語인만큼 익히는데 별다른 어려움이 없겠지만, 대부분의 이민족에게는 한어를 익히는 것이 한자를 배우는 것보다 훨씬 더 어렵다는 것이다.

어려운 한어를 굳이 배우지 않고도 한자만을 따로 분리해서 배울 수 있다는 한문漢文의 이러한 특징 덕분에 동아시아에서 한자문화권이 형성될 수 있었다. 한국과 같이 중국에 이웃한 이민족의 입장에서는 한자만 배우면 한문으로 쓰인 중국의 선진문물을 배울 수 있었으므로, 한가한 귀족층 지식인이라면 만사를 제쳐놓고 한자부터 배웠다.

지금도 동양의 고전을 전공하는 학자들은 한자만 배우면 된다. 반면,

서양의 고전을 전공하는 학자들은 라틴어를 포함해서 시대별로 제각기 다른 게르만어, 영어 등의 여러 언어들을 배워야 한다. 그 이유는 서양에서는 대표 언어가 지역 및 시대별로 계속해서 바뀌었기 때문이다. 그리고 이것이 유럽에서는 '라틴어 문화권'이나 '로만 알파벳 문화권'이 형성될 수 없었던 이유이다.

과거에는 배워야 할 축적된 지식의 양이 지금과는 비교도 안 될 만큼 적었다. 또한 그 내용도 시대에 따라 크게 바뀌지도 않았다. 이런 상황에서는 오래전에 쓰인 소위 '고전'을 통해 지식을 쌓는 것이 가장 일반적인 방법이라고 할 수 있다. 그리고 이때 가장 적합한 문자체계가 바로 한자였다.

즉, 한자만이 가진 독특한 특성이 동아시아에서 한자문화권이 생성되는데 크게 기여했던 것이다. 그 한자의 특성이란, 한자가 말, 즉, 한어에 의존하지 않고, 독립적으로 글로 쓰인 한문으로 존재할 수 있다는 것이다. 이런 특성 덕분에 중국에 이웃한 이민족들은 한자를 한어와 분리해서 글로써 배울 수 있었고, 일단 한자를 익히고 나면 한문으로 쓰인 오랜 세월 동안 축적된 중국의 수많은 고전을 큰 어려움 없이 읽고 이해할 수 있게 되었다.

한국에서 현존하는 가장 오래된 역사서인 『삼국사기』(1145)에는 「황조가黃鳥歌」라는 4언4구의 한시漢詩 한 편이 소개되어 있다. 이 시는 문학사적으로는 한국에서 현존하는 가장 오래된 서정시이다. 기원전 17년 고구려의 유리명왕(B.C. 38~A.D. 18)이 이 시를 지었다고 알려져 있다. 그러나 학계에서는 유리명왕이 「황조가」의 실제 작자인지, 아니면 작자불명의 고대가요가 한역漢譯되어 유리명왕의 설화에 삽입된 것인지에 대해 의견이 분분하다. 이러한 「황조가」의 첫 구절은 '편편황조翩翩黃鳥'로 시작된다. 여기서 '편편'은 일종의 의성어로 황조, 즉 노란색 새인 꾀꼬리가 날개를 퍼덕이는 소리를 표현하고 있다.[5]

이상하게도 지금까지 별로 논의되지 않은 「황조가」에 대한 흥미로운 사실이 한 가지 있다. 그것은 「황조가」가 중국의 고전인 『시경詩經』에 나오는 한 편의 시와 매우 닮았다는 것이다. 『시경』은 공자(B.C. 551~B.C. 479)가 그의 제자들과 함께 오래전부터 구전되어 오던 시들을 수록한 시집이다. 또한 이는 중국 최초의 시가집이자 현존하는 세계에서 가장 오래된 시집이기도 하다. 이 책에는 3백여 편의 한시들이 소개되어 있는데, 대부분은 「황조가」와 마찬가지로 4언시의 형식을 가지고 있다.

『시경』에 소개된 3백여 편의 한시들 중에서 제1편의 첫 번째로 등장하여 가장 잘 알려지게 된 한시가 바로 「관저關雎」이다. 이 시의 첫 구절은 '관관저구關關雎鳩'이다. 여기서 '관관'은 의성어로 물새 혹은 물수리새雎鳩의 울음소리를 나타낸다. 4언시라는 형식, 의성어의 사용, 새를 이용한 자기 감정의 표현 등에서 알 수 있듯이, 『시경』에 등장하는 「관저」라는 시의 첫 구절과 한국에서 현존하는 가장 오래된 서정시인 「황조가」의 첫 구절과는 놀랍도록 서로 닮아있다.[6]

프랑크 왕국의 카롤루스 대제와는 달리 고구려의 유리명왕은 문맹이 아니고, 한자를 읽고 쓸 줄 알았으며, 또한 중국의 『시경』을 읽어봤을 가능성도 있다. 만약 그렇지 않았다면, 「황조가」를 한역한 이름 모

---

[5]   고등학교 교과서에는 '훨훨나는 꾀꼴새'로 번역되어 있다.

[6]   Hyewon Kang Kim, "A Storyteller of Ancient China—A Book Review on *Love & War in Ancient China-Voices from the Shijing*", *Korean Journal of Chinese Language and Literature* 3, 2013, pp.331~340.

를 후세의 작가나 혹은 그것을 『삼국사기』에 포함시킨 고려인이 『시경』에 대해 잘 알고 있었음이 틀림없어 보인다.

공자와 유리명왕과의 시차는 약 오백 년이다. 그리고 공자와 『삼국사기』의 대표 저자 김부식(1075~1151)과의 시차는 약 천오백 년이나 된다. 이를 통해 알 수 있듯이, 고대나 중세시대에는 오백 년이나 된 오래된 중국의 지식이나 사상도 한국의 독자들에게 새로이 영감이나 깨달음을 주기에 충분했다. 그리고 이렇게 커다란 시차가 쉽게 극복될 수 있게 도와준 일등 공신은 바로 한자가 가지고 있는 시대 초월성이었다.

한 설문조사에 따르면, 한국인이 가장 존경하는 역사적 인물은 세종대왕이고, 가장 자랑스러운 문화유산은 그가 창제한 한글이라고 한다. 우리가 한글을 자랑스럽게 생각하는 이유는 그것이 배우기 쉽고 사용하기도 매우 편리하기 때문이다. 한편, 중국인들은 한자가 배우기 어렵다고 불평하지만, 우리와 마찬가지로 자신들의 문자체계를 자랑스러운 문화유산으로 여긴다.

한자는 현재 세계에서 사용되고 있는 문자들 중 가장 오래된 문자이고, 또한 거의 유일한 비非표음문자이다. 중국인들이 배우기 어려운 한자에 대해서 자부심을 갖는 이유는, 한자가 없었다면 아마도 중국문명도 없었고 동아시아에서 한자문화권이 만들어지지도 못했을 것이기 때문이다.

다음은 나의 시인인 원로 중국어 언어학자가 자주 하는 말이다. "Our humanity came with language and our civilization came with writing." 이를 번역하자면, "인류는 언어와 함께 등장했고, 문명은 표기와 함께 시작되었다"라고 할 수 있다. 중국문명만큼이나 한자가 오래되었으니, 중국인들의 한자에 대한 자부심은 당연해 보인다.

한자어는 외래어?

한자어의 홍수

국립국어원에서 발표한 자료에 따르면, 2010년 표준국어대사전에 실린 표제어 51만 개 중에서 한자어는 58.5%, 고유어는 25.9%, 혼종 어blended words는 10.2%, 외래어는 5.4%의 비중을 각각 차지한다.[7] 이를 통해 확인할 수 있듯이, 한국어에서 사용하는 어휘들 중 절반 이상은 한자 표기가 가능한 한자어들이다.[8]

한국어에서 사용되고 있는 한자어들의 대부분은 중국에서 수입한 한자 어휘들이다. 이들 한자 어휘들은 과거 우리의 선조들이 중국에서 건너온 서적을 통해 중국의 선진문물을 배울 때 그것들을 이해하기 위해서 배운 어휘들이다. 이런 식으로 중국의 한문서적을 통해서 수입된 한자 어휘들이 많은 탓에, 현재 한국어에서 사용되는 대부분의 한자어는 일상생활 용어보다는 주로 추상적 개념이나 전문용어와 관련된 것들이다.

한국어의 한자어 중에는 중국에서와는 다른 의미로 사용되는 것들이 종종 있다. 이들은 세부적으로 두 가지로 분류될 수 있다. 첫 번째는 일본에서 수입된 한자 어휘들이다. 예를 들면, 기차汽車는 일본식 한자

7　국립국어원, 『숫자로 살펴보는 우리말』, 국립국어원, 2001, 7쪽.
8　실제 사용빈도를 기준으로 하면, 한자어의 비중은 과반을 넘지 않는다. 국립국어원이 2002년에 발표한 '현대 국어 사용빈도 조사'에 따르면, 한자어의 실제 사용비율은 35%이다.

어이다. 중국에서는 기차를 '화차火車'라 쓰고 [후어츠어]로 읽는다. 반면, 중국어에서 '기차氣車'라고 쓰면, 이는 [치츠어]라고 읽고 자동차를 의미한다. 여기서 자동차도 기차와 마찬가지로 일본식 한자어이다.

일본은 중국과 한국에 앞서 근대화를 이루었다. 한국은 근대화 과정에서 서양의 신문물과 관련된 어휘들을 일본으로부터 수입했다. 이에 반해 자국 문화, 특히 한자에 대한 자긍심이 대단한 중국인들은 서구의 신문물에 대한 어휘들을 그들의 방식대로 후에 따로 만들었다. 이런 탓에 중국어를 공부하는 한국인들이 이에 따른 혼란을 겪기도 한다.

한국에서 사용되는 한자어들 중에는 일본식 한자어가 아니더라도 중국에서와 다른 의미로 사용되는 어휘들이 간혹 있다. 중국 전통 무술을 의미하는 '쿵푸'는 원래 한자 어휘 '공부工夫'에서 왔다. 이것은 중국어로 [꽁푸]라고 읽고, 무예나 무술이란 의미가 아닌 주로 '노력하다'라는 의미로 사용된다. 물론 이는 한국어에서는 '배우고 익힌다'라는 의미로 사용된다. 반면, 중국어에서 '공부하다'에 해당하는 한자 어휘는 '학습學習'이다. 참고로, 일본에서는 '공부하다'라고 표현할 때 '열심히 애쓴다'는 의미를 가진 '면강勉強'이라는 우리에게는 매우 낯선 한자어를 사용한다.

위의 '공부'와 비슷한 예로 '편의점便宜店'을 들 수 있다. 중국에선 편의점을 '편리상점便利商店'이라고 한다. 한국어에서는 '편리便利'와 '편의便宜'를 거의 같은 의미로 사용한다. 반면, 중국어에서 '편의'는 '가격이 싸다'는 의미로 사용한다. 한편, 일본어에서 편의점에 해당하는 어휘는 영어식 외래어인 '콘비니엔스토아コンビニエンスストア'이다. 제3장의 「아름다운 나라 혹은 쌀의 나라」에서 자세히 설명하겠지만, 현재 일본에서는

서구로부터 들여온 신문물에 대해서는 영어식 외래어를 적극적으로 사용하고 있다.

국어학자들은 한자어를 학술용어로 'Sino-Korean words'라고 부른다. 이는 한자어가 한자를 기반으로 하고는 있지만 한국식 어휘라는 의미를 가지고 있다. 한국어에서 한자어를 굳이 외래어로 분류하지 않는 표면적 이유는, 수입된 한자 어휘가 한국에서 워낙 오랜 기간 사용되었으므로 다른 외래어들, 즉 비교적 근래에 수입된 외래어들과 구별할 필요가 있다는 것이다. 그렇지만 엄밀한 의미에서 한자어의 대부분은 중국으로부터 수입한 어휘들이므로 외래어이며, 실제로 한자어를 영어로 'Chinese loanwords', 즉 '중국에서 온 외래어'라고 부르기도 한다.

한국어와 마찬가지로 일본어에서도 한자 어휘의 비중이 과반이 넘을 정도로 매우 높은 편이다. 일본에서도 이런 한자 어휘들을 학술용어로 'Sino-Japanese words'라고 부른다. 이렇듯 한국이나 일본에서 한자어를 외래어로 분류하지 않는데, 이는 역사적으로 한국과 일본이 중국의 한자문화에 지대한 영향을 받았다는 사실을 일깨워 준다. 즉, 한국어와 일본어에서는 고유어의 수가 빈약해 보일 정도로 중국에서 수입한 한자 어휘가 차지하는 비중이 압도적으로 높다는 것이다.

쉽게 바뀌는 어휘, 천천히 변하는 언어

한국어에서 추상적인 개념이나 기술적인 전문용어는 한자어에 전적으로 의존하고 있다. 일상용어 중에도 한자어가 제법 많이 있는데, 그중에서 가장 재미있는 사례가 바로 '점심點心'이다(또한, '내일來日'도 아주 흥미로운 예이다[9]).

중국에서 한자 어휘 '점심'은 [띠엔신]이라고 읽히며, 이것은 간식間食 혹은 스낵이라는 의미로 쓰인다.[10] 반면, 홍콩에서는 이를 광동어 발음으로 [딤섬]이라고 읽는다. 외국인들에게도 익숙한 '딤섬'은 주로 중식中食으로 먹는 홍콩식 요리를 뜻하는데, 중국에서와는 달리 간식이 아닌 제대로 된 한 끼 식사를 의미한다. 한국어에서 각각 조식朝食과 석식夕食에 해당하는 '아침밥'과 '저녁밥'은 한국 고유어이다. 흥미로운 사실은, 중식은 한국 고유어로 '낮밥'이라 하지 않고, 한자어인 '점심'이라고 한다는 것이다. 한편, 지금은 사용하지 않지만, 예전에는 '낮에 먹는 새참'이란 의미의 '낮참'이라는 말이 있었다.

인류학자들의 주장에 따르면, 농경사회에서 제대로 된 한 끼 식사로 중식을 먹기 시작한 것은 그리 오래된 일이 아니라고 한다.[11] 점심이라는 말은 처음 한국에 건너왔을 때 중국에서와 마찬가지로 조식과 석식 사이에 간난하게 먹는 간식이라는 의미로 사용되었다.[12] 그러다가 한

---

9   '오늘', '어저께', '모레', '글피' 등은 모두 고유어이다. 그러나 이상하게도 '내일'은 한자어이다. 내일에 해당하는 한국 고유어가 원래부터 없었는지, 아니면 있었는데 사라진 것인지에 대해서 아직 정확히 밝혀져 있지 않다.

10   점심은 원래 중국의 불가(佛家)에서 사용하던 용어로 알려져 있다.

11   金惠媛, 「外來語與固有語」, 『香港文學』 318, 2011, pp.59~61; "Breakfast, lunch and dinner : Have we always eaten them?", *BBC News Magazine*, 2012.11.15.

국에서도 점차 중식이라는 개념이 정착되면서 이를 그대로 점심이라고 부르게 된 것이다.[13] 한자어인 점심은 중식이라는 의미의 말로 전용되어 살아남았다. 반면, 고유어인 '낮참'은 '새참'이라는 의미로만 쓰이다가 점차 사라졌다.

이제 점심이란 말은 한국어에서 '정오 시간대', 즉 '낮'을 의미하는 단어로 활용되기도 한다. 중국에서 온 외래어인 이 한자어가 한국인들에게 마치 고유어처럼 아주 익숙하게 사용되고 있는 셈이다. 이와 같이 외래어는 그것이 수입될 당시 비슷한 의미를 가진 기존의 고유어가 없을 경우 더 쉽게 정착할 수 있게 된다. 기존의 고유어와 새로 수입된 외래어 사이의 경쟁에 대해서는 제3장의 「수명을 다한 공용문자」에서 보다 자세하게 논의하겠다.

한국어에서 한자어의 비중이 매우 높지만, 한국인들은 예나 지금이나 여전히 한국어를 구사하고 중국어를 배우기 어려워한다. 앞 장에서 설명했듯이, 언어는 한 집단의 문화적 정체성을 나타내는 가장 중요한 문화적 요소라고 할 수 있다. 그렇지만 한국인들이 중국에서 수입한 한자어의 범람으로부터 모어인 한국어를 지켜낸 것과 한국인들이 매우 강한 민족 정체성을 가졌다는 것은 별개의 문제라고 할 수 있다.

북방 유목민족 중 하나인 만주족이 중국에 통일왕조인 청나라(1644~1912)를 세워 중국의 최대 민족인 한족을 약 270년간 지배했다. 그 결과를 보면 한족의 의복 문화는 바뀌어, 대부분이 한족인 중국인들은 치파

---

12 국립국어원에 따르면, '점심'이 문헌에 처음으로 등장한 것은 16세기부터였다. 19세기에 쓰인 『춘향전』에는 '뎜심 밥'이라는 말이 나오며, 한 중국소설의 번역본에는 '오반(午飯)'이 '뎜심'으로 번역되어 있다고 한다.

13 金惠媛, 「外來語與固有語」, 『香港文學』 318, 2011, pp.59~61.

오旗袍와 같은 만주족의 전통 복식服飾을 이제 자신들의 전통이라 여기게 되었다. 반면, 의복과는 달리 한족의 언어인 한어, 즉 중국어는 여전히 건재하다. 오히려 청나라의 공용어였던 만주어는 청나라의 멸망과 함께 사라져 지금은 소멸위기에까지 놓여 있다.[14]

앞서 제1장의 「오래전 사라진 코끼리」에서도 언급했듯이, 다양한 문화적 요소들 중에는 쉽게 변할 수 있는 것과 그렇지 못한 것이 있다. 언어는 음식 및 사고방식 등과 마찬가지로 한번 익숙해지면 웬만해서는 바뀌기 어려운 문화적 요소들 중 하나이다. 바로 이것이 한국어가 역사의 기복에도 불구하고 아직까지 살아남은 가장 주된 이유라고 할 수 있다. 한국어와 중국어의 가장 큰 차이점 중 하나는 문장 내에서 동사와 목적어의 위치, 즉 어순이다. 바뀌기 어려운 언어의 속성을 설명하기에 가장 적당한 예가 바로 어순이기도 하다.

만약 처음 보는 낯선 외국인이 영어에 익숙하지 않은 당신에게 영어로 말을 건넨다고 가정해보자. 다행히도 그는 당신이 알고 있는 쉬운 영어 어휘만을 사용해서 천천히 말한다고 가정하자. 이럴 경우 당신은 그가 하나의 문장을 완전히 끝낼 때까지 그가 허공에 내뱉은 모든 영어 어휘들을 기억해야 한다. 그런 다음 당신은 머릿속에서 가능한 재빠르게 한국어의 어순으로 그가 말한 어휘들을 재정열한 후에야 비로소 그가 무슨 말을 했는지 이해할 수 있게 된다.

이와 같은 예를 통해서 알 수 있듯이, 자신의 모어와 어순이 다른 외국어는 어순이 같은 외국어보다 배우기가 훨씬 어렵다. 참고로, 한국어

---

14   청나라 초, 중기에는 관료들을 중심으로 만주어와 만주글이 자주 사용되었지만, 중기 이후 점차 한어의 사용이 늘었다고 한다.

는 문장 속에서 단어들의 순서가 뒤바뀌어도 주격 및 목적격 등의 격조사, 즉 '-이/가' 혹은 '-을/를' 등을 통해 각 단어의 문장 속에서의 성분이 파악된다. 이러한 문장 구조에 익숙한 한국인들에게는 격조사도 없고, 한국어와 어순도 다른 중국어나 영어가 배우기 어려울 수밖에 없다. 그리고 바로 이런 이유로 아무리 오랫동안 한국어에 한자 어휘가 범람했어도 한국어가 중국어로 동화되지 않았던 것이다.

보수적인 문자문화

현존하는 가장 오래된 금속활자본은 『직지심체요절直指心體要節』(1377)이라는 불교서적이다. 이 서적은 독일의 구텐베르그(1398?~1468)가 금속활자로 찍었다는 성경책보다 약 80년 정도 앞서 고려에서 인쇄되었다. 고려의 금속활자보다 시기적으로는 한참이나 늦었지만, 구텐베르그의 금속활자는 엄청나게 중요한 역사적 의미를 가지고 있다. 그 이유는 그의 활자를 이용하여 대량으로 인쇄된 책들이 당시 유럽인들의 인식을 크게 변화시켜, 결국 유럽에 르네상스 시대를 열 수 있었기 때문이다.[15]

반면, 세계 최초라는 영예를 가진 고려의 금속활자는 구텐베르그의 금속활자와는 달리 커다란 사회적 파급효과를 주지는 못했다. 그 주요 이유는 유럽과는 달리 동아시아에서는 암흑시대라고 불릴만한 문명의 단절을 겪지 않았기 때문이라고 설명할 수 있다. 즉, 금속활자 이전에

---

15 지난 1999년 말 서구의 역사학자들은 지난 천 년 동안 인류사에 가장 큰 영향을 끼친 발명으로 구텐베르그의 금속활자를 선정했다.

도 목판을 이용한 인쇄술의 발달로 동아시아에서는 책이 이미 어느 정도 보급되어 있었다는 것이다(참고로, 고려와 조선시대의 뛰어난 인쇄술이 세상을 크게 바꾸지 못한 이유를 당시 인쇄와 관련된 모든 업무들이 국가기관에 의해 독점되었기 때문이라고 설명하는 견해도 있다.[16] 즉, 인쇄물의 보급이 기존 체제의 고착화를 위해서만 사용되었다는 것이다. 그러나 이런 견해는 고려 및 조선에 한정해서 유효할 수는 있지만, 이미 인쇄술이 발달한 중국 및 동아시아 전체에 대한 설명으로는 불충분하다).

중국은 이미 당나라 때부터 과거제도를 통하여 관리를 선발했다. 한국도 8세기인 신라시대에 중국의 과거제도를 처음 도입했고, 10세기인 고려시대부터는 과거제도를 본격적으로 시행했다. 과거제도란 누가 얼마나 고전을 많이 읽고 그것을 암송할 수 있느냐를 가리는 일종의 '읽기와 쓰기'에 대한 능력평가 시험이다. 당연히 이러한 제도는 종이와 책이 보급되지 않았다면 생각할 수 없는 제도이다.

한편, 서양에서는 고대 그리스 시대부터 수사학修辭學이 발달했다. 로마제국 시대에는 정치가의 덕목으로 웅변술이 꼽힐 정도로 글쓰기보다는 말하기를 더욱 중요하게 여겨왔다. 또한 중세시대에는 책은 물론이고 종이조차 귀했으니, 서양에서의 '문자문화'에 대한 전통은 동아시아에 비해 훨씬 짧다고 할 수 있다.

유럽의 제국諸國들을 '기독교문화권'이라 부른다. 반면, 중국과 그 주변국인 한국, 일본, 베트남을 포함한 동아시아를 '한자문화권'이라고 한다. 이는 종교만큼이나 한자라는 문자가 동아시아에 문화권을 형성

---

16 「조선의 금속 활자는 왜 세상을 못 바꿨나」, 『한겨레』, 2014.1.5.

하는데 지대한 영향을 끼쳤다는 것을 의미한다. 물론, 한국 등 주변국의 지식인들이 배우기 어려운 한자를 굳이 배웠던 가장 큰 이유는, 한어로 말하기 위해서가 아니고, 중국에서 건너온 책을 읽고 그것을 통해 새로운 지식을 얻기 위해서였다.

말보다 글이 더 정확할 수 있는 이유는, 글로는 풍부한 어휘와 세련된 표현을 보다 정교하게 사용할 수 있기 때문이다. 또한 글은 한번 쓰여 기록으로 남으면 고칠 수가 없으므로, 저자의 의도가 왜곡되지 않고 고스란히 독자에게 전달될 수 있다. 바로 이러한 특성 때문에 글은 보수적이 되곤 한다. 대개의 경우 문어文語에서 요구되는 엄격한 문법이 구어에서는 다소 느슨해진다. 이렇듯 보수적인 문어는 격식을 중요시하고, 구어는 형식보다는 편리함을 선호한다. 문어가 갖는 보수성이 너무 지나치게 되면, 글의 내용보다는 형식을 더 중요시하게 된다.

약 백 년 전 중국에서는 '백화운동白話運動'(1917)이라는 일종의 문체개혁운동이 일어났다. 여기서 백화문이란 구어문, 즉 구어체로 쓴 글을 뜻한다. 중국에서는 청 왕조가 망할 때까지 모든 공식문서는 약 2천 년 전에 만들어진 매우 고답적인 문어체로 작성해야만 했다. 오래된 이 문어체는 일상생활에서 사용하는 백화문과는 너무도 달랐다. 당연히 이에 따라 많은 중국인들이 오랫동안 큰 불편함을 겪어야 했다.

오랜 문자문화의 전통으로 중국인들은 말보다는 글을 더 존중했다. 그러다 보니 중국에서는 더욱 글이 보수적이 되었다. 결국 국가의 관료직을 독점한 중국의 지식인들은 고전에 쓰인 문체를 오랫동안 고집하게 되었던 것이다. 예전 과거시험을 통해 관리를 채용할 때 글의 내용보다는 문장력을 높이 평가하곤 했다. 이런 식으로 내용보다는 형식을 따지는 보수적 성향은 중국인들에게서 자주 발견된다. 글에 대한 보수화는 중국과 한자문화를 공유한 한국에서도 마찬가지였다. 예를 들면, 개혁군주로 칭송 받았던 조선의 정조대왕(1752~1800)조차도 새로운 문체의 사용을 탐탁지 않은 것으로 여겼다.[17]

중국인들은 자신들이 보수적이라고 스스로를 평가한다. 일반적으로 역사와 전통이 길수록 보수적인 경향이 커지는데, 한자가 가진 보수성인 '시대 초월성'이 이를 더욱 부추기는 측면이 있다(한자의 보수성에 대한 자세한 설명은 제3장의 「자유분방한 한국어」에서 다루어지겠다). 또한 중국인들은 고사성어를 즐겨 인용한다. 이것도 그들의 보수적인 언어습관과 무관하지 않다.

한자를 열심히 익혀야 했던 한국인들에게서도 보수적인 언어습관을 찾아볼 수 있다. 서양 언어에 비해 한국어는 구어와 문어 간의 차이가 크다. 한자어를 별로 사용하지 않는 구어에서는 축약형의 사용도 많고, 주어나 목적어의 생략도 빈번하다.[18] 반면, 한자어를 많이 사용하는 문어에서는 어법에도 신경을 쓰는 등 꽤나 형식을 갖춘다. 특히 한자교육을 중시했던 예전에는 문어에서 지나치게 형식을 중시하곤 했다. 예를 들면, 손 편지를 쓸 때면 으레 '기체후 일향 만강하옵신지요?'로 시작되는 장황한 인사말을 항상 사용해야만 했고, 실제로 하고픈 말은 편지

---

17 정조는 당시 새롭게 유행하던 소설체와 같은 문체를 잡문체라고 규정하고, 신하들과 선비들에게 고문체 문장을 쓰라고 명하였다. 역사에서는 이를 문체반정(1792)이라고 한다. 이렇듯이 한자문화권의 기득권 계층인 지식인들은 고대로부터 전해져 오는 중국의 고전체를 지키려고 애썼다.

18 서양에서는 맥락 보다는 대상을 중시하는 경향이 있다. 반면, 맥락을 중시하는 언어습관 때문에 중국어나 한국어 등 동아시아의 언어에서는 동사 및 서술어가 매우 중요하다. 이런 이유로 동아시아의 언어에서는 명사, 즉 주어나 목적어의 생략이 빈번하다.

말미에 한 줄 정도 간신히 쓸까 말까였다.

미국인 신부이자 영문학자였던 월터 옹(1912~2003)은 그의 역작『구술문화와 문자문화』(1982)[19]에서 '쓰기'는 사람들의 의식意識을 재구조화하며, "그 어떤 발명보다도 더욱 강하게 인간의 의식을 변형시켜왔다"라고 주장했다. 소리만으로 이루어졌던 말이 문자라는 '시각적 장치'를 얻게 되면서, 인간의 사고가 변하게 되었고, 이에 따라 생활방식이 변했다는 것이다. 상형문자에 그 뿌리를 두고 있는 한자는 표음문자에 비해 보다 시각적인 문자체계라고 할 수 있다. 또한 한자문화권인 동아시아에서는 이러한 한자를 지금까지 수천 년 동안 사용해왔다. 그렇다면 이는 중국을 포함한 한자문화권의 동아시아에서 한자가 사람들의 의식에 끼친 영향이 매우 컸다는 것을 의미한다.

한편, 월터 옹의 또 다른 주장에 따르면, 문자문화가 발달하면 추상적인 개념이 보다 세분화될 수 있다.[20] 앞서 논의했듯이 중국은 남다른 문자문화의 전통을 가지고 있다. 이와 더불어 표의문자인 한자는 추상적인 개념을 세분화하는 데 매우 큰 강점이 있다. 유교나 도교에서는 인仁, 도道, 기氣, 음陰, 양陽 등을 자주 언급한다. 이러한 것들은 서양에는 존재하지 않았던 추상적인 개념들이다. 중국에 문자문화에 대한 전통이 없고, 한자와 같은 표의문자도 없었다면, 유교나 도교가 체계적으로 발달하기도 어려웠을 것이다.

---

19 원제는 *Orality and Literacy : The Technologizing of the Word*로 1982년에 출판되었다.
20 옹의 주장에 따르면, 문자를 사용하지 않고 구술(口述)에 전적으로 의존하는 사회에서는 어떤 사물이나 개념을 정의하거나 범주화하는 등의 추상화하는 능력이 발달할 수 없다. 이를 근거로, 옹은 "구술문화는 추상적이지 않고 상황의존적(context-dependent)"이라고 주장했다.

말이 먼저, 생각이 먼저?

언어와 의식儀式의 연관성

예절이나 축제 등과 같이 소위 전통이라고 불리는 문화나 관습에는 일련의 의식儀式이 포함되어 있다. 그리고 각각의 의식에는 그 사회의 구성원들이 공동으로 추구하고자 하는 가치가 상징적으로 담겨있다. 예를 들면, 오래전부터 사람들은 평화를 상징한다는 의미로 서로 손을 맞잡았고, 이러한 행위의 일종인 '악수'는 평화를 상징하는 의식이 되었다.

언어는 사회적으로 약속한 일종의 상징체계라고 정의할 수 있다. 한 어휘가 새로이 만들어지고 그것이 정착되려면, 그것을 사용할 사람들, 즉 언중言衆의 동의를 얻는 과정이 필요하다. 이러한 과정은 어떤 가치를 의식儀式의 형태로 상징화할 때도 똑같이 필요하다. 악수가 상징하는 것이 평화인 것처럼, 어떤 의식儀式에 내포된 가치란 추상적인 개념이다. 이러한 추상적 개념을 한 집단 혹은 사회의 구성원들에게 이해시키고 동의를 얻으려면, 결국 언어적 표현에 의존할 수밖에 없다. 이는 곧 각각의 의식儀式은 언어가 표현하고 구별할 수 있는 범위 내에서 만들어진다는 것을 의미한다. 또한 이는 언어와 의식儀式, 그리고 더 나아가서는 언어와 문화 사이에 밀접한 관계가 있다는 것을 암시한다.[21]

오스트리아 출신의 철학자 루트비히 비트겐슈타인(1889~1951)은 그

---

21 문화진화론으로 유명한 미국의 인류학자 레슬리 화이트(1900~1975)는 "상징이야말로 문화의 기초를 이루는 것"이라고 주장했다.

의 경이로운 저서『논리철학 논고』(1922)에서 "기존의 철학에서 적용하는 철학적 문제란 언어의 논리를 잘못 적용한 것일 뿐"이라고 주장했다. 그가 이처럼 과격한 주장을 한 이유는, 우리가 사용하는 각 어휘의 정의는 사람마다 조금씩 달라 언어적 표현은 화자話者의 주관을 강하게 반영할 수밖에 없기 때문이다. 그의 주장을 한마디로 요약하면, 언어적 묘사는 그것이 아무리 장황하고 세밀하더라도 한 장의 사진보다 모호하며, 특히 가치와 같은 추상적 개념에 대한 설명은 더욱 모호해질 수밖에 없다는 것이다.

본질적으로 언어는 주관적이고 모호하므로, 언어적 표현에 전적으로 의지할 수밖에 없는 철학적 논의는 비트겐슈타인의 주장대로 무의미한 일이 될 수 있다. 그렇지만 문화나 관습에 담긴 각각의 의식儀式이 상징하는 가치(예 : 악수가 상징하는 평화)를 서로에게 이해시키려면, 결국 언어적 표현을 사용할 수밖에 없다. 그리고 이때 사용하는 언어가 기술적으로, 즉 언어적으로 얼마나 자세하게 그 추상적 개념을 묘사 및 구별할 수 있느냐에 따라 의식儀式도 다양하게 세분화될 수 있다. 이에 대한 가장 좋은 예가 바로 '허리 숙여 절하는 인사'이다.

한국어와 일본어에는 높임말, 즉 경어체가 매우 복잡하게 발달되어 있다. 공교롭게도 한국과 일본에서는 모두 허리 숙여 절하는 인사가 기본적인 예법이다. 이와는 달리 유교의 종주국인 중국에서의 전통 인사법은 두 손을 가슴 높이까지 모아 올리는 공수례拱手禮이다. 중국에서는 인사할 때 서로 허리 숙여 절하는 경우는 매우 드물다. 또한 중국어에는 이렇다 할 경어체도 발달되어 있지 않다. '너' 혹은 '당신'에 해당하는 '니你'를 말할 때 간혹 '귀하'라는 의미의 '닌您'이라고 높이는 정도이다.

한국어와 일본어에 경어체가 복잡하게 발달될 수 있었던 가장 큰 이유는, 두 언어가 모두 언어 유형학적으로 교착어 또는 첨가어로 어근에 다양한 종류의 접사를 첨가하여 단어의 기능 및 의미를 생성할 수 있기 때문이다. 예를 들면, 한국어에서는 굴절접사의 일종인 존칭선어말어미 '-시-' 혹은 보조사 '-요' 등을 서술어에 첨가하여 손쉽게 화자의 공손함을 표현할 수 있다. 또한, 한국어나 일본어에서는 '-님'처럼 명사에 첨가하여 존경이나 높임을 나타내는 접사도 발달되어 있다.

반면, 중국어는 언어 유형학적으로 고립어孤立語로 분류된다. 고립어란 단어의 형태학적 변화가 불가능하다는 것을 의미한다. 이런 이유로 한국어나 일본어와는 달리 중국어에서는 명사 및 서술어의 활용이 아예 존재하지 않는다. 유교의 종주국인 중국에서도 한국이나 일본에서와 마찬가지로 위계질서를 강조하는 사회규범이 오랫동안 건재했다. 이러한 사실을 고려하면, 중국어에서 경어체가 발달하지 못한 이유는 고립어인 중국어가 경어체를 구현하는 데 기술적, 즉 언어적으로 어렵기 때문이지, 한국인이나 일본인들과 달리 중국인들이 애초부터 경어체를 필요로 하지 않았기 때문은 아니다.

언어학자들의 주장에 따르면, 공손함을 표현하는 것은 여러 언어에서 자주 발견되는 보편적 현상이다. 다만, 그것을 표현하는 형식은 각 언어마다 차이가 있을 뿐이다. 즉, 한국어와 일본어에서 다양한 접사 등을 활용하여 매우 복잡한 높임법의 경어체 표현들이 만들어진 이유는 그것이 언어적으로 가능했기 때문이라고 해석할 수 있다.

한국어와 일본어에서는 사회적 지위의 상대적 높낮이를 구별하여 표현하는 것이 가능하다. 이러한 언어습관에 익숙한 한국인과 일본인들은 행동에서도 이를 구별하여 표현하고자 했고, 결국 허리 숙여 절하는 인사가 기본예절로 남게 된 것으로 설명할 수 있다. 예를 들면, 상대방의 사회적 지위가 높을수록 이에 대한 높임말을 과도하게 사용하듯이, 어려운 상대에게는 행동에서도 허리를 더 깊이 숙여 인사한다. 이와 같이 언어와 의식儀式에는 불가분의 관계가 있다. 이는 언어습관이 바뀌면 전반적인 문화에도 영향을 줄 수 있다는 것을 암시한다.

문화 전반에 영향을 주는 언어

앞서 「한자어는 외래어?」에서 설명했듯이, 한자어가 아무리 범람했어도 한국어가 중국어로 동화될 수 없었던 이유는 한국어와 중국어는 어순 등과 같은 문법적 차이가 존재하기 때문이다. 또한 중국어와는 달리 한국어에는 경어체가 발달될 수 있었는데, 이러한 차이가 만들어진 이유는 양국의 언어가 유형학적으로 상이하기 때문이라고 설명할 수 있다. 그렇다면 이는 한자문화권이 한자 어휘만을 공유할 뿐, 그 외에는 '문화권'이라고 불릴 만한 공통된 문화적 특성이 없다는 의미인가? 그렇지 않다면 한국인들이 중국에서 수입한 한자어를 오랫동안 사용해온 것이 과연 한국문화에 어떠한 영향을 주었는가?

인지認知발달 이론으로 유명한 구소련의 심리학자 레프 비고츠키(1896~1934)의 주장에 따르면, 언어는 어린이의 사고 발달과정에 절대적인 역할을 한다. 그의 주장을 요약하면, 어린이가 언어를 내면화內面化할 때, 즉 새로운 의미의 언어를 이해하고 그것을 무의식에 각인시킬 때, 언어에 내포되어 있는 사회적 의미를 내면화한다는 것이다.[22] 이는 곧 그 사회의 문화가 언어를 통해서 어린이의 사고 발달과정에 주입된다는 것을 의미한다. 따라서 언어는 그 사회의 문화적 산물인 동시에 그 문화를 만드는 데 크게 기여하는 조력자이기도 하다.

우리가 언어를 배울 때 그 안에 담긴 문화를 같이 배운다는 사실은, 유사한 언어, 특히 유사한 어휘를 사용하는 두 집단의 문화가 서로 유사할 수밖에 없다는 것을 의미한다. 따라서 중국으로부터 많은 한자 어휘를 수입하여 사용하고 있는 한국이 중국과 매우 유사한 문화를 가질 수밖에 없다는 것이다. 또한 이를 근거로 양국이 같은 문명권 또는 같은 문화권에 속한다고 주장할 수 있다.

언어가 인간의 사고에 미치는 영향에 대한 매우 극단적인 주장이 하나 있다. 바로 잘 알려진 사피어(1884~1939)-워프(1897~1941)의 가설이 그것이다. 이 가설은 아직 어느 한 부분도 검증되지 못했지만, 크게 두 가지, 즉 '언어학적 상대성'과 '언어학적 결정론'을 주장한다.[23] 언어학적 상대성이란 언어 간의 구조적인 차이는 내재된 비언어적 인지 체계의 차이를 반영한다는 것이다. 한편, 언어학적 결정론이란 언어의 구조가 그것을 사용하는 사람이 가질 수 있는 생각의 폭, 즉 인지認知의 범위를 결정한다는 것이다.

사피어-워프의 가설에 근거한다면, 한국어에 경어체가 발달했기 때문에 한국 사회에 권위주의 문화가 존재하게 되었다고 해석할 수 있다. 하지만 이것은 '언어는 사회적 약속으로 그 사회의 규범을 반영한다'는

22　레프 비고츠키, 이병훈 외역,『사고와 언어』, 파주 : 한길사, 2013, 154~158쪽.
23　로널드 허도우, 박의재 역,『현대 사회언어학』, 파주 : 한신문화사, 1999, 207쪽.

일반적인 견해와 상충되는 해석이라고 할 수 있다. 언어와 사고 혹은 언어와 인지와의 관계에 대한 연구는 오늘날까지도 한창 진행 중이다. 근래에는 언어가 사고에 어느 정도 영향을 줄 수 있다는 다소 완화된 주장이 나오고 있다(이 부분에 대해서는 바로 뒤편의 '언어습관'에 대한 논의에서 다시 자세히 언급하기로 하겠다).

한국어와 중국어, 두 언어의 문법이나 유형학적 특성은 매우 상이하다. 하지만 두 언어에서는 많은 어휘, 즉 한자어를 공유하고 있다. 또한 한국과 중국 양국은 사회규범도 서로 유사하다. 즉, 한국어와 중국어의 언어학적 상이성에도 불구하고, 두 언어는 많은 어휘들을 서로 공유하고 있다는 것이다. 그 이유는, 우리의 선조들이 한어를 배워가며 중국의 한족과 인적 교류를 한 것이 아니라, 그들의 선진문물을 배우고자 주로 서적을 통해서, 즉 지적知的 교류를 통해서 그들의 한자 어휘를 오랫동안 배웠기 때문이다. 또한 양국이 비슷한 사회규범을 공유해온 이유는 많은 한자 어휘를 서로 공유하고 있기 때문이 아니라, 역사적으로 오랫동안 한국이 유교를 비롯한 중국의 사회규범을 적극 수용했기 때문이다.

언어가 달라도 서로 유사한 문화를 가진 두 집단이 존재할 수 있다. 이와는 반대로, 언어가 비슷해도 전혀 다른 문화를 가진 두 집단도 얼마든지 가능하다. 앞 장에서 설명했듯이, 문화란 한 집단 혹은 사회의 총체적 경험의 결과물이지 언어에 의해서만 결정되지는 않는다. 여기서 가장 중요한 사실은, 서로 유사한 사회규범을 가진 이웃국가로서 많은 어휘들을 공유하는 한국과 중국이 문화적으로 서로 매우 유사할 수밖에 없다는 것이다.

사회규범을 반영하는 언어습관

한국어와 일본어 그리고 중국어에서는 모두 주어의 성性, 수數 및 인칭에 따른 서술어의 일치와 활용이 없다. 한국어에서는 선어말어미 '-었/았-'을 이용하여 한 사건에 대해 그것이 과거의 행위임을 표시한다. 이러한 문법적 요소를 시제표지時制標識라고 한다. 일본어에도 이와 유사한 과거시제에 대한 표지가 있다. 그러나 중국어에서는 이러한 시제표지가 존재하지 않는다.

동아시아의 언어와는 달리 대부분의 서양 언어에서는 시제표지는 물론이고 주어의 인칭과 수에 따른 서술어의 일치를 위해 서술어의 활용이 달라진다. 프랑스어에서는 주어뿐만 아니라 목적어에 대해서도, 그리고 이들의 인칭 및 수와 성에 따라서도 서술어를 일치시켜야 한다. 이와 더불어 관련 수식어인 형용사도 이들의 성과 수에 일치시켜야 한다.

이와 같이 서양 언어는 그 문법체계가 까다롭지만, 동시에 매우 짜임새가 있다. 이에 따른 서양인들의 언어습관도 비교적 합리적이고 분석적으로 보인다. 특히 영어 등 서양 언어의 '조건문'을 살펴보면, 시제에 따른 다양한 상황들이 엄밀하게 구분되어 있다는 것을 알 수 있다. 조건문은 수학이나 논리학 분야에서 매우 중요하다는 사실을 고려하면, 서양에서 기초과학 등이 발달한 이유가 그들의 언어습관과도 연관이 있음을 짐작할 수 있다.

서양인들이 중국어를 처음 배울 때 그들에게는 기본적으로 중요한 어휘인 3인칭 대명사들, 즉 그他, 그녀她, 그것它이 변별성 없이 모두 똑같이 [타]라고 발음되는 것을 알고는 무척 당황스러워한다. 중국인들은 실제 일상생활에서 이러한 대명사들을 자주 사용하지도 않는다. 누군가 그것을 사용하더라도 중국인들은 앞뒤 문맥으로 그것이 세 가지 중 어느 것을 의미하는지 쉽게 짐작할 수 있기 때문에 딱히 불편함을 느끼지 않는다.

　서양과 비교했을 때 동아시아의 전통적인 사회규범은 자신의 의견을 노골적으로 드러내지 않는 것이다. 이렇듯 직설적이지 않은 동아시아인들의 언어습관을 잘 보여주는 중국의 옛 격언이 바로 '서불진언 언불진의書不盡言 言不盡意'이다. 이는 '말하고자 하는 것을 글에 다 쓰지 아니하고, 속마음을 다 말로 하지 않는다'라는 의미이며, 한국의 선비들도 자주 인용했던 격언이기도 하다. 상황이 이렇다 보니, 동아시아에서는 말이나 글만으로는 화자話者의 속뜻을 정확히 헤아리기가 어렵게 되었다. 이런 까닭에 사람들은 앞뒤 문맥과 정황을 잘 파악하고 행간에 숨겨져 있는 속뜻을 가늠하는 능력을 발달시켜야 했다.[24]

　한국어와 중국어는 문법체계가 서로 다르고, 유형학적으로도 매우 상이하다. 그렇지만 양국에서는 모두 소극적이고 수동적인 언어습관이 일반적이다. 이는 우리에게 두 가지 사실을 암시한다. 첫째, 언어습관은 그 사회의 규범이나 통념을 반영한 결과이지, 언어습관이 그 사회의

24　한국어에서는 목적어의 생략이 빈번하지만, 영어 등 서양 언어에서는 타동사가 사용되는 문장에서는 대명사를 써서라도 문장에 목적어를 꼭 포함시켜야만 한다. 또한, 각 사물의 수(數)에 대한 정보를 항시 명시하는 서양 언어와는 달리, 한국어에서는 이에 대한 분명한 정보를 표시하지 않는다. 한국어에서는 수(數)나 양(量)을 표현해야 할 때에도, '적당히' 등과 같은 모호한 표현을 자주 사용한다. 이를 두고, 한국어가 각각의 객체보다는 객체 간의 관계를 중시하는 한국의 전통적 사회규범을 반영하는 것이라고 설명하기도 한다. 결과적으로 한국어는 영어 및 서양 언어에 비교하면 문장에 충분한 정보가 담겨 있지 않다.

규범을 만들거나 결정하지는 않는다. 즉, 동아시아인들의 언어습관은 유교적 전통을 반영하고 있는 것이며, 반대로 그들의 소극적이고 수동적인 언어습관 때문에 중국이나 한국에서 유교적 전통이 발달할 수 있었던 것은 아니다. 둘째, 두 집단의 언어가 언어학적으로 매우 상이하더라도 두 집단의 언어습관이나 사회규범은 서로 유사할 수 있다. 이는 사피어–워프의 가설과는 반대의 결과이다.

서양 언어에서 성, 수 및 시제 등을 꼼꼼하게 따지는 이유는 그러한 정보가 청자聽者와 화자에게 모두 중요하기 때문이다. 즉, 서양인들의 언어습관이 보다 논리적이고 분석적인 이유는 그들이 숫자나 시간에 대한 정보를 중요시하기 때문이라는 것이다. 이와 같이 언중의 언어습관은 그 사회의 통념이나 규범을 반영한다고 해석할 수 있다. 따라서 동아시아인들의 언어습관이 서양인들에 비해 비합리적인 이유는, 예로부터 유교로 대표되는 동아시아의 사회규범이 합리성을 그다지 중요하게 여기지 않았기 때문이라고 설명할 수 있다.

한국어와 일본어에서 복잡하게 발달되어 있는 경어체도 유교적 전통에 따른 사회규범을 반영한 것으로 보여진다. 공자가 "예禮를 실천하는 것이 인간다움이고, 이것이 바로 인仁"이라고 설파했듯이, 유교는 전통적으로 예절을 매우 중시했다. 그런데 이상하게도 유교의 종주국인 중국의 언어에서는 경어체가 발달되어 있지 않다. 그 이유는 한국어나 일본어와는 달리 고립어인 중국어에서는 서술어의 활용을 통한 경어체를 구현할 수가 없기 때문이다. 즉, 중국의 언어에 경어체가 거의 발달되어 있지 않다는 것은, 중국어가 가진 언어학적인 특성 및 한계로 말미암아 언어습관이 그 사회의 규범을 충분히 반영하지 못한 매우 예외적인 경우에 해당한다.

자신보다 사회적 지위가 높은 사람에게는 높임말로 이야기해야 하고, 그 상대방은 반말로 대답하는 상황에서라면, 이들 간에 자유롭고 논리적인 토론이 진행되는 것은 어려울 수밖에 없다. 이런 까닭에 한국의 대학 강의실에서 교수와 학생들 간의 활발한 토론은 거의 찾아 볼 수 없다. 이것은 자신의 의사표현에 익숙하지 않은 동아시아 학생들에게서 공통적으로 발견되는 문제점이기도 하다.

사회적 신분이나 계급을 엄격하게 구별하던 유교적 사회규범의 요구로 한국어에는 경어체라는 언어습관이 체계적으로 발달하게 되었다. 그리고 이로 인해 한국 사회에서는 수평적이고 합리적인 토론문화가 자리 잡지 못했다고 설명할 수 있다. 여기서 유의해야 할 점은, 토론문화는 사회규범과 비교했을 때 이것의 하위下位 개념의 문화라는 것이다. 즉, 사회적 위계질서를 강조하는 유교라는 사회규범이 경어체라는 언어습관에 영향을 주었고, 이러한 언어습관은 다시 하위 개념의 토론문화에 영향을 주었다는 것이다.

공자 앞에서 문자 쓴다 ————

동아시아인의 사고방식

대부분의 서양 언어에서 주어의 수가 단수인지 혹은 복수인지 등의 여부를 꼼꼼히 따지는 이유는 서구 사회의 규범에서 그러한 정보가 중요하기 때문이다. 이를 두고 서양인들의 사고방식은 '사물의 개체성'을 강조한다고 설명하기도 한다.[25]

반면, 동아시아 언어에서는 사물의 수와 같은 개체적 정보를 굳이 자세하게 표현하지 않는다. 물론 이는 동아시아의 사회규범을 반영한 결과인데, 이에 대해서는 두 가지의 서로 다른 방법으로 설명이 가능하다. 첫 번째 설명은, 유교적 전통에 따라 동아시아인들은 상대방에게 자신을 너무 내세우지 않아야 했고, 이런 탓에 문맥을 통해 상황을 추론하는데 익숙해져 있다고 할 수 있다. 두 번째 설명은, 유교는 '사회적 관계성'을 중시하므로, 동아시아인들은 사물의 개체성보다는 사물과 주변 환경 사이의 관계 및 맥락을 더 중시하게 되었다고 할 수 있다.

그동안 동양과 서양의 문화적 차이에 대한 수많은 연구가 진행되었다. 이들은 저마다 조금씩 다른 주장을 펼치고는 있지만, 이들의 공통된 주장은, 동양은 집단주의 성향이 강하고 서양은 개인주의 성향이 강

---

[25] 리처드 니스벳, 최인철 역, 『생각의 지도』, 파주 : 김영사, 2003, 135~148쪽.

하다는 것이다. 이런 식의 이분법적인 구분이 바람직한 것은 아니지만, 문화연구에서는 개인들 간의 차이보다는 각 집단을 대표하는 특성에 초점을 맞출 수밖에 없다.

네덜란드 출신의 사회심리학자 길트 홉스테더는 그의 유명한 '문화 차원 이론Cultural Dimension Theory'을 이용하여 국가 간 문화적 가치관의 차이를 측정할 수 있는 모형을 만들고, 이를 통해 여러 국가들의 문화적 가치관을 정량화한 다양한 지수들을 제시했다.[26] 이 지수들 중 주목되는 것이 바로 '개인주의 지수IDV, Individualism Index'이다. 이 지수는 한 국가의 구성원 개인들이 단체에 통합되는 정도—개인적 성취와 권리를 더 중시하는 사회인가, 혹은 반대로 소속된 집단의 구성원으로서의 역할과 관계를 더 중시하는 사회인가의 정도—를 나타내는 수치이다. 이 지수가 120점에 가까울수록 그 국가의 국민들은 개인주의 성향이 크다는 것을 가리키고, 반대로 1점에 가까울수록 집단주의 성향이 크다는 것을 가리킨다.

홉스테더의 모형에 따르면, 미국과 프랑스의 개인주의 지수IDV는 각각 91점과 71점이다. 반면, 동아시아의 한국, 중국, 일본은 각각 18점, 20점, 46점이다.[27] 이를 통해서도 확인할 수 있듯이, 서구 국가들에 비해 동아시아 국가들의 집단주의 성향이 강하다. 여기서 주목할 점이 한 가지가 더 있다. 그것은 일본이 한국 및 중국에 비해 개인주의 성향이 비교적 높다는 사실이다. 이 부분에 대해서는 제3장의 「양자택일」에서

---

26 Geert Hofstede, *Culture's Consequences : International Differences in Work-Related Values* (2nd ed.), Beverly Hills CA : SAGE Publication, 1984.
27 Geert Hofstede, http://geert-hofstede.com.

자세하게 논의하겠다.

대부분의 학자들은 동아시아의 집단주의 문화는 오랜 유교적 전통이 그 주요 원인이라는 데에 동의하고 있다.[28] 왜냐하면 다른 어떤 종교나 윤리보다도 유교는 사회공동체의 안정을 최우선시하며, 이를 위해 각 계층별 역할과 위계질서를 유난히 강조했기 때문이다.[29]

미국의 사회심리학자 리처드 니스벳은 그의 명저 『생각의 지도』에서 고대 중국의 자연환경과 사회규범 사이에 어떠한 연관이 있었는지에 대해서 설명했다. 그의 주장에 따르면, 해양무역이 발달했던 고대 그리스와 비교하면 중국의 자연환경은 경제 및 정치적으로 각각 농경과 중앙집권적 권력구조에 보다 적합했다는 것이다.[30] 또한 이러한 중국의 경제·사회구조에서는 구성원들이 사회적 관계에 주의를 기울이는 습관이 생길 수밖에 없고, 바로 이것이 사회공동체의 안정을 중시하는 유교가 중국에서 만들어진 배경이라는 것이다.

니스벳의 관점에서 보면, 한국도 중국과 비슷한 경제·사회구조를 가졌다고 가정할 수 있다. 비록 산악지대가 많은 한반도가 농경에 아주 적합한 자연환경은 아니지만, 그래도 오래전부터 농경사회가 형성되었

28　조긍호, 「동아시아 집단주의와 유학 사상－그 관련성의 심리학적 탐색」, 『한국심리학회지 : 사회및성격』 21, 2007. 21～54쪽

29　홉스테더의 개인주의 지수(IDV)를 나라별로 비교해 보면, 소득수준과 일면 연관성이 있다. 예를 들면, 북미와 유럽의 선진국들은 모두 IDV가 높다. 이에 비해, 개발도상국가들의 IDV는 낮은 편이다. 이러한 이분법적 구분에서 예외가 있는데, 바로 동아시아 국가들이다. 일본을 비롯한 한국, 대만 등의 소득수준은 높은 편인데도 불구하고, 이들 국가들의 IDV는 구미의 국가들에 비해 매우 낮다. 즉, 동아시아 국가들의 IDV가 낮은 이유는, 산업화나 경제발전이 더디어서가 아니라, 이들 국가들이 공유하고 있는 유교적 전통 때문이다. 이는 곧 유교가 집단주의 문화에 직접적인 영향을 주었음을 보여준다.

30　리처드 니스벳, 최인철 역, 앞의 책, 190～192쪽.

고, 조선(1392~1897)과 같은 중앙집권적 왕조가 들어섰기 때문이다.[31] 따라서 그의 주장을 근거로, 중국에서 수입한 유교가 한국 사회에서도 잘 뿌리내릴 수 있었던 이유는 한국과 중국이 경제·사회구조가 서로 유사했기 때문이라고 설명할 수 있다.[32]

위의 니스벳의 주장은 유교가 왜 농경사회에 적합한 경제·사회구조를 가진 중국에서 만들어질 수 있었느냐에 관한 설명일뿐, 유교가 왜 집단주의 성향이 강한 문화를 만들었는지에 대한 설명은 아니다. 여기서 주목해야 할 사실은 과거 씨족 중심의 폐쇄적인 농경사회에서는 유교가 아니었더라도 집단주의 성향이 매우 강했다는 점이다.[33]

유교의 실제 역할은 농경사회에 이미 자리 잡고 있던 집단주의 문화를 보다 체계화시킨 것이라고 할 수 있다. 그리고 점차 유교가 사회규범으로서 강제성을 지니게 되면서 집단주의 문화를 고착시킬 수 있었던 것이다. 즉, 유교는 이전에 존재하지 않았던 집단주의 문화를 새로이 만든 것이 아니다. 유교는 단지 기존의 집단주의 문화를 체계화시키고 그것을 유지시켰던 것이다.

---

31 이성무, 『조선의 사회와 사상』, 일조각, 1999, 151~152쪽.
32 니스벳의 주장에 따르면, 중앙집권제 하에서는 자기 부락 내에서의 사회적 관계뿐만 아니라 이웃부락 등 다른 지역의 사람들과도 화목해야 한다. 이는 곧 사람들이 복잡한 사회적 제약 속에서 살아야 한다는 것을 의미한다.
33 정태연, 「한국사회의 집단주의적 성격에 대한 역사·문화적 분석」, 『한국심리학회지 : 사회및성격』 24, 2010, 53~76쪽.

조선의 성리학

한국은 매우 유교적인 사회이며,[34] 유교의 종주국인 중국보다도 더 유교적인 사회라는 말을 자주 듣는다. 중국에는 '(삼국지의 영웅인) 관우 앞에서 칼을 쓴다'라는 속담이 있다. 이에 해당하는 한국의 속담은 바로 '공자 앞에서 문자 쓴다'이다. 이렇듯 과거 한국에서는 공자가 관우보다 더 유명하고, 더 존경할 만한 인물로 여겨졌다. 또한 한국인들은 공자를 최고의 현자로 존중하며, 그의 가르침을 무엇보다도 중요한 삶의 지침으로 여겼다. 현재 한국에 남아있는 유교적 문화유산은 조선시대(1392~1897)의 강력한 유교 우선 정책 덕분이라고 할 수 있다.

불교를 국교로 삼았던 고려가 망하고, 조선이 개국하면서 당시 집권층은 강력한 숭유억불崇儒抑佛 정책을 폈다. 삼강오륜을 비롯한 유교의 가르침이 정치는 물론이고 일반 백성들의 삶을 지배했다. 어린 아이들은 서당에서 천자문으로 기본적인 한자를 익히고 나면, 유교경전을 통해서 유교의 가르침을 배우기 시작했다. 그리고 과거시험을 통해서 유학에 능통한 선비들만이 관리로 등용되었다. 이런 식으로 조선은 오백 년 동안이나 유학자들에 의해 철저한 유교적 논리로 통치되었다.

당시 조선의 집권층이 받아들였던 유교는 중국의 송과 명 왕조에서 유행했던 성리학性理學이었다. 성리학은 '신新유학'이라고 일컬어지듯이, 인간과 만물의 존재원리를 비롯한 형이상학적 철학을 대거 포함하고 있

---

[34]　최준식, 『한국인에게 문화가 없다고?』, 파주 : 사계절, 2000, 34쪽.

다. 특히 16세기부터 조선에서는 성리학 중에서도 가장 관념적인 분야라고 할 수 있는 이기론理氣論이 당시 집권층을 중심으로 크게 각광 받았다.[35] 이런 까닭에 이후 조선왕조가 망할 때까지 오랫동안 현실적이고 합리적인 학풍이 자리 잡지 못하게 되었다.

성리학의 또 다른 특징 중 하나는 화이관華夷觀의 강조이다. 화이관이란 중국 한족의 중화주의적 세계관이라고 할 수 있다. 성리학은 중국 송 왕조(960~1279)의 사대부들에 의해 만들어졌다. 송 왕조는 거란족의 요(916~1125)와 여진족의 금(1115~1234) 등에 차례로 조공을 바쳐야만 했다. 이런 상황으로까지 당시 북방 이민족들의 위세는 등등했고, 이에 자존심이 크게 상한 한족은 정신적인 위안이 필요했다. 이러한 굴욕적인 역사적 배경 탓에, 성리학을 만든 송나라의 사대부들은 인위적으로라도 한족의 자긍심을 고취시키기 위해 화이관을 강조해야만 했다. 그러나 결국 송 왕조는 몽고족이 세운 원나라에 의해 멸망했고(1279), 이후 성리학은 한동안 빛을 보지 못했다.

그 후 원나라(1271~1368)를 몰아낸 한족은 명 왕조(1368~1644)를 세우고, 당연히 중화주의적 세계관을 표방한 성리학을 국가 통치이념으로 활용했다. 그러나 만주족이 명 왕조를 멸망시키고, 다시 이민족이 세운 왕조인 청나라(1644~1912)가 중국 대륙을 통일했다. 이후 중국에서는 자연스럽게 성리학이 퇴조하게 되고, 고증학考證學 등과 같이 다소 유연한 유학이 자리 잡게 되는 계기가 되었다.

한편, 조선의 지배층은 '조선이 멸망한 명 왕조를 대신해야 한다'는

---

[35] 기시모토 미오・미야지마 히로시, 김현영・문순실 역, 『조선과 중국 근세 오백년을 가다』, 고양 : 역사비평사, 2003, 130쪽.

소위 소小중화사상을 내세워 계속 성리학에 심취했다.[36] 또한 그들은 성리학에 위반되는 다른 사상들을 모두 사문난적斯文亂賊이라 하여 배척했다. 이런 와중에 집권층은 예를 지나치게 강조하며 비실용적인 논쟁으로 국력을 낭비하기도 했다.[37] 이런 식으로 조선의 유교는 점차 교조적인 성향을 띠게 되었다.

이와 같이 조선시대의 위정자들이 유교적 이념과 가치를 철저히 추구했던 바, 현재 중국보다도 한국에 유교적 문화유산이 더 강하게 남아 있게 되었다고 설명할 수 있다. 물론 청 왕조가 망하고 들어선 중국의 사회주의정권은 유교적 관습을 타파해야 할 악습으로 규정하기도 했었다. 따라서 이것도 중국의 유교가 한국에 비해 더욱 약화된 원인이라고 할 수 있다.

다른 신앙에 끼친 유교의 영향

조선과 동시대였던 명대 및 청대의 중국에서는 유교의 불교에 대한 탄압이 거의 없었다. 그 이유 중 하나는 중국의 불교가 유교 및 도교와 서로 연대하고, 부분적으로는 통합되었기 때문이다.[38] 반면, 조선에서는 강력한 유교 우선 정책 탓에 불교를 비롯한 전통 신앙들이 오랫동안 견제를 받았다. 이러한 유교의 오랜 탄압에도 불구하고, 한국의 불교는

---

36 위의 책, 233~234쪽.
37 이를 '예송논쟁'이라고 하는데, 1659년과 1674년 두 차례에 걸쳐 주자학 정통주의자들과 탈유교주의자들 사이에 격한 이념 대립이 있었다.
38 김진무, 『중국불교사상사』, 운주사, 2015, 183~214쪽.

다른 전통 신앙과의 연대 없이 살아남았다.[39] 이런 까닭에 한국의 불교에는 엄격함과 치열함이 여전히 많이 남아 있다.

중국과 일본의 불교는 아미타불의 도움으로 정토淨土로 왕생往生한다고 믿는, 즉 극락에서 다시 태어난다고 믿는 정토불교가 주류를 이루고 있다. 이는 타력에 의한 구제를 의미한다. 반면, 한국에서는 참선을 수행의 주요 수단으로 하는, 즉 자력에 의한 구제를 강조하는 선불교가 주류를 이루고 있다.[40] 일본에서 보편화된 육식대처肉食帶妻하는 승려는 한국에서는 거의 찾아볼 수 없다.

수도자가 아닌 한국의 일반 신도들은 내세의 구원보다는 현세의 복을 기원하기 위해 불교사찰을 찾는다. 매년 대학 입시철이 되면 수험생을 자녀로 둔 학부모들이 사찰로 몰려와 열심히 기도하는 모습을 볼 수 있다. 기도하는 학부모들로 붐비는 것은 기독교의 교회와 성당에서도 마찬가지이다. 기독교가 내세의 구원을 강조하지만, 현세의 복을 기원하는 신자들을 모른 척 하기는 어려운 모양이다. 이러한 현세 중심적 종교관은 동아시아에서 공통적으로 발견되는 것으로 알려져 있다.

불교와는 달리 도교는 조선시대 유교의 탄압으로부터 살아남지 못했다고 할 수 있다. 중국을 비롯한 홍콩, 대만 등의 소위 중화권에서는

---

39 대만의 타이페이에 위치한 용산사(龍山寺)는 한국인 관광객들이 자주 찾는 명소이다. 용산사는 청나라 때 중국의 푸젠성[福建省]출신 이주민들이 설립한 불교사찰로, 대만에서 가장 오래된 사찰이자 최대 사찰이다. 한국의 불교사찰과는 달리, 용산사에는 불교와는 전혀 관련이 없는 여러 다양한 신들이 함께 모셔져 있다. 예를 들면, 재신(財神)으로 관우(關羽)와 해신(海神)으로 마쯔[媽祖]가 별도의 사당에 모셔져 있다. 이렇듯이 중국의 불교는 도교와 평화롭게 공존하고 있다.
40 현재 한국 불교의 최대 종파는 조계종이다. 조계종은 참선을 중시하는 선종(禪宗)의 한 분파이다.

도교사원이 여전히 많이 있다. 홍콩에서 가장 크고 유명한 종교사원은 오래전 활동했던 명망 높은 '웡타이신黃大仙'이라는 이름의 도사導師를 모신 도교사원이다. 이 외에도 홍콩에는 '틴화天后'라고 하는 바다여신을 모시는 사원들도 많이 있다. 참고로, 틴화를 숭배하는 전통은 중국 남동부 해안지역에 널리 퍼져 있다. 중국의 다른 지역에서는 틴화를 '마쯔媽祖'라고 부르기도 한다.

중화권에서는 삼국지의 영웅인 관우를 신격화하여 재신財神으로 숭상하는데, 그를 모시는 사원이 공자를 모시는 사원보다 훨씬 많다.[41] 조선이 왜군의 침입을 받았을 때(1592~1598) 지원군으로 조선에 온 명나라 군대에 의해 당시 조선의 여러 곳에 관우를 모시는 사당이 만들어졌었다고 한다.[42] 그러나 오늘날 한국에서 관우를 모시는 신앙은 무속신앙에 일부 편입되어 남아있을 뿐, 중화권에서의 큰 위상과는 전혀 다른 모습이다.

음력 설날 등의 명절이면 한국인들은 유교적 전통에 따라 조상들을 위한 차례를 지낸다. 반면, 중화권의 중국인들은 도교사원으로 몰려가 향을 피우고 소원을 빈다.[43] 대부분의 한국인들은 전설에 단골로 등장하는 신선이라는 존재에는 익숙하다. 하지만 이러한 신선을 따로 모시는 사원을 한국에서는 찾아보기 힘들다. 한국에서 도교는 교단으로도 형성되어 있지 않고, 도교를 종교로 수행하는 사람노 극히 드물다. 다만 도교에 많은 영향을 받은 한국의 무속신앙에서 그 흔적을 찾을 수 있을 뿐이다.

---

41 마카오의 카지노에서 가장 인기 있는 캐릭터가 바로 관우이다.

42 장장식, 「서울의 관왕묘 건치와 관우신앙의 양상」, 『민속학연구』 14, 2004, 403~440쪽.

43 "800,000 worshippers on Hong Kong Chinese New Year day", *CNN*, 2010.2.9.

한국 민간신앙의 특징은 무당, 즉 샤만을 중개자로 신적 존재와 교감하는 무속신앙인 '샤머니즘'의 전통이 강하다는 것이다. 이러한 샤머니즘은 동아시아의 북방민족에게서 흔히 발견되는 특징이다. '샤만'이라는 말도 만주어 및 퉁구스어에서 유래된 것으로 알려져 있다. 한국의 무속신앙은 한때 국가적 축제를 주도했지만, 다른 전통 신앙과 마찬가지로 조선시대를 거치면서 그 위세가 크게 약화되었다.[44]

중화권에서와는 달리 한국에서는 도교나 무속신앙의 전통이 약화되면서 범신론汎神論의 전통도 함께 사라졌다. 조선시대를 지배했던 유교는 내세나 초자연적인 신에 대해서 관심을 보이지 않았다. 이런 까닭에 한국에서는 관우보다도 훨씬 유명한 공자조차도 인물신으로 숭배되지 않았고, 단지 현자로서 존경 받았을 뿐이다.

주역周易 혹은 역경易經은 원래 중국의 5대 고전, 즉 오경 중 하나로, 성리학에서 중요시하는 경전이었다. 주역은 종교나 윤리라고 정의하기보다는 옛 선조들이 믿었던 세상 혹은 우주의 이치에 관한 것이라고 할 수 있다. 성리학의 이기설은 이것을 기초로 하고 있다. 오늘날 많은 한국인들은 주역을 무속신앙의 하나쯤으로 오해하고 있다. 하지만 성리학에서 주역을 우대했던 만큼 이에 대한 전통이 아직 한국에 많이 남아있다.

---

44 최준식 외, 『한국문화는 중국문화의 아류인가?』, 소나무, 2010, 498쪽.

네가 하면 나도 한다

개인주의에 대한 오해

한국 및 중국에서 집단주의 문화가 강하다는 것은 그만큼 한국인들이나 중국인들이 집단주의가 추구하는 가치를 중시한다는 것을 의미한다. 그런데 문제는 개인주의에 대한 실질적 경험이 거의 없다 보니, 많은 한국인이나 중국인들은 개인주의를 잘못 이해하고 있다는 것이다. 실제 한국과 중국에서는 개인주의와 이기주의에 대한 개념이 서로 자주 혼동되어 사용된다.

집단주의는 각 개인의 이익보다 집단의 이익이 우선한다는 것을 의미한다. 이는 집단주의 성향이 강한 사회에서는 공동체의 이익을 위해서 소수의 희생을 강요할 여지가 많다는 것을 의미한다. 또한 집단주의 성향이 강할수록 집단 내 사회적 약자들에게 더 많은 책임과 희생을 강요하는 경향이 있다. 바로 이런 점이 현대사회에서 집단주의가 가장 비판 받고 있는 부분이다.

유교의 실천 지침인 오륜五倫에서도 사회적 약자들—자식, 신하, 여자, 어린 아이 등—이 해야 할 책임에 대해서는 구체적으로 명시되어 있지만, 사회적 강자들이 부담해야 할 책임에 대해서는 전혀 언급이 없다. 유교가 인본주의에 바탕을 두고 있다지만, 유교가 사회적 약자들에게 요구하는 사회적 책임은 결코 가볍지 않았다. 그 이유는 집단주의가 추구하는 공동체의 안정을 달성하기 위한 가장 손쉬운 방법이란 결국 기존체제를 그대로 유지하는 것이고, 이를 위해서는 사회적 강자가 가지고 있는 기득권을 용인해주어야 하기 때문이다.

한편, 개인주의는 각 개인의 이익이 집단의 이익을 우선하며, 다수 혹은 공동체가 소수 혹은 개인의 희생을 강요할 수 없다는 것을 의미한다. 따라서 개인주의적 성향이 강한 사회에서는 나의 이익을 보장받기 위해서는 결국 다른 개인들의 이익을 존중해야 한다. 이러한 개인주의는 '나의 이익이 무엇보다도 우선하며, 나의 이익을 위해서라면 다른 개인의 이익이나 공동체의 이익을 침해할 수 있다'는 이기주의와는 전혀 다른 개념이다.

한국은 가족 혹은 혈연 중심주의가 매우 강한 사회로 알려져 있는데,[45] 이는 중국도 마찬가지이다.[46] 단적인 예로, 한국인이나 중국인들은 가족, 특히 자식을 위해서라면 어떠한 희생도 감수할 수 있다고 생각한다. 이러한 사고방식은 집단주의적 태도라고 할 수 있다. 왜냐하면 가족이 아무리 소중한 존재라고 할지라도 '나'를 대신할 수는 없기 때문이다. 즉, 가족주의는 개인주의가 아니라, 집단주의의 한 형태이다.

한국과 중국의 가족 혹은 혈연 중심의 집단주의는 다음의 두 가지 사실로 설명할 수 있다. 첫째, 양국에서는 유교적 가치관을 바탕으로 한 부계혈통 중심의 가족제도가 오랫동안 건재했고, 둘째, 양국은 공통적으로 혼란스러운 근·현대사를 겪었다. 즉, 양국의 정치 및 사회 환경이 한동안 안정적이 못했던 탓에 한국인이나 중국인들은 가까운 혈연을 중심으로 결속할 수밖에 없었던 것이다.[47]

---

45   최준식, 『한국인에게 문화가 없다고?』, 파주 : 사계절, 2000, 44~46쪽.
46   이중톈, 박경숙 역, 『이중톈, 중국인을 말하다』, 은행나무, 2006, 223~232쪽.
47   김동춘, 「유교와 한국의 가족주의─가족주의는 유교적 가치의 산물인가?」, 『경제와사회』 55, 2002, 93~118쪽.

인구 대국인 중국은 각종 스포츠에서 두각을 나타내고 있지만, 유독 축구에서만은 부진을 면치 못하고 있다. 중국 축구대표팀이 국제대회에서 번번이 좌절하는 것을 보고, 한 중국인 축구전문가는 다음과 같은 논평을 했다. "중국인은 개인경기 종목에는 강하지만, 단체경기 종목에는 약하다. 그 이유는 중국인이 개인주의 성향이 강하기 때문이다." 그는 아마도 대표팀을 위해 열심히 뛰지 않은 자국 선수들이 원망스러워 이러한 말을 한 것으로 보인다.

그렇지만 축구선수들의 실력과 그들의 개인주의 성향과는 별로 연관성이 없어 보인다. 축구 강국이라면 브라질이나 네덜란드 등과 같은 남미 및 유럽 국가들이다. 그런데 이들 국가의 국민들이 집단주의 성향이 강하다고 알려져 있지는 않다.[48] 축구를 포함한 대부분의 단체경기에서 수준 높은 조직력을 구사하려면, 먼저 각 선수의 개인기량이 이를 따라줘야만 한다. 따라서 중국 축구대표팀의 실력이 떨어지는 이유는, 전반적인 소속 선수들의 기량이 아직 미흡해서이지, 그들의 행동특성이 집단주의적이냐 아니냐의 여부와는 큰 상관이 없어 보인다.

중국에서는 공공장소에서 위험에 빠진 낯선 사람을 외면하는 사례가 종종 발생하여 사회문제로까지 비화되고 있다.[49] 한국인들은 이를 두고 "중국인들은 개인주의적"이라고 비난한다. 그러나 위험에 처한 낯선 이를 모른척하는 태도는 전혀 개인주의적인 것이 아니라, 이기주의적인 혹은 반인륜적인 행위이다.

---

48 서유럽의 축구 강국인 네덜란드, 독일, 영국 등은 모두 개인주의 지수(IDV)가 높은 반면, 브라질이나 아르헨티나 등 남미 국가들의 IDV는 낮은 편이다. 그러나 이들 남미국가의 IDV는 중국 및 한국보다는 상대적으로 높은 편이다.
49 「중국 선전시, '선한 사마리아법' 첫 시행」, 『연합뉴스』, 2013.8.1.

중국에서는 조그마한 이슈에도 반한, 반일, 반미 등을 내세우는 시위가 격렬하게 발생할 정도로 중국인들은 한국인들 못지않게 민족주의 성향이 매우 강하다. 또한 앞의 「공자 앞에서 문자 쓴다」에서 언급했듯이, 홉스테더의 개인주의 지수IDV는 한국과 중국이 각각 18점과 20점으로 서로 비슷한 수준이다. 중국인들의 집단주의 성향이 한국인들과 비슷한 수준이라는 것은 다른 어느 나라 사람들보다도 집단주의 성향이 강하다는 것을 의미한다.

위의 사례들로부터 알 수 있듯이, 집단주의 문화에 익숙한 사람들은 개인주의적인 행동, 이를테면 공동체를 위해 희생하려고 하지 않는 행동에 대해서 몹시 비판적인 태도를 보인다. 이와 더불어 집단주의 문화에 익숙한 사람들은 집단주의적인 것은 무조건 좋은 것이라는 잘못된 신념을 보이기도 한다. 예를 들면, 많은 한국인들은 협동정신이나 이타주의를 집단주의와 자주 연관을 짓기도 한다.

'각자 내기'라는 의미인 '더치페이'라는 말이 한국인들에게도 잘 알려져 있듯이, 네덜란드 사람들은 개인주의 성향이 매우 강하다. 그런데 그들은 지위나 계층을 막론하고 해안지역의 침수를 막고, 댐을 건설하기 위해 일치단결했던 전통이 있다. 이와 같이 개인주의 성향이 강한 사람들이라고 해서 서로 협동하지 않는 것이 아니다. 또한 집단주의 문화가 이타적 행위를 암묵적으로 강요하는 측면이 있는 것이지, 보상을 바라지 않는 순수하고 자발적인 이타적 행위(예 : 자원 봉사활동50)가 집단주의 사회에서 더 많이 나온다는 증거는 없다.

---

50 Marcia A. Finkelstein, "Correlates of individualism and collectivism : Predicting volunteer activity", *Social Behavior and Personality* 39, 2011, pp.597~606.

인간관계를 중시하는 문화

공동체의 이익을 우선시하는 집단주의 사회에서는 각 개인들이 다른 구성원들과의 사회적 관계를 중요시할 수밖에 없다. 이를 한마디로 요약한다면, 집단주의 사회에서 사람들은 다른 구성원들의 눈치를 살피게 된다는 것이다. 이러한 사회에서 중요시하는 덕목이 바로 '체면' 혹은 '명예'이다.

주지하듯이 한국인들이나 중국인들은 체면을 매우 중요시한다. 체면이란 다른 사람들의 기대 수준에 부응해야만 유지되는 것이다. 여기서 '다른 사람들'이란 결국 자신과 같은 집단에 속한 사람들을 의미한다. 사람들이 체면을 중시한다는 것은 그만큼 그 사회가 집단주의 성향이 강하다는 것을 의미한다. 따라서 앞에서 언급했듯이, 체면을 중시하는 중국인들이 자국의 축구대표팀이 국제대회에서 부진한 이유를 그들의 개인주의 성향 탓이라고 변명하는 것은 어불성설이다. 물론 체면을 중시하는 중국인들이 모든 상황에서 일관적으로 집단주의 성향을 보이는 것은 아니다. 예를 들면, 중국인들은 가족이나 친족들에게는 매우 집단주의적인 태도를 보이지만, 이들의 범위를 벗어난 집단 — 이를테면 회사나 국가 — 에 대해서는 그러하지 않다는 연구결과가 있다.[51]

요즘 들어 중국에서는 지나치게 호화로운 결혼식으로 주위의 눈살을 찌푸리게 하는 경우가 자주 있다고 보도되고 있다.[52] 한국에서도 오래전

51　R. S. Yeh, "On Hofstede's Treatment of Chinese and Japanese Values", *Asia Pacific Journal of Management* 6, 1988, pp.149~160.

52　"I don't understand the world of filthy rich : gold filled wedding with 'emperor' groom mocked online in China", *The South China Morning Post*, 2016.1.12.

부터 요란한 결혼식을 허례허식이라고 비난해 왔다. 그러나 여전히 대부분의 신혼부부들이 부담스러워할 수준의 결혼식이 다반사이다. 더욱 안타까운 사실은 이러한 결혼식의 대부분은 그 겉모습만 화려할 뿐 거기에는 후대에 물려줄 만한 고상한 형식도 없고 그 내용 또한 식상하다.

예식장은 다른 나라에서는 찾아보기 힘든 한국에만 존재하는 꽤나 한국적인 장소라고 할 수 있다. 예식장에서 치러지는 결혼식처럼 천편일률적인 행사를 한국인들은 남들이 보란 듯이 떠들썩하게 치러야만 한다. 그 이유는 '남들이 하는 만큼 나도 해야만 한다'는 사회 분위기 탓이다. 이렇듯 오래전부터 없애자던 허례허식이 여전히 살아남아 있는 이유는 그것이 한국 사회의 구조적인 문제에서 비롯되기 때문이다.

호화스럽지만 그다지 감흥이 없는 결혼식처럼, '고비용 몰개성화'가 어느덧 동아시아인들을 구별하는 특징이 되어버렸다. 비싼 명품 시계와 가방 등이 유독 한국 및 중국 등의 동아시아 국가에서 많이 팔린다는 사실도 이를 뒷받침한다. 이러한 고비용 몰개성화에 열심히 동조하는 사람들은 그것이 단순한 과시욕 때문이 아니라, 자신이 속하고자 하는 집단 혹은 계층에서 따돌림 당하지 않기 위한—체면을 유지하기 위한—나름의 고육책이라고 변명한다.[53] 이와 같이 집단주의 성향이 강한 사회에서는 구성원들이 그 집단 내에서의 인간관계를 위해서 많은 것을 감내해야만 한다.[54]

영국의 정치사상가 토머스 홉스(1588~1679)는 공권력을 '리바이어

---

[53] Julie Juan Li · Chenting Su, "How face influences consumption—A comparative study of American and Chinese consumers", *International Journal of Market Research* 49, 2006, pp.237~246.

[54] 「인정받으려 발버둥 대한민국이 아픕니다」, 『조선일보』, 2017.9.16.

던'이라는 이름의 바다 괴물로 비유한 바 있다. 공권력이란 집단 혹은 사회의 안정을 빌미로 개인의 삶을 억압 또는 강제할 수 있는 힘이라고 정의할 수 있다. 이러한 힘은 국가뿐만 아니라 우리가 속한 크고 작은 집단으로부터도 나온다. 만약 누군가가 학연이나 지연 등 자신이 속한 집단에 얽매여 집단 내 대다수 혹은 집단 내 권력자의 눈치만을 살펴야 하는 상황이라면, 이는 마치 작은 조각배 위에서 바닷속 괴물의 눈치를 살피는 것과 별반 다르지 않다.

많은 장점에도 불구하고 유교는 현대사회의 보편적 윤리가 되기에는 미흡하다고 할 수 있다. 그 가장 큰 이유는 공동체를 우선시하는 유교라는 테두리 안에서는 각 개인의 개성을 존중할 만한 여지가 별로 없기 때문이다. 그렇다고 집단주의 문화에서 드러난 모든 잘못을 유교의 책임이라고 주장할 수는 없다. 왜냐하면 '개인'이라는 개념은 유교가 만들어지고 약 2천 년 후에나 발견된 비교적 새로운 것이기 때문이다.

유교와는 달리 불교는 집단주의적 가치를 추구하지 않는다. 하지만 불교에서는 '고정불변의 자아自我는 실제로는 존재하지 않는다'는 개념인 무아無我를 가르친다. 서구식 개인주의에 바탕을 둔 현대사회의 가치관에 따르면, 각 개인이 잠재적으로 가지고 있는 가능성을 실현하는 것, 즉 자아실현은 매우 중요한 일이다. 이러한 점을 고려하면, 자아를 인정하지 않는 불교는 역시 개인주의적 가치를 추구 혹은 존중하는 종교라고 할 수는 없다. 또한 앞서 제1장의 「문화 DNA는 없다」에서 언급했듯이, 이웃사랑을 강조하는 기독교도 노예제와 같은 비인권적인 관습에 대해 오랫동안 철저히 침묵했었다.

이와 같이 개인과 인권에 대해 무지했던 종교나 윤리는 비단 유교만이 아니었다. 개인이라는 개념은 18세기 서구의 계몽주의에 의해 발견되었다. 그리고 개인이라는 개념이 만들어지면서 당시 유럽인들은 인권에 대해서 처음으로 자각하게 되었다. 주요 종교나 윤리가 인권에 대한 개념을 일찍이 확실하게 인식하거나 정의하지 못했다는 사실을 고려하면, 서구문명의 가장 위대한 업적은 바로 '개인의 발견'이라고 할 수 있다.

2천여 년 전에 만들어진 유교는 절대적 신神의 존재에 대해 무관심했고, 인仁을 중시했다. 따라서 여타의 종교나 윤리에 비해 유교는 인본주의적이라는 평가를 받을 만하다. 그러나 현대적 의미에서 인본주의의 핵심은 개성의 존중, 더 나아가서는 인권의 존중이며, 이는 곧 문화적 다양성에 대한 존중이라고 할 수 있다.

문화적 다양성이 중요한 이유는 우리가 행복을 추구할 수 있는 방식이 다양하게 존재하면 할수록 그만큼 행복해질 수 있는 가능성이 커지기 때문이다. 집단주의 성향이 강한 사회에서는 남들이 가지 않는 길을 가는 소수의견을 가진 타자他者를 사회적 약자로 포용하지 않고, 희생의 대상으로 다루는 경향이 강하다. 이런 까닭에 집단주의 사회에서는 문화적 다양성에 대한 포용의 여지가 거의 없다.[55]

---

55 Rowan Cruft, "Human rights, individualism and cultural diversity", *Critical Review of International Social and Political Philosophy* 8, 2005, pp.265~287.

일체감 — 한국식 집단주의

요즘 유행하는 신조어 중에 '혼밥'이라는 말이 있다. '혼자 밥 먹는다'라는 의미의 이 축약어가 신조어가 된 이유는, 이제서야 한국인들이 혼자 밥 먹는 것을 크게 개의치 않게 되었기 때문일 것이다.

'우리 남편', '우리 아내'라는 말에서도 알 수 있듯이, 한국인들은 '우리'와 '나'를 구분하지 않는다. 한국인들의 의식意識 속에는 '우리'라는 공동체가 확고하게 각인되어 있다.[56] 이런 탓에 어린 아이들도 자신을 소개할 때는 언제나 자신의 이름보다도 자신이 속한 학교나 단체를 먼저 언급한다. 한국인들 대부분은 자신이 어떤 모임이나 단체에 소속되어 있지 않으면 괜히 불안해한다. 그러다 보니 한국인들은 여럿이 식사하는 것을 자연스럽게 여기고, 술을 마실 때는 물론이고 휴식을 취할 때조차도 누군가와 함께 하고자 한다.

물론 사람들과 잘 어울린다고 이를 무조건 집단주의 문화라고 단정지을 수는 없다. 정도의 차이는 있지만, 어느 나라 사람이건 혼자서 지내기보다는 친구 등 다른 사람들과 어울리기를 좋아한다. 다만 한국인들의 경우 다른 사람들과 어울릴 때 집단주의 성향을 노골적으로 자주 드러낸다고 할 수 있다. 이에 대한 가장 좋은 예가 바로 한국인들은 두 사람 이상만 모여도 '일체감'을 지나치게 강조한다는 것이다.

한국인의 식사예절과 관련된 것들 중 대부분의 외국인들이 처음 접해보고는 부정적으로 몹시 의아해하는 것이 하나 있다. 가족이나 친구

---

56 최재석, 『한국인의 사회적 성격』, 현음사, 1994, 181쪽.

등과 같이 가까운 사람들과 함께 식사하는 경우, 한국인들 대부분은 찌개와 같은 국물요리를 식탁 가운데 턱 놓고 각자 숟가락으로 떠서 먹는다. 비위생적이라 할 수 있는 이러한 문화가 아직까지도 한국에 남아있는 것이다. 그런데 이것은 마치 식탁에 둘러 앉아 있는 모든 사람들은 이제 생사를 같이 하는 공동운명체라고 서로에게 확인시켜 주는 일종의 의식儀式처럼 보인다. 이러한 모습은 한국인들이 일체감을 얼마나 중요하게 여기고 있는가를 여실히 보여주는 단적인 사례라고 할 수 있다.

한국인들의 남다른 일체감을 보여주는 또 다른 사례는 바로 '길거리응원'이다. 지난 2002년 한국과 일본에서 공동으로 주최했던 축구월드컵 기간 동안, 한국 축구대표팀이 경기에 출전할 때마다 붉은색 옷을 입은 수만 명의 한국인들이 서울 광화문광장에 모여 일사분란하게 응원했다. 이러한 장관을 보고는 외국인들뿐만 아니라 한국인들 스스로도 무척이나 놀랐고, 또한 자신이 그 일부분이 되었다는 사실을 자랑스럽게 생각했다. 이후 주요 국가대항 축구경기가 있을 때면 한국인들은 길거리로 나와 함께 응원하게 되었다.

축구가 무척이나 인기가 많은 유럽에서조차도 수만 명은 고사하고 수천 명 정도의 군중이 길거리에 나와 응원하는 모습은 찾아보기 어렵다. 그 이유는 독일이나 영국처럼 시민들의 질서의식이 높다고 알려진 국가에서도 많은 군중이 모이면 이를 통제하기 어려워 당국이 길거리응원을 웬만해서는 허가하지 않기 때문이라고 한다. 그런데 한국의 길거리응원 모습을 보면, 많은 군중이 모여 있지만 평소보다도 질서가 더 잘 유지되며, 남들에 대한 배려심도 더 높아 보인다.

군중심리라는 것은 사람들이 많이 모이게 되면 쉽게 흥분하고 자제력을 잃는다는 것을 의미한다. 하지만 평상시에는 사소한 교통법규를 종종 무시하던 한국인들이 많은 관중이 모인 길거리응원에서는 오히려 더 질서정연하다. 일반적인 군중심리와는 정반대로 한국인들은 길거리 응원에서 평소보다 오히려 질서를 더 잘 지키고 일사분란하게 행동한다. 그 이유는, 한국인들은 자신들이 원하는 집단에 속할 때 일체감을 강하게 느끼며, 평소보다도 더 주변의 눈치를 살피게 되기 때문이다.

사람들은 일체감을 느끼게 되면, 자신이 속한 공동체에 대해서 더 긍지를 갖게 된다. 그리고 이런 긍지를 계속 느끼려면, 즉 자신이 원하는 집단에 계속 속해 있으려면, 사람들은 다른 구성원들과 행동을 같이 해야만 한다. 이런 식으로 일체감을 중요시하는 사람들은 자신들이 원하는 집단에 속해 있을 때 집단 내의 다른 사람들의 눈치를 더욱 살피게 된다. 즉, 평소보다 오히려 더 잘 지켜지는 이런 식의 질서는 남들을 배려하기 위한 것이라기보다는 일체감 혹은 소속감을 위한 것이라고 보아야 한다.

한국식 길거리응원을 과도한 민족주의에 의한 집단 히스테리로 보는 시각도 있다.[57] 대략적으로 말하자면, 조국을 응원한다는 순수한 열정 때문에 사람들이 거리로 나오지만, 그 이면에는 집단주의 문화가 엄연히 존재하고 있다는 것이다.

한국에서는 사람들이 많이 몰리는 점심시간에 여럿이서 한 팀으로 식당에 가게 되면, 주문할 음식을 한 가지로 통일하는 경우가 요즘도 왕왕 있다. 이와 같이 사소한 식사 주문에서도 단체를 위해 개인의 의

---

57 Hyunjung Lee · Younghan Cho, "Performing Nation-ness in South Korea during the 2002 Korea-Japan World Cup", *Korea Journal* 49, 2009, pp.93~120.

견이 희생되기도 한다. 아직도 대부분의 한국인들은 나와 다른 의견을 받아들이거나 혹은 상충되는 다양한 여러 의견들이 존재할 수 있다는 사실에 그리 익숙하지 않다. 물론 그 이유는 일체감을 중요시하는 집단주의 문화가 한국 사회에 그만큼 강하게 자리 잡고 있기 때문이다.

다민족국가인 중국은 물론이고, 아시아의 여러 다른 나라들과 비교해 보아도 한국은 인종, 언어 등의 측면에서 매우 동질적인 사회이다. 최근까지도 학교에서는 '단일민족'이라는 표현을 자주 사용하며 이러한 한국 사회의 동질성을 어린 학생들에게 가르쳐 왔다. 한국인들이 사회의 동질성을 넘어서 구성원들 간의 일체감을 유별나게 강조하는 이유를 유교적 전통만으로 설명하기는 어렵다. 그 대신 반도국이라는 한국의 지정학적 위치 및 역사 등 여러 환경요인에서 그 이유를 찾을 수 있다.

즉, 한국은 역사적으로 오랫동안 주변 외세의 침략을 받았다. 이런 이유로 한국인들에게 단결은 가장 절실한 생존수단이자 가장 가치 있는 덕목이 되었다. 대부분의 한국인들은 지금도 유독 민족 주체성이나 민족 정체성에 민감한 반응을 보인다. 한국인의 이러한 성향도 주변 외세에 이리 저리 휘둘렸던 한국의 지난 역사 때문이라고 설명할 수 있다.

한국은 1945년 일제의 지배로부터 해방이 되고, 외세의 간섭에서 어느 정도 벗어나게 되었다. 그러나 이후에도 한국은 전쟁, 군사독재, 산업화 및 민주화 등과 같은 일련의 순탄치 않은 역사적 고비들을 겪었다. 그리고 이러한 과정들을 거치면서 한국인들의 단결의식은 더욱 강화될 수밖에 없었다. 예를 들면, 이승만(1875~1965) 초대 대통령은 '뭉치면 살고 흩어지면 죽는다'는 구호로 전 국민의 일치단결을 자주 강조했다. 또한 1970년대 군사정권 시절에는 모든 학교의 각 교실마다 '협동'이나 '단결'이라는 표어가 붙어 있었다.

2016년에 치러진 미국의 대통령 선거나 영국의 브렉시트Brexit에 대한 찬반여부를 묻는 선거 등이 보여주었듯이, 민주주의 사회에서는 분분한 의견들의 대립이 자연스러운 현상인 반면, 국론의 통일은 오히려 매우 드문 일이다. 물론 이들 국가들도 국가적 비상사태 시에는 누가 강요하지 않아도 단결한다. 하지만 한국처럼 정치가들이 평화시기에도 항상 국론의 통일을 강조하는 국가를 서구 사회에서는 찾아보기 힘들다. 이는 마치 국가적 위기상황이 상시적이기 때문에 평상시에도 항상 단결하고 있어야 한다고 세뇌하려는 듯 보인다.

기성세대의 한국인이라면 최소한 한두 번의 국가적 위기상황을 겪었고, 그 때마다 일치단결하여 어려움을 극복한 경험이 생생할 정도로 남아있을 것이다. 이에 대한 가장 최근의 사례라면 바로 1997년 IMF시절의 '금 모으기 운동'을 들 수 있다. 당시 해외 매체들은 이를 두고 "한국인들의 국가를 위한 헌신"이라며 아낌없는 찬사를 보내기도 했다. 이렇듯이 집단주의 문화, 특히 일체감이나 단결을 강조하는 문화는 한국 사회에서 분명히 긍정적인 측면이 있었다. 그런데 위기상황에서 빛을 발하는 이러한 한국인들의 남다른 일체감은 평상시에는 오히려 역기능으로 작용하는 경우가 있다(이에 대한 자세한 논의는 제3장 「양자택일」에서 다룬다).

앞에서 언급했듯이, 중국인들은 한국인들만큼이나 혈연 중심의 집단주의가 강한 편으로, 가족이나 고향사람을 소중하게 여긴다. 또한 중국인들의 체면치레는 한국인들보다 더하다고 알려져 있다. 그러나 중국인들의 집단주의적 행동양식은 한국인들의 그것과 외연外延에 있어 다소 차이가 있다. 예를 들면, 한국인들은 외세와 맞서기 위해서 단결의식과 일체감을 강조했지만, 이미 넓은 영토와 많은 인구를 가진 중국인들에게는 이러한 절실함이 필요 없었다. 중국인들이 중요시하는 '꽌시關係'에서 그들의 독특한 집단주의적 성향을 엿볼 수 있다.

중국에서 꽌시란 서로의 이익을 도모하기 위한 것으로 자신이 속한 집단의 다른 사람들과의 '관계'를 의미한다. 중국인들이 말하는 꽌시를 한국과 일본에서는 각각 '인맥' 또는 '연고'라고 부른다. 한국의 인맥이란 말에는 그것이 앞으로 사방팔방으로 확장될 수 있다는 의미가 담겨 있다. 이렇듯 한국식 온정주의는 집단의 세를 키우기 위한 개방적 성향이 강하다.

반면, 꽌시의 '꽌關'은 '안에서 문을 걸어 잠근다'는 의미이다. 이를 통해서도 알 수 있듯이, 중국의 꽌시는 다소 폐쇄적이라고 할 수 있다.[58] 중국인들의 이러한 태도를 한국의 여러 학자들은 '담장 문화'라고 정의하기도 한다.[59] 중국은 역사적으로 만리장성을 쌓아 북방 유목민족의 침략을 막으려 부단히 노력했다. 하지만 중국 대륙이 워낙 광활하다 보니, 크고 작은 내란과 내전이 끊이지 않았다. 이러한 역사적 배경이 폐쇄적인 인간관계를 의미하는 담장 문화가 중국에서 발견되는 이유일 것이다.

---

58 金惠媛, 「個人意識與團體意識」, 『香港文學』 303, 2010, pp.86-88.
59 박완호, 『문화로 이해하는 중국』, 파주 : 한국학술정보, 2009, 342쪽.

유교적 전통과 권위주의

일체감 외에도 집단주의 문화는 여러 다른 모습으로 나타날 수 있다. 그중에서 가장 대표적인 것이 바로 수직적 위계를 강조하는 권위주의이다. 각 개인이 독립적이라면 개인들 사이의 수평적인 관계가 중요하다. 반면, 개인보다 공동체가 우선시 되면, 그 집단 내의 질서를 위해 구성원들 사이의 수직적 서열관계를 만들고, 이에 따른 권위를 강조하게 된다. 이렇듯이 권위주의는 집단주의의 또 다른 얼굴이라고 할 수 있다.

유교가 세습적 신분제도에 따른 위계질서를 강조했던 바, 한국을 포함한 동아시아 국가에서 만연한 권위주의 문화가 유교적 전통 탓이라는 비판이 많다. 그러나 여기서 주의해야 할 점은 유교가 세습적 신분제도를 만든 것이 아니라는 사실이다. 사회의 안정을 중시하는 유교가 기존의 질서인 세습적 신분제도를 그대로 용인했을 뿐 존재하지 않았던 신분제도를 유교가 새로이 만든 것은 아니라는 것이다.

세습적 신분제도는 중세의 유럽에서도 존재했다. 하지만 세습 귀족계급은 재력과 무력武力을 지니기는 했어도, 당시 유럽에서 절대권력을 가진 집단은 가톨릭 교회였다. 바로 이러한 차이로 유럽에서는 동아시아와는 전혀 다른 신분질서와 이에 따른 문화가 만들어졌던 것이다.

중세 유럽 교회의 성직자들은 신도들에게 그들이 믿는 신과 그 신의 대리인인 교회의 권위를 강조할 뿐 교회 밖 속세의 위계질서에 대해서는 간여하지 않았다. 오히려 가톨릭 교회는 왕과 귀족들의 권력과 권위를 견제하려 했고, 교황이 제국의 황제를 파문하는 사건마저 있었다.[60] 이는 국왕에 대한 충성을 최고의 가치로 강조했던 동아시아에서는 상상할 수도 없는 일이었다.

현세보다는 내세의 삶을 강조했던 기독교라는 종교가 중세 유럽에서는 가장 강력한 사회규범이었다. 이 덕분에 유럽에서는 세속적 위계질서를 중시하는 권위주의 문화가 사회적으로 덜 발달했다고 설명할 수 있다. 반면, 내세보다는 현세 지향적이었던 동아시아의 유교는 기존 체제를 해체하기보다는 기존 체제의 틀 안에서 공동체의 안정을 유지하려고 했다. 그러다 보니 유교는 귀족계급이 가지고 있는 세습되는 기득권을 용인해 줄 수밖에 없었다. 즉, 동아시아에 권위주의 문화가 만연한 이유는 유교가 가지고 있는 현세지향적이고 동시에 기존 체제를 유지하려는 보수적인 특성 때문이라고 설명할 수 있다.

---

60 1075년 당시 교황 그레고리오 7세는 자신과 정치적인 마찰을 빚던 당시 신성로마제국 황제 하인리히 4세를 파문했다. 처음에 황제는 저항하려 했으나, 결국 교황에게 굴복했다. 그는 사면을 받기 위해 교황이 체류하고 있던 이탈리아의 카노사 성까지 찾아가, 성문 앞에서 눈보라가 치는 날씨에도 불구하고 3일간 맨발로 서있어야 했다. 역사에서는 이를 '카노사의 굴욕'이라고 부른다.

중국문화의 아류? ─────────

명함에 한자로 적힌 이름

한국의 한 외교관이 처음 만난 어느 외국 외교관과 명함을 교환할 때였다. 그 한국 외교관의 명함에 한자로 적힌 이름을 보고는 외국 외교관이 "한국문화는 중국문화의 연장 혹은 복제가 아니냐?"라고 물었다고 한다.[61] 이에 그 한국 외교관은 뭐라고 대답해야 할지 몰라 무척이나 당황했다고 한다. 이 이야기는 '세계인이 이렇게 묻는다면, 당신은 어떻게 답할 것인가?'라는 부제를 가진 『한국문화는 중국문화의 아류인가?』(2010)라는 책의 서문에 실린 에피소드이다.[62]

위에 언급한 책에서는 의복, 음식, 건축, 도자기, 음악, 민속의례, 언어, 종교 등 총 여덟 개 분야의 전문가들이 각 분야별로 한국과 중국의 고유문화를 비교 및 정리했다. 각 분야별로 정도의 차이는 있지만, 그 책의 대체적인 결론은 한국문화가 중국문화와 서로 닮은 점도 있고, 그렇지 않은 점도 많다는 것이다. 즉, 누군가가 한국문화가 중국문화의 아류라고 주장한다면 억울한 구석이 좀 있다는 것이다.

만약 내가 그 외교관과 똑같은 질문을 받게 된다면 어떻게 대답할 것인가? 이 책을 읽는 독자들이 실망할 수도 있겠지만, 나는 그냥 솔직

---

61 현재 한국에서는 세 글자로 된 이름이 가장 흔한데, 이것은 중국식 이름이다. 또한 한국의 성씨도 대부분 중국에서 왔다. 이런 까닭에 한자로 적힌 한국인의 이름은 중국인의 이름과 차이점이 거의 없어 그 둘을 구분하기는 어렵다.

62 최준식 외, 『한국문화는 중국문화의 아류인가?』, 소나무, 2010, 4쪽.

담백하게 "그렇다"라고 대답할 것이다. 이렇게 대답할 수밖에 없는 이유는 현시점에서 보더라도 한국문화에는 중국문화의 흔적이 너무나도 분명히 남아 있기 때문이다.[63]

그동안 관련 학계의 많은 학자들이 각 문화권 혹은 문명권을 세계지도를 펼쳐 놓고 지역에 따라 구분을 해왔다. 안타깝게도 한국을 독자 문화권으로 분류한 학자는 아직까지 아무도 없다. 모든 학자들이 한결같이 한국을 '중국문화권' 혹은 '북중국문화권'에 포함시켰다. 반면, 일본은 간혹 독자적 문명권으로 분류되는 사례가 있다. 예를 들면, 『문명의 충돌』(1996)의 저자인 미국의 정치학자 새무얼 헌팅턴(1927~2008)은 일본을 한국이 포함된 중국문명권에 포함시키지 않고, 따로 독자적인 일본문명권을 형성하는 것으로 분류한 바 있다.[64]

물론 한국이 중국문화권에 속한다고 한국문화가 중국문화의 아류라고 단적으로 말하기는 어렵다. 하지만 현시점에서 보더라도 한국과 베트남이 지구상의 어느 나라보다도 중국문화로부터 가장 영향을 많이 받은 두 나라라는 사실에는 변함이 없다.

앞서 제1장의 「오래전 사라진 코끼리」에서 설명했듯이, 여러 문화적 요소들 중에서 문화적 정체성을 나타내는 대표적인 것들이 있다. 음식, 언어, 사고방식 등이 바로 그것들이다. 음식문화가 주로 자연환경의 영향을 받는 반면, 언어문화와 사고방식은 주로 사회환경의 영향을 받는다. 그런데 한국은 중국문화권에 속하면서 한자와 유교를 중국으로부

---

63 「맺음말」의 〈표 1〉에서 현재 동아시아 국가들의 중국 지적(知的) 문화유산에 대한 의존도를 정량화하여 서로 비교하였다. 이를 통해서도 확인할 수 있듯이, 현재 한국의 중국 지적 문화유산에 대한 의존도는 일본에 비해서는 높고 베트남과는 비슷한 수준이다.

64 https://en.wikipedia.org/wiki/Clash_of_Civilizations

터 배웠고, 결국 한국인의 언어문화와 사고방식은 일정 부분 중국화되어 왔다. 따라서 그것이 아류냐 아니냐의 여부를 구분하는 기준이 될 수는 없겠지만, 문화적 정체성이라는 관점에서 보면 한국문화에 끼친 중국문화의 영향이 매우 크다는 것은 부정할 수는 없는 사실이다.

한편, 의식주는 그 지역의 기후 및 풍토 등 전적으로 자연환경의 영향을 받으면서 형성된다. 그러므로 자연환경이 상이한 한국과 중국의 의식주와 관련된 문화가 서로 다른 것은 너무도 당연한 일이다. 실제 세계 어디를 가더라도, 각 나라마다 혹은 어느 한 나라의 각 지방마다 그 지역의 고유한 의식주와 관련된 문화가 있기 마련이다. 이런 까닭에 문화권을 구분할 때는 의식주 등의 생활양식을 그 근거로 사용하지 않는다. 문화권을 구분할 때 쓰이는 가장 일반적인 방법은 언어 및 사고방식의 일종이라고 할 수 있는 종교의 유사성을 근거로 한다. 따라서 의식주와 관련된 문화에서 발견되는 한·중 양국 문화의 차이만을 가지고 한국문화의 차별성을 강조하는 것은 매우 궁색한 변명이라고 할 수 있다.

언어와 사고방식은 한 나라의 문화 전반에 영향을 줄 수 있는 문화의 기반이자 가장 중요한 지적知的 문화유산이라고 할 수 있다. 또한 이 두 요소는 문화권을 구분하는 기준으로도 사용된다. 따라서 한국인의 언어문화와 사고방식이 중국인의 그것과 서로 유사하다는 사실은, 한국문화가 중국문화의 아류냐 아니냐의 논쟁에서 빠져나갈 여지를 별로 주지 않는다.

언어문화와 사고방식 외에도 한국이 중국의 영향을 크게 받은 또 다른 분야가 있다. 그것은 바로 달력에 관한 것이다. 한국은 오랫동안 중국의 역법曆法 — 이를테면 날짜를 계산하는 방법 — 에 전적으로 의존해왔다. 아직도 설날이나 추석 등과 같은 한국의 전통명절은 중국식 달력을 따르고 있다. 현재 중화권을 제외하고 중국식 달력을 따르고 있는 나라는 전 세계에서 한국과 베트남뿐이다.

과거에는 농경 위주의 사회였고, 오늘이 일 년 중 언제인지를 알아야 이를 기준으로 주요 농사일을 준비할 수 있었다. 이렇듯 당시 달력은 매우 중요한 정보자산이었다. 이런 사실을 고려하면, 한국이 중국의 역법에 오랫동안 의존했다는 것은, 그만큼 한국문화가 중국문화에 많은 영향을 받았다는 또 다른 증거가 될 수 있다. 이에 대한 자세한 논의는 제4장의 「중국에서 온 달력」에서 계속하겠다.

한국어에서 한자어의 비중이 과반을 훌쩍 넘고, 중국에서 유래한 유교가 조선시대 오백 년 동안 국가의 통치이념으로 사용되었다. 게다가 한국의 전통명절이 아직도 중국식 달력에 의해 정해지고 있다. 이와 같이 우리의 선조들이 문화의 기반이 되는 것들을 중국으로부터 들여와 오랫동안 사용해왔다. 이런 탓에 현시점에서 한국문화의 독자성을 주장하기에는 한계가 있다. 그러므로 한국문화가 중국문화의 아류가 아니라고 몇몇 증거를 제시해봐야 외국인들, 특히 중국인들에게는 궁색한 변명처럼 들릴 수 있다.

그렇지만 중요한 사실은, 문화는 예술 작품이나 지적재산권이 걸린 창작품이 아니므로, 문화에 대한 원조 논쟁은 무의미하다는 것이다. 이는 문화의 좋고 나쁨은 그것이 사회의 구성원들에게 도움이 되느냐의 여부로 평가 받아야만 마땅하다는 것이다.[65] 이는 곧 한국이 중국으로부터 배워온 한자와 유교가 과연 한국 사회에, 그리고 더 나아가서는 한국이라는 국가의 존립에 어떠한 영향을 주었는지가 더 중요하다는 것을 의미한다. 또한 이러한 논의를 통해서 과연 일개 주변국이었던 한국이 스승이었던 중국보다 오늘날 여러 면에서 앞선 국가로 성장할 수 있었던 비결을 찾을 수 있다면, 이는 한국은 물론 중국에게도 많은 도움이 될 것이다.

한자문화와 유교문화의 동력

문화권이 지역으로 구분되는 이유는 정보통신 및 교통수단이 발달되지 않았던 과거에는 지리적으로 인접한 국가들 간의 교류만이 가능했기 때문이다. 이는 한국이 중국으로부터 한자문화와 유교문화를 열심히 배운 동기 — 한국문화의 중국화에 대한 동력 — 가 선진문물을 통한 경제적 혜택을 얻기 위해서였다면, 그것을 가능케 했던 기술적 요인은 한국이 중국의 이웃국가라는 지리적 인접성 때문이었다는 것을 의미한다.

한국이 이웃국가인 중국으로부터 문화적으로 많은 영향을 받았다는 사실이 민족주의적 입장에서는 꽤나 자존심 상하는 일이라고 할 수 있다. 그렇지만 역사적으로 한국의 중국문화에 대한 의존은 실보다는 득이 훨씬 많은 경제적인 선택이었다. 즉, 거기에 그럴만한 경제적인 이

---

65 사회규범과 같이 옳고 그름을 나누는 잣대로 사용되는 문화적 요소들이 있다. 이러한 문화적 요소들을 제외하고는, 문화를 공리주의적 시각에서 볼 필요가 있다. 즉, 문화는 사람들의 행복한 삶을 위한 수단 및 방법이지 목적이 될 수 없다. 따라서 고유문화는 좋은 것으로 무조건 보존해야 하는 것이고, 외래문화는 나쁜 것으로 배격해야 한다는 이분적인 태도는 시대에 한참 뒤처진 사고방식일 뿐 아니라 매우 어리석은 태도이다.

유가 없었다면, 한국이 중국문화에 그렇게 오랫동안 의존할 수는 없었다는 것이 문화유물론적인 해석이다.

과거 한·중 양국 간의 문화교류에 대해서 주목해야 할 역사적 사실은 한족이 세운 왕조가 한반도를 침략한 경우는 신라가 삼국을 통일하는 과정에서 당나라와 치른 전쟁(670~676) 이후에는 단 한 차례도 없었다는 것이다. 고려와 조선시대에는 북방 유목민족인 거란족(993, 1010, 1019), 몽고족(1231~1273), 그리고 만주족(1627, 1636) 등의 침입이 있었다. 그러나 고려와 조선은 각각 한족이 세운 송 왕조(960~1279) 및 명 왕조(1368~1644)와는 비교적 좋은 관계를 유지했다. 즉, 고려와 조선의 입장에서 각각 송나라와 명나라는 동아시아 지역 내에서 유일한 문명대국이자 동시에 유일한 우방이었다.

중국의 한족 왕조인 송나라와 명나라는 각각 고려 및 조선왕조에게 크고 작은 간섭을 많이 했다. 하지만 당시 한·중 양국은 적대관계가 아닌 우호관계였다.[66] 이런 의미에서 보면, 조선이 한족이 만든 한자와 유교를 적극적으로 배우고 중국에 사대事大한 것은 지금으로 치면 영어와 민주주의를 배우고 미국과 방위조약을 맺는 것과 유사하다고 할 수 있다.[67] 이렇듯이 당시의 국제정세를 고려하면, 고려나 조선의 중국문화, 특히 한자와 유교에 대한 의존은 여러모로 불가피한 선택이었다고 할 수 있다.

---

66 송나라의 소동파(1037~1101)가 여러 차례 상소를 올려 고려와의 단교를 주장했던 사실은 잘 알려져 있다. 그가 고려를 싫어했던 이유는, 고려가 당시 송나라의 경쟁국인 거란족의 요나라와도 밀접한 외교관계를 유지했고, 또한 송이 고려와의 외교관계, 즉 조공관계를 유지하기 위해 드는 비용이 적지 않은 부담이었기 때문이다. 이는 조공을 바치는 고려보다 송나라가 답례로 베푸는 경제적 비용이 오히려 훨씬 컸다는 것을 의미한다.

67 임진왜란(1592~1598)이 일어나자, 명나라는 십여만 명이나 되는 대규모의 지원군을 조선에 파병했다. 이러한 출혈은 후에 명나라 국력의 약화에 한 요인으로 작용되었다.

과거 고려와 조선의 지식인들이 한자를 배운 가장 큰 이유는 중국으로부터 온 선진문물을 이해하기 위해서였다. 하지만 고려와 조선은 당시 자체의 문자체계가 없었으므로, 그들은 한자를 소통 및 기록의 수단으로도 사용했다. 15세기에 이르러 조선에 세종대왕이라는 걸출한 군주가 있었기에 한글이라는 독창적인 문자가 만들어질 수 있었다. 그런데 만약 그때까지 한자가 문자로서의 역할을 제대로 할 수 없었다면, 한글만큼 체계적이지는 못했더라도 한자를 대신할 만한 어떤 문자체계가 세종대왕 이전에 누군가에 의해서 만들어졌을 가능성이 충분히 있었을 것이다.

　　고려시대에는 구결口訣이라는 방법을 이용하여 한자로 표기할 수 없는 어미나 조사 등과 같은 한국어의 문법 기능어를 표기했다. 만약 한자가 당시 한국에서 문자로서의 역할, 즉 소통과 기록의 역할을 전혀 할 수 없었다면, 고려의 선비들이 구결을 더 보완하여 온전한 문자체계로 만들어 사용할 수도 있었을 것이다. 실제 일본의 가나문자는 그런 식으로 만들어졌다(이에 대한 보다 자세한 논의는 제3장의 『수명을 다한 공용문자』에서 다뤄진다).[68] 이러한 사실을 고려하면, 비록 한자가 한국어를 완벽하게 표현하지는 못했지만, 한자가 그 당시 필요한 만큼의 문자적 역할은 했던 것으로 짐작할 수 있다.

　　요즘은 국가들 간의 경쟁력을 비교하기 위해 각 국가가 매년 생산해내는 특허나 연구논문 등의 숫자를 비교하기도 한다. 특허나 학술지라는 개념이 없던 중세시대라면, 얼마나 많은 전문서적이 출판되었느냐

68　안병희, 「한국어 차자표기법의 형성과 특징」, 『제3회 국제학술회의 논문집』, 한국정신문화연구원, 1984, 116~127쪽.

에 따라 그 사회의 지적 수준을 평가할 수 있을 것이다. 그런데 이러한 중세시대의 고려와 조선은 인쇄술이 이미 상당한 수준으로 발달되어 있었다. 그 당시 출판된 대부분의 서적들은 양반 계급인 선비들을 위한 한자로 쓰인 전문서적이었다. 이는 배우기 어려운 문자인 한자가 당시 지식인들의 지적 갈증을 해소해 주고, 결국 고려와 조선의 국가 경쟁력을 한 단계 이상 끌어올려 준 고마운 존재였다는 것을 의미한다.

한편, 유교, 특히 조선시대의 국가 통치이념이었던 성리학은 조선의 멸망 이후 많은 비판을 받아왔다. 그러나 조선이 오백 년 동안이나 유지되었고, 성리학이 이를 뒷받침해 주었다는 사실은, 최소한 조선의 초, 중기까지는 성리학이 조선에 꽤나 적합한 통치 및 사회이념이었다는 것을 암시한다. 더군다나 당시에는 성리학 이외의 다른 대안이 거의 없었다는 사실도 같이 고려되어야만 한다.

조선후기에 들어서면서 성리학은 갈수록 교조화 되었다. 당시 지배계층인 양반들은 서원書院을 통해 세금을 피하는 등 사회적 책무를 다하지 않고 점차 부패해지기 시작했다. 이는 성리학을 바탕으로 한 사대부 위주의 사회 시스템이 더 이상 제대로 작동하지 못하게 되었다는 것을 의미한다. 이러면서 조선말기 양반들은 급변하는 국제정세를 등한시했고, 이는 결국 조선을 멸망으로 이끌었다.

현대사회에서 유교적 전통에 의해 강조된 집단주의 문화는 비판 받아 마땅하다. 그러나 유교적 이념이 당시의 씨족 공동체를 기반으로 한 조선의 농경사회에서는 나름 적합했던 것도 사실이다. 다만, 세계사를 들여다보면, 과거에 성공했던 전략을 집착하며 개혁을 미루다 결국 실패한 많은 사례들을 확인할 수 있다. 바로 조선시대의 성리학도 이런 사례들 중 하나였던 것이다.

역사적으로 고려나 조선이 지역 내 유일한 문명대국이자 우방국인 중국과 밀접한 교류를 한 것은 정치외교적으로 매우 타당한 선택이었다고 평가할 수 있다. 또한 중국에서 수입한 한자와 유교가 한국 사회에서 오랫동안 나름의 역할을 했다는 사실은, 고려나 조선이 문화적으로 중국에 의존했던 것이 경제적으로도 실보다는 득이 훨씬 많았다는 것을 의미한다.

실익이 없는 독자적 문화

근대화 이후 한국은 더 이상 중국으로부터 그들의 문화를 배우지 않게 되었다. 지금은 오히려 한국문화의 탈중국화가 빠르게 진행되고 있다고 할 수 있다. 따라서 누군가가 한국문화는 중국문화의 아류가 아니냐고 물어본다면, "그렇다고 대답한 뒤 다음과 같이 부연해야 할 것이다. 중국이 세계적 문명대국이었던 과거에는 한국이 중국의 영향을 많이 받아 한국문화에는 중국문화의 흔적이 많이 남아있다. 그러나 지난 세기부터 급속히 진행된 탈중국화로 인해 한국문화는 점차 중국문화로부터 달라져가고 있다.

독자적인 고유문화를 유지하기 위한 가장 분명한 방법은 외부와의 교류를 엄격하게 금하는 것이다. 과거 19세기 중, 후반부에 조선은 실제로 이러한 정책을 실시한 적이 있다. 오늘날에도 자신들의 문화적 정체성을 지키겠다고 남들과의 교류를 제한하는 국가들이 없지 않다. 당연히 이러한 국가들은 현대사회에서 살아남기 힘들다. 이는 또한 문화적 다양성이란 측면에서도 매우 부자연스럽고 부적절한 정책이다. 독자적인 고유문화를 발전시키고 이를 유지하기 위한 또 다른 방법은, 미국이나 중국처럼 인구 및 영토 대국이 되는 것이다. 덩치가 크면 외부에서 어떤 이질적인 것들이 들어와도 모두 자기 것으로 소화하고 포용할 능력이 생긴다. 물론 이것은 현재 한국의 입장에서는 불가능한 방법이다.

한국만 한 크기의 인구와 영토를 가진 국가가 고유문화를 만들고, 이를 유지시켜 독자적인 문화권을 형성한다는 것은, 마치 미국과 같은 대국이 되겠다는 것만큼 실현 가능성이 희박한 일이다. 그러나 국가의 크기가 크지 않더라도 국가의 경제력을 세계 최고 수준으로 키울 수 있다면, 한국도 미국과 같은 문화대국이 될 수도 있다. 그러므로 우리의 후세들에게 고유한 문화를 남겨주고 싶다면 국가의 경제력을 키워야 한다고 주장할 수 있다. 그렇지만 후세에게 고유한 문화를 남겨주는 것보다 더욱 중요한 것은 '좋은' 문화를 남겨 주는 것이다. 왜냐하면 고유한 문화가 모두 좋은 문화라고 할 수는 없기 때문이다.

아시아에서 한국보다 인구도 적고 동시에 영토도 작은 나라는 대만 및 싱가포르 등 불과 몇 개의 나라에 불과하다. 즉, 국가의 크기를 고려하면, 한국이 이만한 독립국으로 잘 생존해 있다는 사실조차 칭찬받을 만한 일이다. 문화유물론의 시각에서 보면, 문화는 사람들이 생존하기 위해 도움을 주는 방향으로 진화한다. 이런 사실들을 종합적으로 고려하면, 여러 난관을 뚫고 한국이 이만큼 생존할 수 있도록 도운 한국문화는 나름 높이 평가 받아 마땅하다.[69]

영국이나 네덜란드와 같은 유럽의 중소국이 세계를 호령했던 적이 있다. 이런 역사적인 사례에 비추어, 한국인이라면 주변국으로만 머물렀던 한국의 역사와 문화에 대해 그다지 자긍심을 갖지 못하고, 이에 대해 불만을 가질 수도 있다. 그러나 여기서 주목해야 할 점은 영국이나 네덜란드 등은 모두 해양국가였다는 사실이다. 동서고금을 막론하고 한국과 같은 정착성 농경국가가 세계를 정복하러 여기저기를 헤집고 다녔던 사례는 거의 찾아 볼 수 없다. 따라서 우리가 탓해야 할 대상은 우리의 선조나 우리의 고유문화가 아니고, 우리에게 주어진 환경 ─ 이를테면 지리적 여건 등의 자연환경 ─ 이라고 할 수 있다. 그리고 이것이 바로 주어진 물질적 조건으로 문화를 해석하는 문화유물론이 주장하는 요점이기도 하다.

---

69 제1장의 「문화DNA는 없다」에서 논의했듯이, 한 국가의 경제발전은 그 나라의 경제 정책에 의해 크게 영향을 받는 반면, 사회규범 등과 같은 문화적 요소들과의 직접적인 연관은 없다. 하지만 그렇다고 문화가 국가의 경제 혹은 사회발전에 전혀 기여하지 않는다는 것은 아니다. 예를 들면, 한글은 국가정책의 결과물이라고 할 수 있지만, 한국의 사회발전에 크게 기여한 문화유산이기도 하다. 즉, 문화의 진화방향은 국가정책에 의해 결정되지만, 이때 만들어진 문화유산이 향후 국가의 경제 혹은 사회발전에 도움을 줄 수도 있다.

제3장

한국문화의 탈중국화

수명을 다한 공용문자
아름다운 나라 혹은 쌀의 나라
자유분방한 한국어
양자택일
한국, 문화변용의 성공사례

수명을 다한 공용문자 ────────────

간체와 병음

앞서 제2장의 「한자어는 외래어?」에서 약 백 년 전 중국에서 있었던 '백화운동'이라는 문체 개혁운동에 대해서 언급했다. 이 개혁운동이 한창일 때 이 운동의 주제였던 '고답적인 문체를 쓰지 말자'는 주장보다도 훨씬 과격한 주장이 동시에 제기되었다. 그것은 바로 한자의 사용을 차제에 완전히 금지하고, 표음문자 체계인 로만 알파벳으로 대체하자는 것이었다.

이러한 주장을 한 사람은 다름아닌 루쉰(1881~1936)이었다. 루쉰은 소설 『아큐정전阿Q正傳』(1921)으로 유명한 작가이자, 중국에서 가장 존경 받는 현대 사상가이다. 당시 많은 중국의 지식인들에게 영향을 주었던 그는 한자의 폐해를 지적하며, "한자가 망하지 않으면 중국이 반드

시 망한다"라고 역설했다.[1]

루쉰이 한자의 사용을 금하고 로만 알파벳을 도입해야 된다고까지 주장했던 이유는, 한자가 너무도 배우기 어려운 문자인 탓에 대부분의 중국인들이 문맹을 벗어날 수 없었던 당시의 참담한 현실 때문이었다. 새로이 정권을 잡은 중국의 공산당도 중국 인민들의 높은 문맹률을 해결하기 위해 고심했다. 1958년에 중국 정부는 그 결과물로 '병음倂音, Pinyin'이라는 새로운 문자체계를 발표했다. 병음은 중국어를 발음대로 표기하기 위해 로마자로 만든 일종의 표음문자 체계로 영어의 발음기호와 비슷한 것이라고 할 수 있다.[2]

이후 중국 정부는 1964년에 '단순화시킨 한자'라는 의미의 '간자체簡字體'를 발표했다. 이는 기존의 복잡한 획수를 대폭 줄여 단순화시킨 한자라고 할 수 있다. 현재 약 2천여 자의 간자체가 공식적으로 사용되고 있다. 루쉰의 바람만큼 로마자로 만든 병음이 한자를 완전히 대체하지는 못한 셈이다. 아무리 인민의 절대적인 지지를 받았던 마오쩌둥(1893~1976)이라도 한자를 단칼에 없앤다는 것은 어려운 일이었을 것이다.[3] 결국 중국인들은 자신들의 오랜 문자인 한자를 약간 손보는 정도로 타협해야 했다.

한자가 자신의 종주국에서 살아남기 위해 포기한 것은 한자만이 가지고 있던 '표의성表意性'이었다. 한자에 좀 익숙한 사람이라면, 처음 보

---

1   「魯迅爲何如此痛恨漢字："漢字不滅, 中國必亡"」, 『人民网』, 2010.12.7.
2   병음은 로마자로 표기되어 있지만, 그 읽는 방법이 영어와는 조금 다르다. 그래도 중국에서는 거리의 이정표 등에 한자와 함께 이런 병음이 같이 표기되어 있어서, 한자를 전혀 모르는 외국인도 병음을 영어식으로 대충 읽으면 현지 중국인들도 어느 정도 이해한다.
3   리 소테츠, 이동주 역, 『한자문화, 어디로 가나』, 기파랑, 2010, 241쪽.

는 한자라도 그것이 대충 어떻게 발음되고, 또한 무엇을 의미하는지를 짐작할 수 있다. 이것이 바로 표의문자인 한자가 지닌 특성이자 장점이다.[4] 이에 반해 로만 알파벳, 한글, 가나문자 등과 같은 표음문자는 그것들 자체가 각각 어떻게 발음되는지에 대한 정보는 보여주지만, 그것이 무엇을 의미하는지에 대한 정보는 별도의 학습을 필요로 한다. 결국 한자가 본질적으로 지녔던 표의성이 이제 간자체에는 별로 남아 있지 않게 되었다.[5]

현재 간자체를 사용하는 동아시아 국가는 중국 본토뿐이다.[6] 반면, 홍콩, 대만, 한국 등지에서는 여전히 전통적인 '번자체繁字體' 혹은 '정자체正字體'를 고수하고 있다. 일본의 경우도 번자체의 사용을 기본으로 하고 있다. 다만, 일본에서는 일부 빈번히 사용되는 한자에 대해서는 모양을 약간 단순화시킨 소위 '약자略字'를 자체적으로 만들어 쓰고 있다. 이런 식으로 동아시아의 한자문화권이 다양한 형태로 분열되었다. 이제 한자를 '동아시아의 공용문자'라고 더 이상 부를 수 없게 된 것이다(중국과 일본에서 각자의 방법으로 한자를 단순화시켰는데, 이때 기존의 복잡한 모양의 한자가 '같은 발음'의 단순한 한자로 대체되면서 새로운 한자어가 생겨나기도 했다. 그 결과, 동아시아에서 공통적으로 사용 가능한 한자어의 수는 감소되었다[7]).

---

4   앞에서도 언급했듯이, 각각의 한자는 의미뿐만이 아니라 발음도 가지고 있으므로, 엄밀한 의미에서 한자는 표어문자(表語文字, logogram)이다.
5   한자의 모양을 단순화할 때, 한자가 가진 의미가 아닌 발음을 그 기준으로 삼기도 했다.
6   동남아국가인 말레이시아 및 싱가포르에는 중국계의 인구 비중이 큰 편인데, 이들 화교사회에서는 간자체를 사용한다.
7   성명진, 「한자문화권에 대한 재검토—동아시아 3개 국어에 있어서 한자의 표음성과 관련하여」, 『한국문화연구』 28, 2015, 213~247쪽.

동아시아에 오랫동안 유지되었던 한자문화권이 이렇게 붕괴되기 시작했음을 공식적으로 알린 역사적 사건은 바로 한자의 종주국인 중국에서 간자체를 사용하기 시작한 것이라고 할 수 있다. 이것은 불과 반세기 전에 시작된 일이다. 그러나 한자문화권이 붕괴될 조짐은 실제로 이미 천여 년 전에 중국의 이웃나라에서 나타났다. 그리고 이러한 조짐이 나타났던 이유는 한자가 배우기 어려운 문자였기 때문이 아니라, 한자문화권에 속한 이웃나라들의 언어가 중국의 한어와는 달라 이들을 한자로 표현하기가 매우 어려웠기 때문이다.

한자문화권의 붕괴

한국 사람들에게 잘 알려져 있지 않은, 세계 문학사에서 중요한 사실이 하나 있다. 그것은 세계 최초의 소설이 중국이나 고대 그리스가 아닌 일본에서 나왔다는 것이다. 그 소설은 짤막한 단편도 아닌 등장인물이 약 오백 명이나 되는 방대한 분량의 장편소설이다. 더 놀라운 사실은 그러한 장편소설이 지금으로부터 약 천여 년 전에 쓰였다는 것이다. 그 소설은 바로 11세기 초 일본의 헤이안平安 시대에 쓰인 『겐지 이야기源氏物語』이다.[8] 당연히 일본인들은 『겐지 이야기』를 무척 자랑스럽게 여기고 있다. 많은 일본 학자들은 이 소설을 고대 일본 문학의 최고 걸작이라고 칭송하기도 한다.[9]

---

8   박규태, 『일본정신의 풍경』, 파주 : 한길사, 2009, 51~54쪽.
9   『겐지 이야기』의 저자는 무라사키 시키부(973?~1014/1025?)라는 여성인데, 바로 일

현재까지 알려져 있는 한국 최초의 소설은 김시습(1435~1493)이 지은 한문소설집『금오신화金鰲新話』에 소개된 다섯 편의 단편소설들이다. 한국의『금오신화』와 일본의『겐지 이야기』사이에는 약 오백 년이라는 시간의 간극이 있다. 그렇다면 최초의 소설이 탄생되는데 무엇이 두 나라 사이에서 이렇게 엄청난 시차를 만들었을까?

이에 대한 명확한 해답을 얻기 위해서는 양국의 다양한 상황들을 자세히 살펴볼 필요가 있지만, 여기서 한 가지 분명한 사실은 일본에서는 이미 헤이안 시대에 많은 사람들이 그들의 표음문자인 가나仮名문자를 일상적인 표기수단으로 사용했다는 것이다. 특히 히라가나平仮名는 당시의 여류문인들이 주로 사용하던 표기수단이었다.『겐지 이야기』는 바로 이 히라가나로 쓰였다. 따라서 당시 일본에 가나문자가 없었다면, 세계 최초의 소설인『겐지 이야기』도 쓰이기 어려웠을 것이다.

한자문화권의 한국과 일본은 역사적으로 오랫동안 한자를 공식적인 표기수단으로 사용해 왔다. 한자는 중국으로부터 수입한 한자 어휘를 표기하기에 당연히 완벽했다. 그러나 한국어와 일본어에 존재하는 '고유어'와 '문법 기능어'(예: 조사, 어미 등)를 한자로 표기하기에는 많은 제약이 있었다. 이런 까닭에 한국과 일본에서는 이를 보완하기 위해서 나름의 편법을 고안했다.

훈민정음 창제이전 우리 선조들이 한국어를 표기하기 위해 사용했던 방법은 향찰鄕札, 이두吏讀, 구결口訣 등이다. 이들을 대략적으로 설명하자면, 고유어는 한자의 뜻에 해당하는 훈訓을 빌려서, 그리고 문법 기

본의 2천 엔권 지폐의 주인공이다.

능어는 한자의 음音을 빌려 표기했다.

일본의 헤이안 시대는 한국의 고려시대와 엇비슷한 시기인데, 고려의 선비들이 주로 사용했던 표기법은 구결이었다. 구결은 한문으로 쓰인 원문에 우리말의 토씨를 한자의 음을 빌어 가필加筆할 때 쓰던 방법이었다. 여기서 한 가지 주목할 점은, 구결에서는 종종 한자의 형태를 단순화시켜 사용했다는 사실이다. 그리고 이렇게 한자의 형태를 단순화시켜 표음문자처럼 사용하던 방식이 좀 더 확장되어 일본에서 가나문자가 만들어졌다.

중국어와 언어 유형학적으로 많은 차이가 있는 한국어 및 일본어는 한자만으로는 제대로 표기하기가 어렵다. 이런 이유로 한국과 일본에서는 나름의 해결책을 찾게 되었고, 결국 각자의 표음문자 체계를 만들어야만 했다. 일본의 가나문자가 훈민정음에 비해 훨씬 일찍 만들어질 수 있었던 이유는, 한국 및 일본에서 오랫동안 사용되었던 한자의 차자借字 표기법을 가나문자에 그대로 활용했기 때문이다.[10] 그리고 이렇게 만들어진 표음문자 체계는 일본에서 세계 최초의 소설이 나올 수 있게 한 밑거름이 되었다.

훈민정음은 세종대왕에 의해 창제되어 1446년에 반포되었다. 이는 한국도 드디어 한자문화권의 이탈에 동참할 준비가 되었다는 것을 의미한다. 훈민정음의 원래 의미는 '백성民들에게 바른 소리正音를 가르치다訓'이다. 실제 훈민정음, 즉 한글은 정확한 한자의 발음을 가르치기 위한 수단으로도 사용되었다. 『동국정운東國正韻』(1448)이 바로 이를 위

---

10 일본어에 비해 한국어에는 구별 가능한 음절의 수가 훨씬 많다. 따라서 일본의 가나문자와 같은 차자 표기법을 활용하는 방식으로는 한국어를 제대로 표기하기가 매우 어렵다.

한 서적이었다. 그러나 결국 한글은 예전의 이두나 구결을 대신하여 한자로 표기하기 어려웠던 한국어의 고유어 및 문법 기능어를 표기하는데 주로 이용되었다. 이런 식으로 한자와 한글의 역할이 구분되면서 국한문國漢文혼용이 한동안 표준으로 자리 잡게 되었다.

1948년에 대한민국 정부가 수립되고, 곧 이어서 한글전용에 관한 법률이 제정되었다. 이것은 한국이 한자문화권에서 이탈한다는 공식적인 선언이라고 볼 수 있다. 그리고 2005년에 개정된 국어기본법에 따라, 지금은 한자병기가 필요한 경우에 한해서만 공식적으로 허용되고 있다.[11] 한국어에 여전히 한자어는 많이 남아있지만, 이제 한국에서 한자의 사용은 눈에 띄게 줄었다.

한자문화권의 한 축을 이루었던 베트남은 이미 오래전에 한자의 사용을 전면 폐지했다. 베트남은 역사적으로 천여 년의 오랜 기간 동안 중국의 직접적인 지배(B.C. 111~A.D. 938)를 받은 적이 있다. 이런 까닭에 베트남어에서 한자어의 비중은 상당히 높은 편이다. 그런데 19세기 말에 프랑스가 베트남을 식민지화(1885~1945)하면서 상황이 급변했다.

식민지 정책의 일환으로 '꾸옥응으'라는 표음문자가 베트남의 공식문자로 지정되었다. 이 새로운 문자체계는 로마자에 성조를 첨가하여 만든 것이다. 이와 더불어 베트남에서는 한자의 사용이 공식적으로 금지되었다. 이것은 일제강점기에 한국도 경험한 바 있는 일종의 민족말살 정책이라고 할 수 있다. 즉, 베트남에서는 한자가 베트남어를 제대로 표기하기에 적절하지 않다는 언어학적 이유에서가 아니라, 식민지

---

11 한글전용은 시행되고 있는 반면, 한자 의무교육에 대한 정책은 분명한 입장을 내놓지 못하고 시류에 좌우되고 있는 실정이다.

정책의 일환으로 오랜 전부터 한자의 사용이 금지되었던 것이다. 오래 전부터 한자의 사용이 폐지된 탓에, 대부분의 베트남 사람들은 한국 사람들보다도 한자에 익숙하지 못하다.[12]

앞서 언급했듯이, 일본은 한자문화권 나라들 중에서 가장 먼저 자체의 표음문자를 사용하기 시작했다. 19세기 근대화가 한창 진행되던 시기에는 '한자사용의 전면 폐기' 및 '영어의 공용어 지정' 등과 같은 과격한 의견들이 등장하기도 했다.[13] 그러나 일본도 중국과 마찬가지로 타협점을 찾았다. 현재 일본인들은 한자를 가나문자와 혼용하여 적극적으로 사용하고 있다. 비중화권으로서 한자를 가장 많이 사용하고 있는 나라가 바로 일본인 셈이다. 이렇게 일본이 한자사용을 전면 폐지하지 못하는 이유에 대해서는 이 장의 후반부에서 자세히 논의하겠다.

한자문화권이 소멸된 이유

일본 가나문자의 '가나假名'는 원래 '가짜 글'이라는 의미였다. 그렇다면 진짜 글은 따로 있다는 것인데, 그 진짜 글이란 바로 한자였다. 한글도 한동안 '점잖지 못한 말을 적은 글'이라는 의미로 '언문諺文'이라고 불렸다. 이렇듯 과거 한국과 일본에서는 한자를 엄격히 받들고, 자신들의 표음문자를 하대했다. 이런 태도는 중국에 대한 사대事大에서 비롯되었

---

12 「한자 잃어버린 베트남도 '한자부활' 움직임」, 『세계일보』, 2011.7.1.
13 일본 초대 문부대신으로 일본 근대 교육제도의 기반을 닦은 모리 아리노리(1847~1889)가 영어를 국어로 삼자고 주장했다.

다고 주장할 수 있지만, 거기엔 나름대로 분명한 경제적 이유가 있었다.

과거 한자가 한국이나 일본에서 중요했던 가장 큰 이유는 중국으로부터 들여오는 선진문물들이 모두 한자로 쓰여 있었기 때문이다. 일본에서 『겐지 이야기』 등의 가나문자로 쓰인 문학작품들이 나오고, 한국에서는 훈민정음이 반포된 후 사람들이 한글로 편지를 주고받게 되었지만, 양국의 지식인들이 배우고자 하는 새로운 사상과 지식은 여전히 중국으로부터 왔다. 이는 그 당시 한자로 쓰인 글이나 서적들은 정보로서의 가치를 지녔던 반면, 한글이나 가나로 쓰인 것들에는 그만한 가치가 아직 없었다는 것을 의미한다.

과거 농경사회에서 연장자들을 공경해야 했던 이유는 그들의 경험이나 지혜가 농사일에 큰 도움을 주었기 때문이다. 이와 마찬가지로 한자로 적힌 글이나 서적이 여전히 경제적 가치를 지녔기 때문에 한국 및 일본은 각각 자신들의 새로운 표음문자를 얻게 된 이후에도 지배 계층인 지식인들은 한자를 계속 우대했다.

약 반세기 전부터 중국에서는 병음체계를 만들어 중국어를 로마자로 표기하기 시작했고, 이와 더불어 간자체를 만들어 한자를 간소화했다. 이는 중국이 자신들의 과거와 단절하겠다는 것을 의미한다. 중국인들은 수천 년간 축적해온 지적 노력의 결실인 그들의 '고전'을 자랑스럽게 여겨왔다. 그러나 이제 중국은 그것을 통해 얻을 수 있는 경제적 혜택이 어려운 한자를 배우면서 감수해야 할 고통과 낭비에 비해 그다지 크지 않다고 판단하게 된 것이다. 한국에서 한글전용 정책을 시행하게 된 이유도 바로 이런 이유에서였다고 할 수 있다. 이제 한국인들은 어려운 한자를 배우면서까지 중국으로부터 새로이 배울 만한 것이 더 이상 없다고 판단하게 된 것이다.

앞서 설명했듯이, 동아시아에서 한자문화권이 만들어지게 된 동력은 이웃국가들이 한자를 통해 중국의 선진문물을 배우면서 얻을 수 있었던 '경제적 혜택'이었다. 그리고 이를 가능케 했던 기술적 요인은 한어와는 별도로 한자만 습득해서 사용할 수 있다는 점과 그러한 한자가 지닌 시대 초월성이었다. 그러나 근대 이후 서구 국가들의 국력이 중국을 압도하게 되자, 한국 등의 이웃국가들이 배워야 할 선진문물의 대상은 더 이상 중국이 아닌 서양으로 바뀌었다. 이는 그동안 동아시아에 한자문화권을 만들고 유지시켰던 동력이 사라졌다는 것을 의미한다.

이와 동시에 한자가 지닌 시대 초월성도 도전을 받게 되었다. 과거에는 배워야 할 지식의 양이 그리 많지 않아 몇 권의 고전을 읽는 것으로 충분했지만, 이제는 상황이 완전히 바뀌었다. 정보통신과 교통수단이 발달하면서 세계 각지에서 새로운 정보가 쏟아져 들어오는 상황이 된 것이다. 이는 현대를 살아가는 우리가 습득해야 할 지식 중에서 고전이 차지하는 비중이 미미해졌다는 것을 의미한다.

새로운 정보가 홍수처럼 밀려들어오는 요즘과 같은 시대에는 그것을 빨리 읽고 가급적 많은 사람들과 공유하는 것이 무엇보다도 중요해졌다. 이러한 용도로는 표음문자가 한자보다 훨씬 유리하다. 이에 대한 논의를 위해서 다음의 예문을 살펴보자.

"구글의 알파고가 승리한 배경에는 머신러닝이라는 기법이 있다."

위의 예문은 한 신문기사에서 발췌한 것으로, 2016년 전 세계를 떠들썩하게 했던 한국의 프로 바둑기사와 미국의 인터넷 기업 구글이 개발한 '알파고'라는 이름의 인공지능이 겨룬 세기의 바둑 대결에 관한 내용이다. 이 짧은 문장에는 '구글'과 '알파고'라는 두 개의 영어 고유명사와 '머신러닝'이라는 영어 신조어가 포함되어 있다. 한국 사람이라면 이러한 단어들이 각각 구체적으로 무엇을 의미인지는 정확히 몰라도 이 문장의 대략적인 의미는 파악할 수가 있다.

한국어에서와는 달리 위의 예문에 포함된 세 개의 영어 외래어를 모두 한자로 표기하면, 제 아무리 한자에 익숙한 중국인이라도 각각의 어휘는 말할 것도 없고 이 문장이 대략적으로 무엇을 의미하는지조차 파악하기가 힘들다.[14] 이렇듯이 이제 한자는 가장 큰 장점이었던 시대 초월성보다는 매일 쏟아져 나오는 신조어를 한자로 표기하기에는 너무 불편하다는 단점이 심각히 부각되고 있다.

동음이의어

한자는 배우기 어렵지만, 한자어를 한자로 표기하면 가독성可讀性을 높일 수 있다는 장점이 있다. 예를 들어 [정]이라고 발음하거나 이것을 한글이나 영어 등의 표음문자로 표기하면, 그것이 '正'을 의미하는지 혹은 동음이의어同音異義語인 '情' 또는 '亭'인지를 분별하기 어렵다. 한

---

14 한국어에서는 어절마다 띄어쓰기를 하지만, 중국어를 한자로 표기할 때에는 이러한 띄어쓰기가 없다. 따라서 낯선 외래어나 신조어가 문장에 포함된 한문의 해석은 그만큼 복잡하고 까다로울 수밖에 없다.

국어는 중국어보다 월등히 많은 다양한 발음들을 표현할 수 있지만, 중국어의 성조聲調와 같은 것이 없는 탓에 한자어에 대한 동음이의어가 중국어만큼이나 많다.

다행스럽게도 한 글자가 아닌 두 글자 이상으로 조합된 한자 어휘인 경우, 동음이의어에 의한 혼란은 현저히 줄어든다. 따라서 이들을 한글로 표기해도 큰 불편이나 혼동은 없다. 이런 까닭에 대부분의 한국 신문에서는 한 글자로 이뤄진 한자 어휘의 경우에만 한자로 표기하거나 혹은 한글과 한자를 병기한다. 또한 일상생활에서는 한 글자로 된 한자 어휘를 사용하는 경우가 그리 많지 않으므로, 보통의 한국 사람이라면 전자우편이나 SNS 등에서 한자를 아예 사용하지 않아도 큰 불편이 없다.

한편, 일본어의 경우는 한국어와는 사정이 매우 다르다. 로만 알파벳이나 한글은 음소문자alphabetic letters, phonetic letters이다. 이에 반해 일본의 문자인 히라가나는 음절문자syllabic letters이다(일본어에서 한자와 병기할 때 사용되는 문자가 히라가나이다). 이는 히라가나의 총 문자 개수가 곧 일본어에서 구별 가능한 총 발음의 수라는 것을 의미한다.

히라가나는 총 50개의 음으로 구성되어 있고, 탁음濁音 및 반탁음半濁音의 구별을 위해 변형시킬 수 있는 장치도 있다. 하지만 이들을 모두 합해도 가능한 총 발음의 수는 2백 개가 되지 않는다. 반면, 한글은 이론적으로 구별 가능한 발음의 수가 3천 개 이상이다(한글은 실제 발음상으로는 구별이 힘든 음절들도 표기로는 분명히 구별할 수 있는 경우가 많다. 그러나 히라가나는 그러하지 못하기 때문에 구별 가능한 음절의 수가 그만큼 제한적이다[15]).

---

15   한국어에는 서로 발음상의 구별이 어려움에도 불구하고, 한글로 표기 시에는 명확히 구별되는 음절들이 많이 있다. 예를 들면, '낟', '낫', '낮', '낯', '낱', '낳' 등의 음절들은

일본어는 구별 가능한 발음의 수가 매우 제한되어 있고, 중국어에서와 같은 성조도 없다. 이런 이유로 일본어에서는 두 글자 이상으로 조합된 한자 어휘인 경우에도 동음이의어가 한국어에 비해서 훨씬 많다. 이를 확인하기 위해서 다음과 같이 두 글자로 이뤄진 여섯 개의 한자 어휘를 살펴보자.

광주光州

항주杭州(중국의 도시)

구취口臭

공중公衆

갑주甲州(일본의 도시)

강습講習

위의 한자 어휘들은 한국어로는 모두 그 발음들이 서로 명확히 구별된다. 이들의 중국어 발음은 각각 [꽝조우], [캉조우], [코우초우], [꽁종], [지아조우], [지앙시]이다. 따라서 군이 성조를 표시하지 않고도 이들 여섯 단어들은 서로 다르게 발음되는 것을 알 수 있다. 반면, 이들은 일본어로 모두 [고우슈우こうーしゅう]로 발음된다.[16] 이와 같이 일본어에는 한자어의 동음이의어가 매우 많다. 이것이 바로 일본어에서 한자

모두 발음상으로는 서로 구별하기 힘들지만, 표기상으로는 분명히 구별된다. 이와 같이 동음이의어의 경우에도 한글로 표기하면 구별 가능한 경우가 있다. 반면, 일본어의 히라가나는 워낙 그 수가 제한되어 있어, 동음이의어의 경우 그것을 히라가나로 표기해도 역시 구별이 불가능하다.

16   http://detail.chiebukuro.yahoo.co.jp/qa/question_detail/q1346670993, 2013.5.1.

를 적극적으로 사용할 수밖에 없는 가장 큰 이유이다.

일본어에 비하면 그 빈도가 훨씬 덜하지만, 한국어에서 사용되는 한자어를 한글로 표기할 때 역시 동음이의어에 의한 혼란이 있을 수 있다. 이런 까닭에 한자와 한글을 혼용해야 한다는 주장이 있다. 그러나 문제는, 글에서는 한자를 병기함으로써 동음이의어의 혼란을 피할 수 있지만, 말, 즉 구어에서 한자어를 사용할 때는 동음이의어에 의한 혼란을 해결할 방법이 없다는 것이다.

앞서 제2장 「말이 먼저, 생각이 먼저?」에서 '의식儀式'이라는 한자어가 자주 사용되었다. 그때마다 나는 괄호 안에 한자를 병기해야만 했다. 물론 그 이유는 동음이의어인 '의식意識'과 구별하기 위해서였다. 그러나 학술회의나 강의에서와 같이 글이 아닌 말로써 설명해야 하는 경우라면, 동음이의어의 문제가 있는 '의식儀式'이라는 한자어보다는 분명한 변별성을 갖춘 '리추얼ritual'이라는 영어 외래어를 사용하는 것이 의사전달의 정확성에 보다 효율적이다.[17]

어휘의 생명은 그것이 고유어든 외래어든 상관없이 발음상 혹은 표기상의 변별성이다. 변별성이 희박한 어휘들은 자연스럽게 사용 빈도가 떨어지게 마련이고, 결국 변별성이 명확한 다른 어휘로 대체된다. 앞서 제2장의 「한자어는 외래어?」에서 논의했던 한자어 '점심'의 사례를 다시 살펴보자. 하루 중의 시간을 표현할 때 우리는 '아침' 및 '저녁'이라는 고유어를 일반적으로 사용한다. 이와는 달리, '낮'이라는 고유어는 별로 사용하지 않고, 이를 대신해서 '점심때'라는 혼종어나 '정오'

---

17   이는 곧, 한자를 사용하지 않고 한글만으로 표기해야 한다면, 동음이의어가 많은 한자어의 사용을 꺼리게 된다는 것을 의미한다.

라는 한자어를 더 자주 사용하는 편이다. 그 이유는 무엇일까?

고유어 중에는 단음절로 된 어휘들이 많이 있다. 그 이유는 이러한 어휘들이 만들어진 당시의 사회가 그리 복잡하지 않았기 때문이라고 설명할 수 있다. 먼 옛날에는 사용되는 단어의 수가 그리 많지 않았기 때문에 변별성이 떨어지는 단음절 단어들을 사용해도 그다지 불편하지 않았다. 그러나 사회가 복잡해지면서 사용해야 할 어휘의 수가 기하급수적으로 늘어났다. 이런 상황에서는 단음절로 된 단어들에 대한 동음이의어의 문제가 부각될 수밖에 없다.

예를 들어 우리가 [낟]이라고 발음하면, 그것이 낱개를 의미하는 '낱'인지, 혹은 농기구인 '낫'인지, 그것도 아니면 얼굴을 뜻하는 '낯'인지 구별이 어렵다. 이런 식으로 동음이의어에 의한 혼란이 생기면, 언중은 자연히 효율적인 의사소통에 장애가 되는 그 단어의 사용을 회피하게 되고, 결국 비슷한 의미의 외래어가 그것을 대체하게 된다. 이렇듯 우리가 '낯'이라는 고유어를 자주 사용하지 않게 된 이유는 그것이 유사한 발음의 다른 단어들과의 변별성이 떨어지기 때문이다. 그리고 이러한 경우 그 단어가 고유어인지 혹은 외래어인지 여부는 중요하지 않다.

한글은 표음문자이므로 다른 표음문자를 사용하는 외국어, 즉 중국어를 제외한 대부분의 외국어를 표기할 때 별다른 문제가 없다. 실제로 한국어에서 내부분의 농음이의어와 관련된 문제는 한자어를 한글로 표기할 때 발생되며, 영어 및 일본어 등에서 온 외래어를 한글로 표기할 때나 발음할 때는 거의 발생되지 않는다. 따라서 앞서 논의된 '리추얼'의 사례처럼, 앞으로는 동음이의어의 혼란이 많은 한자어보다는 이런 문제가 거의 없는 영어식 외래어가 더 자주 사용될 것이라고 예상할 수 있다.

반면, 일본어의 경우는 한자어에 대한 동음이의어의 문제가 심각하기 때문에 일본에서는 한자를 적극적으로 사용할 수밖에 없다. 그런데 이렇듯 한자의 사용에 너그러운 일본어에서 의외로 많은 영어식 외래어를 발견할 수 있다. 일본의 가나문자 중 하나인 가타가나는 바로 이런 외래어표기에 주로 사용된다. 앞서 언급된 '리추얼'은 가타가나로 'リチュアル[리추아루]'로 표기되어 사용된다. 이런 식으로 일본은 영어식 외래어도 아무런 거리낌 없이 사용한다.

한국에는 가능하면 외래어보다는 고유어나 한자어를 사용해야 한다는 강박이 있다. 반면, 일본인들은 전혀 그렇지 않아 보인다. 이러한 그들의 모습은 문화에 대한 공리주의적 태도라고 설명할 수 있다. 공리주의란 '최대 다수의 최대 행복'을 목적으로 하며, 그 외의 것들은 모두 수단에 불과하다는 개념이다. 그러므로 문화에 대한 공리주의적 태도란, 그것이 언어이든 무엇이든 상관없이 '문화란 그 사회 구성원들의 생활에 도움을 주어야만 하는 하나의 도구에 불과한 것이며, 문화 그 자체가 목적이 될 수 없다'는 것을 의미한다.

일본어에서 한자를 적극적으로 사용하는 이유는 한자어의 동음이의어와 관련된 문제를 해결하기 위한 것이다. 이와 마찬가지 이유로, 의사소통에 더 효과적이라면 영어든 한국어든 국적에 상관없이 어떤 어휘라도 적극적으로 들여와 사용할 수 있다는 것이다. 이는 곧 공익을 우선한다는 것을 의미한다.

한국어에서 한자어를 표기할 때 한글과 한자를 병용하는 것은 독자들의 이해를 높여주는 친절한 배려가 될 수 있다. 하지만 매번 한자어에 대해 꼬박꼬박 한자를 병기해야 할 저자의 입장에서 한자의 병기는 일이 배가되는 고역을 의미한다. 요즘은 누구나 컴퓨터 및 스마트기기를 이용해서 문서를 작성하고 다른 사람들과 의사소통을 한다. 이때 대부분은 자판을 이용하는데, 경험한 사람이라면 모두가 알 수 있듯이 한자의 입력 작업은 꽤나 번거로운 일이다.

한국인들이 자판을 이용해서 한자를 입력하는 방식은, 우선 한글로 한자의 음을 입력한 후, 이 음에 해당하는 여러 개의 한자들 중 자신이 원하는 것을 고르는 것이다. 만약 한글이나 로만 알파벳 등의 표음문자를 사용하지 않고 한자를 입력해야 한다면 어떻게 해야 할까? 당연히 제한된 숫자의 자판으로 수천 개의 한자들을 입력하려면 여러 가지 복잡한 편법들이 동원될 수밖에 없다. 중국인들 중에는 병음을 배우지 못한 사람들이 적지 않다. 그동안 이들을 위한 다양한 방법들이 개발되어 왔음에도 불구하고, 그 모든 방법들은 하나같이 쉽지 않다.

컴퓨터나 스마트기기의 자판에서 한자를 입력하는 방법이 쉽지 않다 보니, 나이 든 홍콩인들 중에는 아예 이러한 한자의 입력 방법을 배우지 않는 이들도 적지 않다. 그들은 대부분의 문서를 영어로 작성하거나, 한자가 꼭 필요한 경우에는 이를 손글씨로 작성해서 팩스로 보내는 방법을 사용할 정도이다. 젊은 홍콩 학생들 대부분도 스마트폰으로 한자를 입력해야 할 때 복잡한 자판이용 방법을 피하고 한 획씩 그려가며 한자를 입력한다.

주시하듯이 스마트기기의 한글자판은 다른 어느 나라 언어의 자판보다도 간단하다. 그런데 여기에 한자 입력을 같이 해야 한다면 작업이 상당히 복잡해진다. 한자를 사용하려면 읽기뿐만이 아니라 쓰기도 동반되어야 하는데, 그렇게 하려면 한글만이 지닌 독보적인 정보화기기와의 호환성이 상당히 희생될 수밖에 없다.

아름다운 나라 혹은 쌀의 나라 ——————

레스토랑과 식당의 차이

몇 년 전 일본의 한 신문기사에 따르면, 일본의 한 남성이 국영방송국 NHK를 고소했다고 한다. NHK의 방송 프로그램에서 외래어를 너무 남용하여 시청자의 한 사람으로서 그가 정신적으로 스트레스를 받았다는 것이 그 이유였다.[18] 그 일본인 남성이 제시한 외래어 남용의 사례는 '리스쿠リスク, risk', '토라부루トラブル, trouble', '시스테무システム, system' 등이었다. 위의 세 단어는 모두 한국의 방송이나 신문 등에서도 자주 사용되는 영어이다. 이들을 한글로 표기하면 각각 '리스크', '트러블', '시스템'에 해당된다. 과연 한국과 일본에서는 외래어, 특히 영어식 외래어를 남용하고 있는 것일까?

과시나 속임수를 위해 필요 이상의 어려운 전문용어나 외래어를 남발하는 사람들이 분명히 우리 주변에는 있다. 그러나 효과적인 의사소통을 위해 부득이 외래어를 사용해야만 하는 경우가 분명히 있다. 앞의 「수명을 다한 공용문자」에서 설명했듯이, 동음이의어에 의한 혼란을 피하기 위해서 한자어를 대신해 영어식 외래어를 사용하는 경우가 있다. 또한 서구에서 온 개념 및 문물에 대한 경우 영어식 외래어를 사용하는 것이 당연히 좀 더 정확하고 효율적일 수 있다. 이에 대한 좋은 예

---

18 "Gifu man, 71, sues NHK for distress over its excess use of foreign words", *The Japan Times*, 2013.6.27.

가 바로 위에서 언급된 '리스크'이다.

'리스크'를 한국어로 번역하면 '위험'이라고 할 수 있다. 그런데 역으로 이 한자어 '위험'을 영어로 번역할 때는 'risk'가 아닌 'danger'로 번역된다. 영어에서 'danger'란 물에 빠지거나 감전되는 등 자칫 잘못하면 목숨을 잃을 수도 있는 그런 심각한 종류의 위험을 뜻한다. 이에 반해 'risk'라는 말에는 '모험'이라는 의미가 포함되어 있어, 주로 기회나 금전을 잃을 수 있는 그런 종류의 위험을 뜻한다. 이런 이유로 'risk'를 '비용'이라고 번역하는 경우도 있다. 따라서 '투자 리스크'를 직역해서 '투자 위험'이라고 번역한다면, 화자話者가 전달하고자 하는 본래의 의미가 왜곡될 수 있다.

각각의 단어에는 그것이 사용되는 사회의 문화적 의미가 내포되어 있다. 이를테면, 한국 사람들이 생각하는 사과와 미국 사람들이 생각하는 사과가 모양, 맛, 선호도 등에서 실제로 다를 수 있다. 특히 위에서 언급한 '리스크'와 '위험' 두 단어가 서로 다른 의미를 가지고 있듯이, 다른 문화권에서 온 추상적 개념의 어휘는 우리말과 일대일로 대응되지 않을 때가 매우 빈번하다.

어떤 사물에 대한 외래어 중에는 한국어에서 일대일로 대응되는 기존의 고유어 혹은 한자어도 있지만, 그 외래어를 직접 사용하는 것이 구체적인 의미전달에 보다 효과적인 경우도 있다. 이에 대한 대표적인 예가 바로 '레스토랑'이다. 레스토랑은 원래 식당을 뜻하지만, 한국에서는 이들 두 단어의 쓰임에 다소 차이가 있다. '구내식당'과 '이탈리안 레스토랑'의 예에서처럼, 레스토랑이라는 단어는 '고급스러운 분위기의 서양 음식을 파는 식당'이라는 의미를 가지고 있다.

이와 같이 다른 문화권에서 온 외래어의 사용은 단어들 간의 변별성을 높일 수 있는 이점이 있다. 물론 '어머니'를 굳이 영어로 '마더'라고 할 필요가 없듯이, 이미 잘 사용하고 있는 고유어를 별로 익숙하지 않은 외래어로 대체하는 것은 부적절하다. 다만 우리말로 번역하기에 적당한 말이 없거나 있더라도 그 의미를 좀 더 구체화시킬 수 있는 경우라면, 외래어라고 굳이 마다할 이유는 없다.

몇 년 전까지만 해도 한국에서는 '우리말 사랑 캠페인'을 거국적으로 실시하곤 했다.[19] 한때는 축구경기의 중계방송 진행자가 축구용어를 전부 한국 고유어로 바꿔 사용하기도 했다. 예를 들면, '골키퍼'는 '문지기'로, '코너킥'은 '구석차기'라는 식이었다(참고로, 북한은 예나 지금이나 모든 면에서 이런 식으로 한국 고유어만을 고집하고 있다).

우리가 사용하는 대부분의 영어식 외래어는 '리스크'의 사례에서처럼 서구에서 온 추상적 개념의 어휘이거나, 축구경기와 같이 새로운 문물과 관련된 어휘이다. 새로운 문물과 관련된 것(예: 골키퍼)이라면, 이에 해당하는 단어가 우리말에 없다. 이럴 경우 정확한 의사소통을 위해 해당 원어를 그대로 차용하는 것보다 더 나은 대안은 없다. 한편, 추상적 개념의 외래어의 경우는 한국어에 있는 기존의 한자어와 경쟁(예: 리추얼 대 의식)을 하게 된다. 그리고 이때에는 결국 두 어휘 중에서보다 변별력이 큰 어휘가 언중의 선택을 받게 된다.

---

19 관련 단체들은 매년 한글날이 다가오면 '우리말 사랑 캠페인'이라는 이름으로 국어순화 운동을 벌이곤 한다. 그러나 안타깝게도 '캠페인'에 해당하는 적당한 순우리말(즉 고유어)이 없어 우리말을 사랑하자면서도 '캠페인'이라는 외래어를 써야만 하는 우스꽝스러운 상황을 연출한다. 참고로, 순우리말의 '순'도 한자어이다. 즉, '순우리말'도 순우리말이 아닌 혼종어인 것이다.

중국에서 건너온 한자 어휘가 한국어의 어휘를 풍부하게 만들어 주었듯이, 어느 나라에서 왔든 모든 외래어는 결국 한국어의 어휘를 풍부하게 만들어 줄 수 있다. 앞서 제2장의 「한자어는 외래어?」에서 설명했듯이, 한자어가 아무리 범람했어도 한국어가 중국어로 동화되지 않았다. 이와 마찬가지로 아무리 영어식 외래어를 많이 쓴다 하더라도 결코 한국어가 영어가 되지는 않는다.

외래어를 사용하는 것은 새로운 문물을 받아들이는 가장 보편적이고 중립적인 방법이며, 동시에 가장 효율적인 방법이다. 그것이 가장 보편적인 이유는, 대부분의 나라에서 새로운 문물을 받아들일 때 그렇게 한다는 의미이다.[20] 또한 그것이 가장 효율적인 이유는, 자칫 오해를 불러일으킬 수 있는 불필요한 번역과정을 생략할 수 있다는 의미이다. 그것이 중립적인 이유에 대해서는 뒤편에서 좀 더 자세히 설명하겠다.

글로벌 시대에 한자의 약점

서울을 동쪽에서 서쪽으로 가로지르는 한강을 오래전부터 한자로 '漢江'으로 표기해오고 있다. 이를 두고 한 중국학자는 중국 한漢나라 (B.C. 206~A.D. 220)의 영향 때문이라고 주장했다.[21] 중국의 한나라가

---

20 한 예로, 한국어식 신조어인 '먹방'은 영어권 지역에서 'Mukbang'이라고 부른다. '먹방'은 한국에서 처음으로 시작된 문화현상이다. 따라서 외국인들은 이를 자신들의 방식으로 번역하지 않고, 한국어식 그대로 사용한다.

21 William S-Y. Wang, *Love & War in Ancient China*, Hong Kong : City University of Hong Kong Press, 2013, p.149.

설치한 한사군漢四郡(B.C. 108~A.D. 314)이 한반도에서 수 세기 동안 영향력을 발휘했으니 중국인이라면 그렇게 오해할 만도 하다. 그렇지만 '한'은 '큰 것', '유일한 것' 등의 의미를 가진 한국의 고유어이다.

한강의 '한'이 중국의 한나라를 의미하는 한자어가 아닌 한국의 고유어라는 결정적인 증거는 우리말의 '하나'에서 찾을 수 있다. 인류학 등 관련 학계의 연구에 따르면, 숫자, 가족, 신체의 부위, 천체, 토종 동식물 등을 나타내는 소위 기초어휘는 그 지역 민족의 고유어인 경우가 일반적이라고 알려져 있다. 따라서 '한'이 '하나' 및 '하늘'과 같은 기초어휘와 관련이 있다는 사실을 근거로, 중국의 한나라가 세워지기 훨씬 오래전부터 한반도에 살던 사람들이 '한'이라는 말을 써 왔을 가능성이 아주 높다고 주장할 수 있다.

한편, 한사군이 한반도에 존재할 당시 그 남쪽으로 삼한이라는 연맹왕국이 힘을 키우고 있었다. 삼한은 오래전부터 한자로 '三韓'이라고 표기해 왔다. 물론 여기서 '韓'도 '크고 유일하다'는 의미의 고유어 '한'에서 왔다. 그렇다면 왜 한국의 고유어 '한'을 각기 다른 두 한자어 '韓' 또는 '漢'이라고 표기했을까? 그 이유는 예전에 한자의 발음을 빌려 한국어를 표기하던 방식인 음차音借표기에는 일정한 기준이 없었기 때문이다. 실제로 이런 종류의 혼란은 한자의 음차표기에서 자주 발생한다. 따라서 한자의 음차표기로 고유어 '한'과 발음이 비슷한 한자를 고르다 보니 '韓'과 '漢'이 혼용된 것이지, 이들 한자가 지니는 의미와는 전혀 무관한 것이다.[22]

---

22 중국어의 표준어인 북경어(보통화)에서는 韓과 漢이 기본발음은 같지만 각각 성조가 2성과 4성으로 서로 다르게 발음된다.

우리는 미국을 한자로 표기할 때 중국식으로 '美國'으로 표기한다. 이와는 달리, 일본에서는 '米國'으로 표기한다.[23] 중국어로 美國은 [메이美-꾸오國]라고 발음된다. 한자 '美'의 발음인 [메이]로 [아메리카]의 [-메-]를 표기한 것으로, 이것은 음차에 해당한다. 한편, 일본에서는 米國을 [베이米-고꾸國]ベいこく로 읽는데, 이는 원어인 [아메리카]와는 전혀 다른 발음이다. 일본에서는 한자 '米'가 훈독訓讀으로 [고메こめ]라고 발음된다. 따라서 [고메]의 [-메-]를 [아메리카]의 [-메-]로 연상聯想한 것으로 보인다. 즉, 일본식 표기인 '米國'은 훈차訓借 표기법을 응용해서 만든 표현이라고 할 수 있다.

만약 한자 어휘에 대한 지식이 있는 미국인이라면, 아무래도 일본식 표현인 '쌀의 나라'보다는 '아름다운 나라'라는 중국식 표현을 선호할 것이다. 일본은 미국의 가장 가까운 우방이고, 중국은 미국의 최대 경쟁국이라는 현재의 정치·외교 상황을 고려하면, 이는 일종의 아이러니인 셈이다. 이와 같이 한자어가 아닌 단어를 한자로 표기하다 보면 본의 아닌 의미상의 혼란이 야기되곤 한다. 그 주된 이유는 한자를 이용한 차자借字 표기법에는 일정한 기준이나 규칙이 없기 때문이다. 그러므로 한자를 사용해서 외래어를 표기해야 되는 중국에서는 이와 관련된 혼란이 자주 발생할 수밖에 없다. 이러한 한자가 지닌 약점은 요즘과 같은 글로벌 시내를 맞아 더욱 부각되고 있다.

과거 한국과 일본은 중국으로부터 많은 어휘를 수입했지만, 이제는 그 대상이 서양으로 바뀌었다. 이웃국가들에게 한자어를 수출만 하던

---

23 한국과 달리 일본에서는 일반적으로 미국을 영어식 외래어로 [아메리카](アメリカ)라고 발음 및 표기한다.

중국도 이제는 입장이 바뀌어 상당한 양의 외래어를 수입하게 되었다. 그런데 문제는, 위에서 논의한 '[메이꾸오美國]'의 예처럼, 한자의 음을 빌려 외래어를 표기하면 원어의 단어가 지닌 본래의 의미와는 전혀 다른 의미가 그 외래어에 부여된다는 것이다.

중국의 음차표기에서 가장 악명 높은 사례를 들라면, 바로 '아프리카'에 대한 중국식 표기이다. 중국에서는 'Africa'의 [-f-]를 나타내려고 '非[fei]'라는 한자를 사용한다. 결국 아프리카는 한자로 '非州[페이조우]'로 표기 및 발음된다. 이는 '나쁜 혹은 잘못된 지역'이라는 뜻이 된다. 내가 만약 아프리카 출신이라면, 이러한 중국식 표기에 결코 기분이 좋지는 않을 것이다. 만약 누군가가 중국을 '中國[쭝꾸오]'이라고 표기하는 대신에 '사람이 많은 나라'라는 뜻을 지닌 같은 발음의 '衆國[쭝꾸오]'라고 표기한다면, 이를 흔쾌히 받아들일 중국인은 아마도 없을 것이다.

중국의 외래어 표기법에는 위에서 소개한 음차표기 외에도 한 가지 방법이 더 있다. 그것은 기존의 한자 어휘를 활용하여 신조어를 만드는 방법이다. 예를 들면, 중국에서는 김치를 '한국식 절임 채소'라는 뜻의 '韓式泡菜[한쉬파오차이]'로 표기 및 발음한다. 이런 식으로 중국에서는 가능한 기존의 한자 어휘를 활용하여 신조어를 만듦으로써 외래어의 사용, 즉 음차표기를 줄이려고 한다. 중국어로 컴퓨터를 '전자두뇌'라는 뜻의 '電腦[띠엔나오]'라고 하는데, 이것도 마찬가지의 예라고 할 수 있다.

이와는 달리, 한국의 김치는 영어로 'Kimchi' 혹은 'Gimchi' 등으로 표기한다. 굳이 김치를 '한국식 피클'이라는 뜻의 'Korean pickle'이라고 표기하는 경우는 매우 드물다. 이렇듯 영어를 포함한 대부분의 언어에서는 외래어를 표기할 때 가능한 원어의 발음과 비슷한 발음이 될 수 있도록 표기한다.

기존의 한자 어휘를 조합하여 외래어를 표기한다는 것은, 아무리 그것이 중국에 없던 새로운 것이라도 중국인들이 이미 알고 있는 사물 및 개념으로만 그것을 해석한다는 것을 의미한다. 특히 김치의 중국식 표현에서도 알 수 있듯이, 중국인들은 외래의 것들도 원래는 자신들이 이미 가지고 있는 것들의 복제품에 불과하다고 오해할 수 있다. 따라서 이런 식의 외래어 표기법을 계속 사용한다면, 중국인들은 외래의 사물과 개념을 자신들의 관점으로만 볼 수밖에 없고, 결국 자문화 중심적 사고에서 벗어나기 힘들 것이다.

한자의 외래어 표기에 대해 일본의 리 소테츠 교수는 그의 저서 『한자문화, 어디로 가는가』에서 다음과 같이 주장했다.[24]

새로운 것을 매끄럽게 받아들이지 못하고 하나하나 이유를 붙여 한자로 만든 후에야 겨우 새로운 사물을 인식한다. 이러한 사고방식에 의해 중국인은 중국만의 독특한 문화를 만들어 왔다. 그런 의미에서도 한자의 사용이 중국문화의 정체를 초래했다고 말할 수 있다.

한자는 각 글자마다 이미 어떤 의미를 가지고 있다. 그러므로 한자를 이용하여 외래에서 온 사물이나 개념을 표기하면, 그것이 가지고 있던 원래의 특성이나 상징이 그것을 표기하기 위해 사용된 한자의 의미로 왜곡될 수밖에 없다. 이는 중국인들이 외래의 문물을 그대로 받아들이

---

24   리 소테츠, 이동주 역, 앞의 책, 224쪽.

지 못하고, 그것을 자신들의 관점으로 재해석한 후에야 받아들인다는 것을 의미한다. 그리고 중국인들의 이러한 태도는 위의 인용문에서 리 교수가 지적했듯이, 중국문화의 정체를 초래할 수 있다.

"구글의 알파고가 승리한 배경에는 머신러닝이라는 기법이 있다."

위의 예문은 앞서 「수명을 다한 공용문자」에서 논의했던 예문이다. 중국에서는 '구글', '알파고', '머신러닝'을 각각 [구거谷歌](골짜기의 노래), [아얼파웨이치阿尔法围棋](알파바둑), [지치슈에시机器学习](기계학습)로 발음 및 표기한다. 이때 '구글'은 음차로, '머신러닝'은 기존 한자 어휘의 조합으로, 그리고 '알파고'는 음차 및 한자 어휘의 조합으로 두 가지를 모두 사용하여 표기한 것이다.

앞서 설명했듯이 위의 영어식 외래어 세 개가 포함된 한 문장을 중국어로, 즉 띄어쓰기 없이 한자로 표기하면, 제아무리 중국어와 한자에 익숙한 중국인이라도 이 문장이 도대체 무슨 말인지조차 파악하기 힘들어진다. 이런 까닭에 중국의 인터넷 매체들 대부분은 '알파고'를 '阿尔法围棋'라고 한자로 표기하기보다는, 영어 그대로 'AlphaGo'라고 표기하거나, 아니면 한자와 영어를 병기하는 실정이다.

이렇듯 요즘 중국에서는 한자로 외래어를 표기할 때 발생하는 혼란을 줄이기 위해서 영어를 그대로 표기하거나 혹은 영어를 병기하는 경우가 빈번하다. 당연히 이런 추세는 점차 늘어날 것으로 예상된다. 약백 년 전 중국의 위대한 사상가 루쉰은 한자 사용을 금지하고, 그 대신 로마자를 사용하자고 주장한 바 있다. 만약 그가 중국에서 한자와 영어가 혼용되고 있는 현재의 상황을 알게 된다면 무엇이라고 말할지 자못 궁금하다.

위에서 논의했듯이 한자를 이용한 외래어 표기에는 많은 문제점이 있다. 한자의 음을 빌려 표기하는 음차든, 기존의 한자 어휘를 조합하여 표기하든, 여기에는 일정한 규칙이 없다는 것이다. 이런 까닭에 한자를 이용한 중국식 외래어 표기법은 혼란스럽고 이해하기도 어려우며, 또한 자칫 자문화 중심주의를 조장할 수도 있다. 따라서 앞으로도 계속 새로운 문물을 활발하게 수입해야 할 중국의 입장에서는 이런 식의 한자 사용이 점점 더 약점으로 작용할 것임에 틀림없다. 중국의 이러한 상황에 비추어 볼 때 한국과 일본에서 일찌감치 자체의 표음문자를 개발하여 사용하고 있다는 사실은 엄청나게 다행스러운 일이라고 평가할 수 있다.

기대하지 않았던 한글이 지닌 강점

미국의 인터넷업체 구글이 개발한 인공지능 '알파고'의 '알파'는 그리스가 만든 표음문자의 첫 철자에서 그 이름을 따왔다. 서양 문자의 시초라고 할 수 있는 그리스의 알파벳은 고대 그리스인들이 만든 독창적인 발명품이 아니라, 고대 페니키아 문자로부터 유래되었다.

페니키아 문자는 음소로 이루어져 있지만, 처음 만들어질 때는 상형문자로 만들어졌다. 예를 들면, 알파벳의 첫 철자인 '알파'는 '알레프 aleph'라고 하는 페니키아의 철자에서 유래되었는데, 이것은 페니키아어로 원래 황소를 뜻하는 상형문자였다(영어 'A'자를 위아래로 뒤집으면 '뿔 달린 황소머리'의 형태와 흡사하다). 이렇듯 처음에는 어떤 대상을 상징하는 의미의 문자였지만, 점차 그것이 상징하는 의미는 사라지고 음소만 남은 표음문자가 된 것이다. 참고로 말하자면, 한자의 형상을 단순화시켜 만든 일본의 가나문자도 그리스의 알파벳과 유사한 과정을 거쳤다고 할 수 있다.[25]

고대 그리스인들이 알파벳을 사용하기 시작한 것은 기원전 8세기경부터라고 알려져 있다. 이후 기원전 6세기경부터 그리스에서는 철학이 발달하기 시작했고, 이는 고대 그리스의 과학기술 발전에 필요한 중요한 밑거름이 되었다. 그리고 기원전 5세기경에 이르러서는 아테네에서 민주주의가 발전하게 되었는데, 개방적인 정치체제 덕분에 아테네는 스파르타와 함께 고대 그리스를 대표하는 도시국가로 성장할 수 있었다.

이와 같이 고대 그리스인들은 페니키아의 문자를 바탕으로 자신들의 문자인 알파벳을 만들었고, 이를 사용한 이후부터 철학 및 과학 그리고 민주주의를 발전시키는 등 문명을 고도화시킬 수 있었다. 물론 알파벳의 사용이 고대 그리스의 부흥에 직접적인 영향을 주었다는 결정적 증거는 없다. 그러나 그리스가 아직 힘없는 신생 도시국가 연합체에 불과했던 시절, 그리스인들은 이집트나 페니키아 등 당시 주변의 강국들로부터 앞선 문물을 배워야만 했다. 따라서 당시 그들의 입장에서는, 자신들에게 잘 맞는 자체의 문자가 있는 것이 없는 것보다는 훨씬 도움

---

25 예를 들면, 일본어에서 흔히 발음되는 [카]에 해당하는 히라가나와 가타가나는 각각 か와 カ인데, 이들은 모두 일본어에서 [카]로 발음되는 '더하다'는 의미를 가진 한자 加(가)에서 유래되었다. 이와 같이 일본 가나문자에는 각각의 한자가 가지고 있던 원래의 의미는 사라졌지만 발음의 유사성은 아직 남아있다.

이 되었을 것이고, 또한 그것이 상형문자가 아닌 표음문자였다는 것도 외부의 문물을 효과적으로 배우는데 훨씬 유리하게 작용했을 것이라고 어렵지 않게 추측할 수 있다.

인간의 뇌에 대한 여러 과학적 연구결과에 따르면, 표의문자나 그림 기호를 이해하는 것보다 음성문자로 이루어진 단어를 읽는 것이 뇌의 활성화 측면에서 훨씬 경제적이라고 한다.[26] 표음문자가 효율 및 경제성 측면에서 표의문자에 비해 많은 강점을 지닌 만큼, 온전한 형태를 갖춘 세계 최초의 표음문자 체계인 알파벳이 고대 그리스의 부상에 일정부분 기여했다고 주장할 수 있다.

한자와 비교했을 때 한글이 지닌 장점은 배우기 쉽다는 것이다. 이와 동시에 한글은 고유어든 외래어든 상관없이 소리 나는 대로 표기하기 쉽다는 장점이 있다. 한자에 비해 한글이 가진 거의 유일한 단점은 얼마간의 어휘들에 대한 동음이의어의 문제이다. 그런데 이 문제는 주로 한자어를 한글로 표기하는 경우에 국한된다.

문화유물론적 시각에서 보면, 한자문화권이 해체되고 있는 가장 큰 이유는 중국이 이웃국가들에게 제공할 만한 선진문물을 더 이상 가지고 있지 않기 때문이다. 이는 이웃국가들의 입장에서 선진문물을 배워야 할 대상이 중국에서 서구 국가들로 바뀌었다는 것을 의미한다. 이러한 한자문화권의 해체를 '탈중국화'의 한 과정이라고 정의할 수 있다. 또한 이 과정을 뒷받침하는 동력은 동아시아 국가들의 서구화라고 주장할 수 있다. 한편, 한글은 어떠한 외래어도 큰 불편 없이 표기할 수

---

26   니콜라스 카, 최지향 역, 『생각하지 않는 사람들』, 청림출판, 2010, 85~86쪽.

있다는 장점을 잘 활용하여 서구의 선진문물을 효율적으로 받아들이는 데 일조하고 있다. 이는 곧 한글이 한국문화의 탈중국화를 가속화시키는 일종의 촉진제 역할을 하고 있다고 할 수 있다.

결국 한국에서 한자문화의 해체는 두 단계에 걸쳐 이루어지고 있다고 설명할 수 있다. 그 첫 단계는 '문자의 대체' 과정이다. 이는 한글이 한자를 대체하는 과정을 의미한다. 주지하듯이 이 과정은 이미 완성단계에 도달했다고 할 수 있다.

한자문화가 해체되는 과정의 두 번째 단계는 '어휘의 대체' 과정이다. 이는 한국어에서 큰 비중을 차지하는 한자어가 외래어나 신조어에 의해서 대체되는 과정을 의미한다. 앞서 제시한 몇 가지 사례에서 확인할 수 있듯이, 한자어에 동음이의어가 많은 탓에 언중은 점차 한자어의 사용을 피하고 영어식 외래어의 사용을 선호하고 있다. 이와 더불어 새로운 영어 신조어(예: 머신러닝)의 유입과 한국어식 신조어(예: 혼밥)의 생성 등으로 인해 한국어에서 한자어의 비중은 계속 줄어들 것으로 예상할 수 있다.

한글을 창제하신 세종대왕은 누구보다도 뛰어난 언어학자였다. 그렇지만 당대의 지식인들이면 모두 그러했듯이, 그 또한 중국의 명나라 황제에게 깍듯했던 성리학자였다. 아마도 그는 자신이 만든 한글이 후대에 한국문화의 탈중국화를 촉진시킬 것이라고는 전혀 예상하지 못했을 것이다.

자유분방한 한국어 ─────────────

언어의 진화

국제도시라는 명성에 걸맞게 홍콩의 웬만한 곳에서는 대부분 영어가 통용된다. 대학에서도 영어로 강의가 이루어지고 있어 홍콩 대학생들의 영어 실력은 동아시아 지역에서 가장 좋다고 할 수 있다. 이렇게 영어에 별 문제가 없어 보이는 홍콩 대학생들이 종종 틀리는 기초 영문법이 하나 있는데, 그것은 바로 동사의 시제에 관한 것이다.

한국어에서 과거시제를 나타내는 방법은 선어말어미인 '-었/았-'을 서술어의 어간과 어미 사이에 첨가하는 것이다. 한국어와 언어 유형학적으로 상이한 중국어에는 이러한 서술어의 활용이 아예 없고, 동사와 같은 서술어는 시제에 따른 형태적 혹은 문법적 차이를 나타내지 않는다. 따라서 중국어에서는 앞뒤 문맥 혹은 시간을 나타내는 어휘들을 통해서 문장의 시제가 현재인지 혹은 과거인지를 추론해야 한다. 이와 같이 중국어에 과거시제를 나타내는 표지가 없다 보니, 중국어를 모어로 사용하는 홍콩이나 중국 학생들은 영어나 한국어 등에서 시제표지에 대한 실수를 자주하는 편이다.

한국어의 과거시제 표지인 '-었/았-'은 먼 옛날부터 사용되어 왔던 것이 아니라, 17~18세기경에 이르러서야 한국어에 고착된 비교적 새로운 문법 요소라고 할 수 있다.[27] 이와 같이 어휘뿐만 아니라 문법 요소도 끊임없이 새로이 만들어지면서 한국어는 그동안 진화를 거듭해왔다.

언어도 다른 문화적 요소들과 마찬가지로 사람들이 환경에 적응하는데 도움을 주는 방향으로 진화할 수밖에 없다. 갈수록 복잡해지는 사회환경에서 언어가 사람들에게 도움을 주려면, 언어는 사람들이 보다 효율적으로 의사소통을 할 수 있도록 진화해야만 한다. 여기서 효율적인 의사소통이란, 변별이 가능한 범위 내에서 가장 경제적인 어휘와 문법을 사용한다는 것을 의미한다.

언어의 진화는 크게 '어휘(즉 의미)의 진화'와 '문법(즉 형태)의 진화'로 구분할 수 있다. 먼저 어휘의 진화를 살펴보면, 갈수록 복잡해지는 사회환경에 부합하기 위해 보다 세분화된 어휘들이 생성되고 있다는 것을 알 수 있다. 새로운 문물에 대한 외래어들(예: 머신러닝)을 제외한다면, 가장 흔히 접하는 신조어는 기존의 표현을 하나의 단어로 축약시킨 일종의 축약어들(예: 혼밥, 먹방)이다. 이러한 축약어를 사용하는 이유는 신속한 의사전달을 위해서이다. 이렇듯 어휘는 변별 가능한 범위 내에서 단순화되는 방향으로, 즉 경제적인 방향으로 진화한다.

한편, 새로운 문법 요소가 만들어지는 가장 일반적인 방법은 소위 '문법화'라는 과정을 통해서이다.[28] 문법화란 어휘적 지위의 형태소morpheme (의미성을 지닌 언어 단위 중 가장 작은 단위)가 문법적 지위의 형태소로 변화하는 과정을 일컫는다. 문법화를 통해 새로운 문법 요소가 만들어지는 이유도 언중이 보다 변별적이고 경제적인 의사소통을 요구하기 때문이다. 예를 들면, 과거시제 표지 '-었/았-'도 문법화를 통해서 만들어졌는데,[29]

---

27   이기문, 『국어사 개설』, 파주: 태학사, 2009, 222쪽.
28   백낙천, 「국어의 문법화 현상에 대해서」, 『한국언어문화』 39, 2009, 241~257쪽.
29   최동주, 「문법화의 유형과 기제」, 『민족문화논총』 37, 2007, 521~550쪽.

이러한 문법적 표지들을 사용하는 것이 문장의 앞뒤 문맥이나 시간적 어휘들을 통해서 시제를 추론하는 것보다 훨씬 효율적이다.

생물의 진화에서는 새로운 종들이 출현하기도 하고, 환경에 적응하지 못한 종들은 사라진다. 이와 마찬가지로 한 나라의 언어에서도 새로운 단어나 문법이 만들어지기도 하고, 기존의 것들 중 비효율적인 단어 및 문법은 사용 빈도가 줄면서 결국 도태된다. 생물의 진화가 자연환경의 영향을 받듯이, 언어의 진화는 사회환경에 영향을 받는다. 갈수록 복잡해지는 사회환경에 적응하기 위해 세분화된 어휘가 새로이 만들어지기도 하고, 기존의 장황한 표현이 간단히 축약되어 신조어가 되기도 한다. 이와 더불어 의사소통의 효율성을 높일 수 있는 새로운 문법 요소가 문법화를 통해 만들어지기도 한다. 물론 새로운 문법 요소의 생성은 상대적으로 매우 오랜 시간이 필요하다.

한자문화권이 쇠퇴하면서 한국어에서 일어나는 가장 눈에 띄는 변화는 외래어, 특히 영어식 외래어의 적극적인 사용이다. 이것은 한자문화권이 약화되면서 한국어 어휘에서 일어나는 변화라고 할 수 있다. 그렇다면 한자문화권의 약화에 따른 한국어의 문법에서 일어나는 변화는 무엇인가?

앞에서 언급했듯이 과거시제 표지 '-었/았-'은 17~18세기경에 한국어에 고착된 문법 요소인데, 이 시기에는 한글소설이 본격적으로 출산되는 등 한글의 사용이 이미 어느 정도 정착된 상황이었다. 그렇다면 혹시 새로운 문법 요소의 생성과 한글의 사용 사이에 어떤 연관성이 있는 것은 아닐까? 이에 대한 실마리를 찾기 위해서, 여전히 한자에 전적으로 의존하고 있는 중국어가 그동안 어떤 식으로 진화했는지를 먼저 살펴보고자 한다.

한자가 중국어의 진화에 끼친 영향

문자가 언어 혹은 말에 끼치는 영향은 제한적이라는 것이 언어학계의 정설이다. 그 이유는 언어가 문자의 영향을 받았다는 확실한 사례가 아직까지 보고되어 있지 않기 때문이다. 그런데 문자가 언어에 끼치는 영향을 아직까지 확실하게 발견하지 못한 이유는, 그것을 확인하기가 매우 어렵기 때문이기도 하다.

녹음기가 없다면 말이나 언어를 기록할 수 있는 유일한 방법은 문자를 사용하는 것이다. 이는 사람들이 문자를 사용하기 이전인 먼 옛날의 언어가 어떠했는지에 대한 기록이 존재할 수가 없다는 것을 의미한다. 이런 까닭에 문자 사용의 전후로 언어가 어떻게 변했는지를 확인할 수 있는 방법은 없다.[30] 그리고 설령 그 변화를 확인할 수 있더라도, 그것이 문자의 영향이었는지, 아니면 다른 요인들 때문이었는지를 구별하기도 쉽지 않다.

언어에 대한 문자의 영향을 확인할 수 있는 가장 이상적인 방법은, 같은 언어를 사용하는 문화적으로 동일한 두 집단에게 서로 다른 문자를 오랫동안 사용하게 한 후, 두 집단의 언어가 각기 어떻게 변화했는가를 비교하는 것이다. 그렇지만 이러한 실험은 현실적으로 거의 불가능하다. 결국 요지는, 문자가 언어에 영향을 준다는 확실한 증거는 없지만, 그렇다고 문자가 언어에 영향을 주지 않는다는 증거도 아직은 없다.

30 　한글 창제 이전에는 한자를 이용한 차자표기로 한국어를 기록할 수밖에 없었는데, 이러한 기록만으로는 당시 한국어의 구체적인 모습을 파악할 수 없다. 따라서 한글이 사용되면서 한국어에 어떤 실제적인 변화가 일어났는지를 명확히 알아내기란 쉽지 않다.

문화는 환경의 영향을 받으며 진화한다. 문화의 일부분인 언어도 당연히 환경의 영향을 받으며 진화한다. 문자가 언어에 영향을 주느냐의 여부는 '문자가 언어의 진화에 환경요인으로서 작동하는가'의 여부에 의해 확인할 수 있다. 자연이 어떤 종을 선택하느냐에 의해서 생물의 진화가 결정되듯이, 언중이 어떤 말을 선택하느냐에 의해서 언어의 진화가 결정된다. 이때 언중의 선택 기준 중에는 그 말이 문자로 표기될 수 있느냐의 여부가 포함된다.

맞춤법은 어떻게 표기하느냐를 정하는 문자에 관한 규칙이다.[31] 표음문자를 사용하는 경우 맞춤법에 어긋나는 말은 문자로 표기될 기회를 잃고, 결국에는 사라져버릴 가능성이 크다. 이렇듯 언중은 맞춤법을 이용하여 어떤 말을 선택할지를 결정한다. 이는 문자가 언어에 대한 환경요인으로 작동될 수 있다는 것을 의미한다. 따라서 문자는 언어 진화의 방향에 영향을 줄 수 있다고 주장할 수 있다. 물론 이때 그 영향의 크기가 어느 정도인가는 별개의 문제이다.

한자가 한국어에 잘 맞지 않는 주요 이유들 중 하나는 각각이 자립 형태소인 한자로는 한국어에 흔히 있는 형태소의 형태적 변화(예: 서술어의 활용)를 표기할 수 없기 때문이다. 이에 반해 고립어인 한어에는 각 형태소의 형태적 변화가 없기 때문에 한어를 한자로 표기할 때 아무런 문제가 없다. 이는 고립어인 한어와 표의문자인 한자 사이의 궁합이 아주 절묘하게 잘 맞는다는 것을 의미한다. 그렇다면 여기서 한 가지 의문점이 생긴다. 한족이 자신들의 언어인 한어와 매우 잘 맞는 한자를 오랫동안

---

31 표음문자에서 맞춤법은 주로 철자법을 의미한다. 반면, 한자에서의 맞춤법은 정자법(正字法), 즉, 각 글자를 어떻게 쓰느냐를 정하는 규칙이다.

사용하고 있는 것은, 과연 우연의 결과일까 아니면 필연적 결과일까?

지난 수천 년 동안 중국 대륙에서는 여러 왕조가 세워졌다. 이러한 과정을 거치면서 여러 민족이 융합되어 오늘의 한족이 형성되었다. 한족에 여러 이민족들이 끊임없이 유입되었음에도 불구하고, 그들의 언어인 한어는 인류 역사상 가장 오랜 기간 동안 고립어라는 언어 유형학적 특징을 그대로 유지하고 있다.

한어가 계속 고립어로 유지될 수 있었던 첫 번째 이유는, 한어가 표준어의 지위를 계속 유지할 수 있었기 때문이라고 설명할 수 있다. 역사적으로 중국에서는 관리들이 사용하던 말, 즉, 관화官話, Mandarin Chinese를 표준어로 정했다.[32] 따라서 한족이든 이민족이든 관리가 되거나 크게 출세를 하려면 표준 한어인 관화를 배워야 했다. 이는 한어가 외부에서 유입된 이민족의 언어에 크게 영향을 받지 않을 수 있었던 주된 이유가 '표준어 정책'이라는 환경요인이라는 것을 의미한다(표준어 정책이 시행되면, 방언을 포함한 비표준어의 사용은 위축될 수밖에 없다. 이때 비표준어에는 어휘뿐만이 아니라 억양이나 문법 등도 포함된다.[33] 따라서 한어가 표준어의 지위를 유지한다면, 한어는 유형학적으로 고립어로 계속 남아있을 가능성이 그만큼 높아지게 된다).

앞서 언급한 맞춤법의 기능과 역할에서도 알 수 있듯이, 표준어 정책은 문자와 매우 밀접한 관계를 지닌다. 이는 한어에도 그대로 적용될 수 있다. 이를테면, 한어에 가장 적당한 표준어 정책이란 결국 한자로 표기할 수 없는 어휘나 말은 표준 한어인 관화로 인정하지 않는 것이라고 할 수 있다(당연히 관화를 사용하던 중국의 관리들은 한자에 능통한 지식인들

---

32 김훈호, 「論明淸時期漢語標準語的形成與發展」, 『중어중문학』 41, 2007, 193~204쪽.
33 김세중, 「표준어 정책에 대해서」, 『새국어생활』 14, 2004, 105~122쪽.

이었다). 따라서 한족이 고립어인 한어에만 적합한 한자를 수천 년 동안 사용해오고 있다는 것은, 그들이 부단히 자신들의 언어인 한어를 한자에 적응시켜 온 필연적 결과라고 설명할 수 있다.

위에서 제기한 의문과 이에 대한 해답을 확인하기 위해서, 여기서 한 가지 흥미로운 사고思考실험을 해 볼 수 있다. 요즘은 한국인과 중국인 사이의 국제결혼이 드물지 않다. 이들 부부들 중 100쌍을 뽑아 외부와 고립된 남태평양의 한 외딴 섬으로 보냈다고 가정해보자. 그리고 100년이 지난 후 그들의 후손들이 사용하게 될 언어가 그동안 어떻게 변했을 지를 한번 상상해보자. 100년 후에 그들의 언어는 고립어인 한어와 비슷할까, 아니면 첨가어인 한국어와 비슷할까? 그 둘도 아니라면, 한국어와 중국어의 중간쯤의 언어가 될 가능성이 높지는 않을까?

이번에는 외딴 섬의 그들에게 표준어 정책으로 한자만을 사용하도록 강요한다면, 100년 후 그들의 언어는 어떻게 될지 상상해보자. 표기 수단으로 한자만을 사용해야 한다면, 서술어의 활용과 같은 형태소의 형태적 변화를 표기할 수가 없다. 따라서 그들은 한국어의 사용을 불편해할 것이다. 결국 오랜 시간이 지난 후 그 외딴 섬에서는 한자 표기에 보다 적합한 고립어가 대세를 이룰 가능성이 커진다.

한어가 언어 유형학적으로 고립어로 분류되므로, 한어에는 형태소의 형태적 변화가 '원래부터' 불가능하다고 주장할 수도 있다. 그러나 이것은 그 결과만을 보고 설명한 것에 지나지 않는다. 앞의 사고실험을 통해서 확인할 수 있듯이, 한자를 계속 써야만 하는 상황에서는 한어가 고립어로 계속 남는 것이 유리하다.

이와 같이 결과가 아닌 그 과정을 유추 및 추적해 보면, 중국에서 한어는 한자에 적응하는 방향으로 진화해 왔다고 주장할 수 있다. 이는 고립어라는 한어의 유형학적 특징은 한족이 원래부터 가지고 있던 어떤 유전적 형질 때문에 나타난 결과가 아니라, 한어가 오랫동안 한자에, 즉 중국에서 허용된 유일한 문자체계에 적응한 결과라는 것을 의미한다.

생물의 진화 과정에서는 돌연변이가 무작위적으로 발생한다. 언어의 진화 과정에서도 기존의 어휘나 문법과는 조금 다른 돌연변이들이 무작위적으로 만들어질 수 있다. 이러한 돌연변이들 중에서 언중에 의해 선택 받은 것들만이 그 언어의 일부로 고착된다. 이 과정에서 문자가 개입할 수가 있다. 한어에서 만에 하나 어떤 형태적 변화가 발생하더라도, 그것은 한자로 표기되지 못하여 결국에는 살아남지 못하게 된다. 이러한 분석을 통해 확인할 수 있듯이, 한어를 여전히 고립어로 남게 만든 주요한 환경요인은 바로 한자라고 할 수 있다.

한자와 한글이 한국어의 진화에 끼친 영향

방금 논의했듯이, 한어가 고립어의 특성을 유지하고 있는 이유는 한자가 한어의 형태적 변화를 허용하지 않기 때문이라고 설명할 수 있다. 이러한 주장은 아직 나의 가설에 불과하지만, 이를 근거로 한다면, 한자가 한글 창제 이전에 한국어에도 그와 유사한 영향력을 행사했을 것이라고 추측할 수 있다. 또한 이는 한글 창제 이후 한국어의 문법화 과정이 그 이전과는 전혀 다른 방식으로 진행되었다는 것을 의미한다.

이제 한자와 한글이 한국어의 진화 과정, 특히 문법의 진화 과정에서 각각 어떠한 역할을 할 수 있었는지에 대해 좀 더 자세히 살펴보도록 하겠다.[34] 문법의 진화 과정에서 문자는 서로 상반된 두 가지의 역할을 한다. 그 첫째는 대중매체와 같은 '전파자의 역할'이고, 둘째는 맞춤법과 같은 '여과장치의 역할'이라고 할 수 있다.[35]

먼저, 문자의 대중매체로서의 역할, 즉 전파자의 역할에 대해 살펴보자. 누군가가 한 말이 책과 같은 인쇄물로 대량으로 출판되었다고 가정해 보자. 만약 그가 책에서 어떤 새로운 문법을 구사했다면, 그 새로운 문법은 '시각적으로' 많은 사람들에게 보여질 수 있는 기회를 얻게 된다. 이렇듯 문자의 첫 번째 역할은 새로 만들어진 문법을 여러 사람들에게 시각적으로 보여줌으로써, 그것을 말보다 정확하고 친절하게 여러 사람들에게 알리는 것이라고 할 수 있다. 그런데 한자는 한국어의 문법적 요소들(예: 조사, 어미 등)을 표기할 수 없다. 따라서 한자는 이러한 전파자의 역할 — 새로운 문법 요소를 시각적으로 보여줌으로써 여러 사람들을 교육시키는 역할 — 을 전혀 할 수가 없다.

두 번째로, 문자의 여과장치로서의 역할에 대해서 살펴보자. 이제 막 새로운 문법 요소 하나가 만들어졌다고 가정해보자. 새로이 만들어진 것인 만큼, 이 문법 요소는 소수의 몇몇 사람들에 의해 구전口傳으로만 사용될 것이다. 이 새로운 문법 요소가 언어의 일부분으로 고착되느냐의 여부는 이것이 보다 많은 사람들, 즉 언중에 의해 선택 받느냐의 여부에 달려있다.

---

34   아직 검증되지 않은 가설을 바탕으로 이런 논의를 계속하는 이유는, 한자에서 한글로 표기수단을 바꾼 것이 과연 한국어의 진화에 어떤 유의미한 변화를 가져왔는지에 대한 중요한 실마리를 찾기 위해서이다.

35   Hyewon Kang Kim, *Busy Koreans*, Seoul : Korea University Press, 2014, pp.115~117.

새로이 만들어진 문법 요소는 생물의 진화에서 말하는 '돌연변이' 와 유사하다고 할 수 있다. 자연환경에 적응할 수 있는 돌연변이들만 이 살아남듯이, 새로이 생성된 문법 요소들 중에서 언중의 지지를 받 는 것들만이 선택적으로 글로 표기되어, 결국 그 언어의 일부분으로 살아남을 수 있게 된다. 그리고 이때 그것들이 글로 표기되어 살아남 으려면 맞춤법에 저촉되지 않아야 한다. 이는 곧 문자는 표기 정책을 통해서 새로운 문법이 마구잡이로 생성되는 것을 억제할 수 있다는 것 을 의미한다.

대개의 경우 문법화 과정에서는 형태소의 미세한 형태적 변화가 수 반된다.[36] 한자와 달리 한글은 당연히 이러한 미세한 변화를 구별해서 표기할 수 있다. 이때 그 미세한 형태적 변화가 당대의 맞춤법이 허용하 지 않는 범위에 있는 것이라면, 한글이 아무리 그것을 구별해서 표기할 수 있다고 하더라도 그 변화는 한글로 표기될 기회를 잃을 것이다. 이는 맞춤법과 같은 당대의 표준어 표기 정책이 얼마나 엄격하냐에 따라 새 로운 문법 요소의 생성에 끼치는 영향이 달라진다는 것을 의미한다.

결국 맞춤법과 같은 표준어 표기 정책이 아예 존재하지 않거나 혹은 매우 느슨하다면, 언중은 저마다 조금씩 다른 철자의 단어들을 말하고, 조금씩 다른 의미의 문법 요소들을 사용하게 될 것이다. 이렇듯 문자가 맞춤법을 이용한 여과장치의 역할을 제대로 수행하지 못한다면, 마구 잡이로 생성되는 문법 요소들 때문에 그 언어의 문법체계는 상당히 산 만해질 가능성이 크다.

---

[36] Paul J. Hopper · Elizabeth Traugott, *Grammaticalization*, Cambridge : Cambridge University Press, 1993, pp.6~7.

훈민정음이 반포된 후 약 100년 정도가 지난 16세기에 출간된 문서들을 보면, 이전에는 보지 못했던 여러 가지 새로운 문법 요소들이 많이 발견된다. 이에 대해 원로 국어학자는 다음과 같이 평했다.[37]

17세기의 근대어 문헌들을 살펴보면 그 언어가 15세기의 중세어 문헌들의 그것과는 달라졌음을 발견한다. 이것은 주로 16세기에 (음운, 문법, 어휘 등에서) 일어난 여러 중요한 변화의 결과라고 할 수 있다. 이 차이는 18세기로 내려올수록 더욱 심해지고 19세기에 오면 사뭇 현대어와 비슷하게 된다. 이것은 주로 근대어에서 일어난 개신의 결과라고 할 수 있다.

물론 16세기의 한국어에서 발생한 많은 변화가 전적으로 한글이라는 새로운 문자의 사용 때문만이라고 주장할 수는 없다. 언어는 그 사회의 문화를 반영하는 만큼, 그 당시의 여러 가지 언어 외적 요인들도 분명히 한국어에 영향을 주었을 가능성이 크기 때문이다. 하지만 분명한 사실은, 한글을 사용하기 시작하면서 당시의 조선 사람들은 처음으로 자신들의 언어 속에 존재하던 여러 가지 문법 요소들을 시각적으로 확인할 수 있었다는 것이다.

또한 16세기에는 제대로 정립된 맞춤법 등이 아직 없었으므로, 구전되어 오던 나양하고도 새로운 문법적 시도들이 당시의 문헌에 고스란히 한글로 기록될 수 있었을 것이다. 그리고 그것을 읽게 된 독자들은 각 문장에서 사용된 여러 가지 새로운 문법들을 익힐 수 있는 기회를

---

37   이기문, 앞의 책, 214쪽.

갖게 되었을 것이다. 이는 곧 한글 창제 이후 한국어가 중국어와는 전혀 다른 차원의 진화 과정을 겪게 되었다는 것을 의미한다.

한국어의 과거시제 표지인 '-었/았-'은 한글이 보급된 후 시간이 좀 지난 17~18세기경에 정착된 것으로 알려져 있다. 물론 이 새로운 문법 요소가 한글이 존재했기 때문에 만들어진 것은 아닐 것이다. 다른 문법 요소들과 마찬가지로 문법화를 통해, 즉 오랜 시간을 통해 말에서 일어나는 일련의 미세한 형태학적 변화들을 단계적으로 거치면서 만들어졌을 것이다. 다만 여기서 주목해야 할 점은, 한국어의 문법 요소들을 표기할 수 있는 한글 덕분에 당시 조선 사람들은 '-었/았-'과 같이 새로이 생성된 문법 요소들을 보다 쉽게 받아들일 수 있었다는 것이다.

한자가 한국어의 문법 요소들을 표기할 수 없다는 사실은, 한자는 새로이 만들어진 문법 요소를 널리 알리는 전파자의 역할을 전혀 하지 못하고, 오히려 새로운 문법이 만들어지는 것을 제어하는 여과장치의 역할만을 한다는 것을 의미한다. 반면, 한국어의 문법 요소들을 시각적으로 보여줄 수 있는 한글은 전파자의 역할을 훌륭히 수행할 수 있다. 따라서 한자를 대신해서 한글을 사용한다는 것은, 그만큼 한국어에서 새로운 문법 요소가 생성되기에 보다 유리한 환경이 만들어졌다는 것을 의미하는 것이다.

배우기 어려운 한국어

외국인에게 한국어를 가르치다 보면 다음의 세 가지 사실을 깨닫게 된다. 첫째, 한글은 정말로 배우기 쉽게 체계적으로 잘 만들어진 문자이다. 둘째, 한국어는 외국인이 배우기에 정말 어렵다. 그리고 마지막 셋째, 한국어를 가르치는 것은 배우기보다 더 어렵다.

한국어가 배우거나 가르치기 어려운 이유는 한국어 문법이 복잡할 뿐만 아니라 그 체계가 매우 산만하기 때문이다. 그 대표적인 예가 한국어의 '연결어미'이다. 한국어에는 나열, 조건, 목적 등 십여 가지 정도의 다양한 상황에서 연결어미가 사용된다. 예를 들면, 이유 및 원인을 나타내는 문장에서는 '-(으)니/(으)니까', '-어서/아서', '-기에', '-(으)므로', '-느라고' 등의 연결어미들이 사용될 수 있다. 이들 중 '-니'와 '-으니'는 서로 이형태異形態로, 앞에 위치한 어간의 끝소리에 따라 각각 모음 종결에는 '-니'를, 자음종결에는 '-으니'를 선택해서 사용한다. 한편, '-(으)니까'는 '-(으)니'에서 파생된 일종의 변종이라고 할 수 있다. 이런 식으로 한국어에는 이형태를 제외하고도 약 40여 개나 되는 많은 종류의 연결어미들이 있다.

한국어와 문법체계가 유사한 일본어에는 '접속조사'가 한국어의 연결어미에 해당한다. 일본어에는 총 15개 정도의 접속조사가 존재할 뿐이다. 또한 일본어에는 이형태가 거의 없어서 일본어의 접속조사는 한국어의 연결어미에 비해 훨씬 간단하다고 할 수 있다.

한국어의 연결어미가 배우기 어려운 이유는 단지 그 종류가 많기 때문만은 아니다. 한국어의 연결어미는 일본어의 접속조사에 비해 그 종류가 두 배 이상이나 많은데도 불구하고, 어떤 연결어미들은 한 종류의 상황에만 사용되는 것이 아니라 다른 여러 상황에서도 사용될 수 있다. 예를 들면, '-아서/어서'는 이유 및 원인, 시간의 순서, 수단 및 방법, 목적 등 모두 네 종류 이상의 각기 다른 상황에서 두루 사용될 수 있다.

이와 같이 한국어 문법에는 각 문법 요소마다 이형태와 변종을 포함하여 매우 다양한 종류가 존재하며, 각각의 쓰임도 체계적으로 명확히 구분하기가 어렵다. 이에 반해 일본어의 각 문법 요소는 그 종류가 관련 한국어의 문법 요소에 비해 훨씬 적으며, 각각 사용되는 상황도 거의 한 가지로 정해져 있다. 이런 까닭에 한국어와 일본어 두 언어를 모두 배워 본 외국인들은 한결같이 한국어가 훨씬 배우기 어렵다고 말한다. 이를 통해서도 확인할 수 있듯이, 비슷한 문법체계와 언어 유형학적 특성을 지닌 일본어와 비교해도, 한국어의 문법은 복잡하고 산만하다.

새로운 문법 요소들이 만들어지는 이유는 보다 효과적인 의사소통을 위해 언중이 그것을 필요로 하기 때문이다. 그런데 이러한 문법 요소의 생성은 기술적인 요인들에 의해 촉진 혹은 억제될 수 있다. 앞서 논의했듯이, 맞춤법과 같은 문자와 관련된 표기 정책이 엄격할수록 새로운 문법 요소의 생성은 그만큼 제한된다. 그렇다면 문법 및 언어 유형학적으로 비슷한 두 언어에서 한국어의 문법이 일본어의 문법보다 훨씬 복잡하게 발달된 이유는, 한국어의 한글이 일본어의 히라가나에 비해 새로운 문법 요소의 생성을 훨씬 덜 제한했기 때문이 아닐까?

1933년에 공표된 '한글 맞춤법 통일안'은 최초의 제대로 된 철자법이라고 할 수 있다. 이는 한글이 널리 사용되고도 오랜 시간이 지난 후, 즉 수백 년이 지난 후에야 만들어졌다는 것을 의미한다. 이를 통해 알 수 있듯이, 한국어에 새로운 문법 요소의 생성을 제한할 만한 기술적인 장치들이 오랫동안 존재하지 않았다. 이는 곧 한글이 새로운 문법 요소의 생성을 제어하는 여과장치로서의 역할을 오랫동안 제대로 수행할 수 없었다는 것을 의미한다.

현재의 맞춤법에 따르면, 체언과 격조사 또는 어간과 어미는 분리해서 표기하는 '분철' 혹은 '끊어쓰기'가 원칙이다. 하지만 16세기에는 이를 구분하지 않고 표기하는 '연철' 혹은 '이어쓰기'가 대부분이었다.[38] 그러다가 17~18세기에는 연철과 분철을 혼용했다. 연철이란 소리 나는 대로 표기하는 것이므로, 문법화 과정에서 발생하는 형태소의 미세한 형태적 변화를 그대로 표기한다. 이는 곧 연철이 분철에 비해 새로운 문법 요소의 생성에 좀 더 우호적이라는 것을 의미한다. 실제로도 연철이 유행했던 16세기에 새로운 문법 요소들이 활발하게 생성되었다. 이를 통해서도 확인할 수 있듯이, 한글에 대한 맞춤법, 즉 철자규칙이 엄격할수록 새로운 문법 요소의 생성이 그만큼 억제된다고 할 수 있다.

한편, 음절문자인 일본의 히라가나에는 연철 및 분철이라는 개념이 아예 존재하지 않는다. 굳이 구분하자면, 히라가나의 표기법은 분철에 가깝다고 할 수 있다. 따라서 히라가나는 한글에 비해 형태소의 미세한 형태적 변화를 표기하는데 훨씬 제한적이고 엄격하다고 주장할 수 있다. 그리고 이러한 차이가 한국어와 일본어의 문법체계에 영향을 주었다고 추측할 수 있다.

표기되지 못하는 말들은 언중에 의해 선택되지 않았다는 것을 의미

---

38 예를 들면, '그 사람이 꽃을 사왔어요'라는 문장은 분철로 표기한 것이다. 이를 연철로 표기하면, '그 사라미 꼬츨 사와써요'가 된다.

하므로, 이런 말들은 결국 살아남지 못하고 언젠가는 사라진다. 그렇다면 언어의 진화는 문자로 표기할 수 있는 범위 안에서만 일어난다고 가정할 수 있다. 한글은 한자나 일본의 가나문자에 비해 형태소의 미세한 형태학적 변화를 표기하는데 매우 유연하다. 이는 한글이 그만큼 새로운 문법 요소의 생성에 관대하다는 것을 의미한다. 즉, 한국어의 문법체계가 오늘날처럼 복잡하고 방만해진 이유 중 하나는 한글이 한국어에서 발생하는 형태학적 변화의 표기에 너무 유연하고, 또한 불과 '오백 년밖에' 안 된 젊은 문자이기 때문이다.

문법의 진화에 제한적이고 엄격할 수밖에 없는 한자와 결별하고 한글을 만나면서, 한국어는 지난 오백 년 동안 많은 진화 과정을 거쳤다. 그러한 진화 과정에서 한글은 소리를 음소 단위로 구별하여 표기할 정도로 유연했다. 게다가 한글은 당시 주도권을 행사할 수 없었던 신생문자였으므로, 중구난방으로 마구 진화하는 한국어를 충분히 제어하지 못했다. 이런 사실들을 고려하면, 한국어의 문법체계가 보다 짜임새를 갖추려면 앞으로도 좀 더 오랜 시간이 필요할 것으로 예상할 수 있다.

이러한 한국어의 진화 과정과 정반대되는 것이 바로 한어, 즉 중국어의 진화 과정이라고 할 수 있다. 중국어에는 어미의 활용과 같은 문법적 기능이 없다 보니 문법이 매우 단순하다. 이는 보수적인 한자가 중국어의 문법적 진화를 '지나치게' 제어하기 때문이라고 해석할 수 있다.[39]

---

39 물론 한어에서도 문법화를 통해 여러 새로운 문법적 요소들이 만들어졌다. 하지만 다른 언어들의 문법과 비교하면 상대적으로 한어, 즉 중국어에서는 문법적 요소가 매우 적다.

낭비가 심한 언어습관

외국인들을 위한 한국어 교재들이 그동안 많이 출판되었다. 이들 교재의 첫 과에는 대부분 다음과 같은 예문들이 나온다. "이것이 무엇입니까?", "그것은 연필입니다." 그런데 이런 격식체의 예문들은 문법적으로나 의미론적으로 전혀 문제가 없는 정문正文이지만, 한국인들은 실생활에서는 이런 격식체의 문장들을 거의 사용하지 않는다. 위의 예문들 대신 대부분의 한국인들은 다음과 같이 표현한다. "이게 뭐예요?", "그건 연필이에요."

이와 같이 실생활에서는 거의 사용되지 않는 지나친 격식체의 문장들이 대부분의 한국어 교재에 예문으로 버젓이 실려 있다. 그 이유를 분석해 보면 다음과 같다. 첫째, 한국어에는 의미는 같으나 어감에 미묘한 차이가 있는 여러 표현들이 존재한다. 둘째, 이들 중 가장 격식을 갖춘 형식적인 표현만이 교과서에 실린다. 이러한 다양한 표현의 미묘한 어감의 차이들을 배워야 할 외국인들에게는 당연히 한국어가 복잡하고 어렵게 느껴질 수밖에 없다. 또한 이러한 미묘한 어감의 차이는 지극히 주관적이고 상대적인 것이므로, 이것을 외국인들에게 체계적으로 가르치기도 힘들다.

결국 한국어가 배우기 어려운 이유는 한국어 문법이 복잡하기 때문만은 아니며, 의미는 같으나 미묘한 어감의 차이를 표현하려는 한국인의 언어습관 때문이기도 하다. 여기서 한 가지 예를 더 살펴보자. 십여 년 전의 한 영화에 나오는 유명한 대사인 '너나 잘 하세요'라는 문장은 외국어로 그 의미를 정확하게 번역하기가 거의 불가능하다. 이 문장은 일반적으로 쓰이는 정문正文이 아닌 비문非文이다. 하지만 한국인이라면 누구나 그 문장의 화자가 청자를 비웃는 상황이라는 것을 쉽게 이해할 수 있다. 이렇게 반말과 높임말을 뒤섞어 화자가 의도하는 특수한 효과를 겨냥한 문장 만들기는 한국어만이 가능한 표현이라고 할 수 있다.

영어 문장에서 서술동사 끝에 '-s'가 첨가되면, 이는 문장의 주어가 3인칭 단수라는 것을 의미한다. 이와 같이 주어의 인칭 및 수에 따라 동사를 일치시켜야 하는 규칙은 언중에게 세심한 주의를 요구하지만, 이는 정확한 정보를 제공하기 위해서 필요한 것이다. 한편, 한국어에서는 다양한 종류의 조사 및 어미를 활용하여 각기 다른 어감의 차이를 수없이 만들어 낼 수 있다. 앞서 예문에서 알 수 있듯이, 미세한 어감의 차이는 객관적 사실에 대한 정보를 제공하기 위해서 필요한 것이 아니라, 주로 청자에 대한 화자의 주관적 감정을 직접 혹은 간접적으로 나타내기 위한 수단으로 사용된다.[40]

한국어에서 복잡하고도 다양하게 발달되어 있는 경어체는 한국 사회의 권위주의 문화를 그대로 반영한 것이다. 상대방의 사회적 지위에 따라 말하는 방법을 달리해야 하는 이러한 권위주의적 사회에서는 사회적 약자가 자신의 감정을 직접적으로 표현하기가 어렵기 때문에 그것을 간접적으로 에둘러서 표현할 수밖에 없다. 이러한 언중의 필요에 부응하여 한국어에는 이를 위한 다양한 표현법들이 만들어졌다. 그리고 이때 유연한 한국어와 한글의 기여가 컸다고 할 수 있다. 결국 수평적이지 않

---

40 한국의 군대에서는 소위 '다나까체'만을 사용해야 한다. 그 이유는 이것이 군대의 명령과 복종의 상하관계를 분명히 나타내는 명령문 및 격식체이며, 또한 신속하고 명확한 의사 전달을 위해서는 불필요한 미묘한 어감의 차이를 최대한 배제해야 하기 때문이다.

고 수직적인, 즉 권위주의적인 사회분위기 탓에 한국어에는 의미는 같으나 어감이 미묘하게 다른 수많은 표현들이 존재하게 되었다. 그리고 이러한 현상은 심각한 언어적 낭비를 불러일으키고 있다.

한국어에는 점차 한자의 영향이 약화되고 있는 반면, 유교적 전통에 따른 권위주의적 언어습관은 여전히 많이 남아있다. 이렇듯 어휘는 시대의 변화에 맞게 현대화되어 가고 있지만, 언어습관은 이를 적절히 따라가지 못하고 있는 실정이다. 한 언어에서 보여지는 이러한 상반된 부조화 현상은 적절한 언어 정책의 부재에서 비롯된다고 설명할 수 있다. 이를테면, 오래전부터 시행되어 온 한글전용 정책 덕분에 현재 한자 사용이 크게 줄어들 수 있었다. 이에 반해 말하는 상대방의 사회적 지위에 따라 어투를 바꾸어야만 하는 현재와 같은 낭비적인 비수평적 언어습관을 개선하기 위해서 지금까지 어떠한 언어 정책도 만들어진 적이 없다.

한국에서는 어른들에게 공손한 높임말을 사용해야 한다고 학생들을 교육하고 있다. 그러나 그들에게 정작 수평적 언어습관에 대해서는 전혀 가르치지 않는다. 그 결과 나이가 어리거나 사회적 지위가 낮은 사람들은 비난 받지 않기 위해서 때론 높임말을 남발하게 되었다.[41] 또한 사람들은 자신의 솔직한 감정을 직접적으로 표현하지 못하고 에둘러 표현하느라, 같은 의미이지만 어감이 미세하게 다른 표현들을 수도 없이 만들게 되었나. 이와 같이 높임말의 사용이라는 오랜 전통이 한국인의 언어습관을 매우 비효율적으로 만들고 있는 것이다.

오늘날 한국 사회는 서로를 존중하는 민주주의 사회를 지향하고 있

---

41 「잘못 쓰는 높임말 "고객님, 이 옷은 사이즈가 없으세요" 사물 존대 NO」, 『동아일보』, 2015.3.18.

다. 이런 사회에서 높임말의 사용은 비효율적 언어습관뿐만 아니라 다른 사회적 부작용도 낳고 있다. 서로에게 모두 높임말을 쓰고, 서로 공손하게 허리 굽혀 인사하는 모습은 꽤나 세련된 문화로 보일 수도 있다. 하지만 한쪽은 배 내밀고 뒷짐 지고 서 있는데 다른 측만 허리 굽히며 굽실거리는 모습이라면, 이는 외국인들은 물론, 우리들 눈에도 봉건적 주종관계의 모습으로밖에 보이지 않을 것이다.

한국의 기업이나 학교에서는 한창 창의력을 발휘해야 할 많은 젊은이들이 상대방한테 말투가 버릇이 없다거나 혹은 잘못되었다고 핀잔을 들을까 많은 신경을 써야 한다. 이러한 사회에서 그들의 창의력이 과연 살아남을 수 있을지 의문을 갖지 않을 수 없다. 높임말이라는 것은 본래 상대방을 존중하겠다는 의미에서 만들어진 언어습관이다. 그러나 젊은이들에게 상대방이 단지 나이가 많거나 사회적 지위가 높다는 이유로 무조건 높임말을 써야 한다고 강요한다면, 겉으로만 공손한 척해야 하는 표리가 생길 수밖에 없다(참고로, 몇 년 전 인지철학을 전공하는 두 학자 간에 높임말의 사용에 관한 공방이 있었다. 한쪽에서는 "사회적 약자에게 일방적인 복종을 강요하는 사회적 불평등을 해결하기 위해서 '반말공용화'를 해야 한다"라고 주장했고,[42] 다른 한쪽에선 "말의 불평등을 해결하는 것만으로 사회적 불평등이 해소되지 않는다"라고 반박했다[43]).

---

42 김광식, 「한국사회에 반말공용화를 묻는다―인지문화철학자의 반말 선언」, 『사회와철학』 28, 2014, 25~40쪽.
43 문성훈, 「강한 선언, 혼란스런 근거―김광식의 '반말공용화'에 대한 반론」, 『사회와철학』 29, 2015, 1~22쪽.

양자택일

동아시아의 이상향

중국의 후진타오 전 주석은 그의 재임기간(2003~2013)동안 '조화로운 사회'라는 의미의 화계사회和諧社會의 건설을 주요 국정목표로 제시했었다. 중국은 개혁개방화 이후 급격한 사회환경 변화를 겪고 있다. 이에 따른 부작용으로 도시와 농촌 사이의 소득격차 및 사회계층 간의 빈부격차가 크게 증가했다. 중국 정부가 조화로운 사회라는 국정목표를 제시했던 이유는 바로 이러한 지역 및 계층 간에 확대되고 있는 불균형을 해소하기 위해서였다.[44] 현재 시진핑 정부도 사회 불평등과 관련된 문제를 주요 현안으로 다루고 있다. 그가 제시한 국정목표는 '모두가 골고루 잘 사는 세상'을 의미하는 소강사회小康社會의 건설이다.[45]

공동체의 안정을 중요시했던 유교는 사회 구성원 모두가 마치 한 가족같이 서로 믿고 의지하는 사회를 추구했는데, 이를 대동사회大同社會라고 불렀다. 그리고 소강사회란 대동사회에 미치지는 못하지만, 모두가 그럭저럭 살만한 세상을 가리킨다.[46] 대동사회는 유교가 추구했던 이상향이고, 소강사회는 대농사회로 가는 중간 단계인 셈이다. 여기서 흥미로운 사실은, 유교를 타파해야 할 악습으로 규정했던 중국 공산당

---

44 마크 레너드, 장영희 역, 『중국은 무엇을 생각하는가』, 파주 : 돌베게, 2011, 85~88쪽.
45 「시진핑 "국민이 풍족한 '소강사회' 건설"」, 『세계일보』, 2012.11.16.
46 러우 위리에, 황종원 역, 『중국의 품격』, 에리리치홀딩스, 2007, 186~188쪽.

의 최고 지도자들이 다시 이를 국정목표로 제시하고 있다는 것이다.

중국인을 포함한 동아시아인들의 사고방식을 한마디로 요약하면 '강한 집단주의 성향'이다. 앞서 제2장의 「공자 앞에서 문자 쓴다」에서 설명했듯이, 동아시아의 집단주의 문화는 오랜 유교적 전통을 통해 체계화되었다. 현재 중국 정부는 개혁개방 이후에 발생한 사회 불평등을 해결한다는 명목으로 유교가 추구했던 이상향을 내세우고 있다. 그렇다면 중국 정부는 빈부격차와 같은 사회문제가 발생한 원인을 유교적 전통에 바탕을 둔 집단주의 문화가 그동안 약화되었기 때문이라고 인식하고 있는 것일까?

중국이 지난 십여 년 전부터 겪고 있는 소득분배와 같은 사회문제를 한국은 이미 오래전부터 겪어오고 있다. 중국 정부가 국정지표로 유교적 가치를 내세우고 있는 명분은, 사회 불평등과 관련된 문제를 해결하기 위해서이다. 한편 한국인들의 집단주의 성향은 중국인들에 비해 더 강한 측면이 있다. 만약 유교적 가치를 내세우는 중국 정부의 방식이 문제해결을 위한 올바른 방향이라면, 유교적 전통이 남다른 한국이 사회 불평등과 관련된 문제를 겪고 있는 이유는 무엇인가?

이런 질문을 하는 이유는 다음의 두 가지 의문에 대한 해답을 얻기 위해서이다. 첫째, 대다수의 한국인들과 중국인들이 공유하고 있는 집단주의적 사고방식이 현재의 자본주의식 경제체제와 잘 어울리고 있는가? 둘째, 만약 유교적 전통에 바탕을 둔 집단주의적 사고방식과 서구에서 수입한 자본주의식 경제체제가 서로 잘 어울리지 않는다면, 유교식 해결책이 과연 현재 양국이 공통적으로 겪고 있는 사회문제의 많은 부분을 해결할 수 있는가?

경쟁사회에 어울리지 않는 사고방식

한국에는 성형외과가 넘쳐나고 한국 여성들은 성형수술에 비교적 적극적인 편이다.[47] 몇 년 전부터는 한국 남성들도 여성들 못지않게 외모를 가꾸는데 많은 비용을 지출하기 시작했다.[48] 미국을 포함한 서양에서도 자신의 외모가 사회적 성공에 도움이 된다고 믿는 사람들이 적지 않다.[49] 아무리 그렇다 하더라도 남자들까지 외모에 집착해야 하는 현재의 한국 사회가 건강하다고 말할 수는 없다. 그렇다면 인격수양을 강조했던 오랜 유교적 전통의 한국 사회에서 사람들은 왜 외모에 이토록 집착하게 되었을까?

전 세계 23개국을 대상으로 실시한 몇 년 전의 한 국제 여론조사 결과에 따르면, 자본주의 역사가 긴 구미 선진국에 비해 훨씬 더 많은 한국과 중국의 응답자들이 돈을 중요한 성공의 증표로 여기는 것으로 조사되었다.[50] 많은 한국인들과 중국인들이 돈에 집착하는 가장 큰 이유는 아마도 미래에 대한 불확실성 때문일 것이다. 전쟁과 혁명 등 격동의 근·현대사를 겪어 온 그들에게 미래라는 것은 항상 예측하기 힘들고 불안한 것이었다. 또한 한국과 중국은 아직 구미 선진국 수준의 사회보장제도를 갖추지 못하고 있으니, 한국인이나 중국인들은 돈을 자신과 가족을 지켜주는 유일한 안전장치로 생각할 수밖에 없게 된 것이다.[51]

---

47 "Welcome to the plastic surgery capital of the world", *CNN*, 2012.8.9.
48 「韓 남성 화장품 시장 세계1위……'외모 가꾸기'에 지갑 연다」, 『YTN』, 2016.7.10.
49 "Uglies of the world, unite!", *The New York Times*, 2000.8.27.
50 "Money means more to people since financial crisis", *Reuters*, 2010.2.22.
51 金惠媛, 「錢」, 『香港文學』 317, 2011, pp.80~82.

대부분의 한국인들은 미래를 불안해하며, 어느 나라 사람들보다도 열심히 학교에서는 공부하고 직장에서는 일하고 있다. 그러나 경쟁은 점점 격해지고 있어, 오로지 열심히 노력하는 것만으로는 충분치 않게 되었다. 결국, 한국인들은 조금이라도 더 유리한 조건을 갖추고자 무슨 일이라도 마다하지 않게 되었다. 즉, 한국인들이 학벌이나 외모 등에 집착하게 된 이유는 돈 벌기 경쟁에서 살아남기 위한 절박함 때문인 것이다. 따라서 한국의 주요 사회문제를 해결하려면, 한국인들이 가지고 있는 미래에 대한 불안감을 해소해주고, 경쟁을 조금이라도 완화시킬 수 있는 방법을 찾아야 한다. 이러한 노력 없이, 개개인의 인격수양을 강조하거나 집단주의적 가치를 내세우는 것만으로는 문제를 해결할 수 없다.

앞서 제2장의 「네가 하면 나도 한다」에서 논의했듯이, 조선시대(1392~1897)에 명예나 체면 등의 집단주의적 덕목이 중요시 되었던 이유는 당시의 경제·사회구조가 그것을 요구했기 때문이다. 당시 조선은 폐쇄적인 농경사회였다. 대부분의 사람들은 씨족을 중심으로 모여 살면서 서로 농사일을 도왔다. 따라서 이들에게 혈연은 곧 지연이었고, 동시에 경제공동체를 의미했다. 이러한 사회에서는 구성원들이 남들의 눈치를 살피는 등 다른 사람들과의 사회적 관계를 중요시 할 수밖에 없다.

한국의 경제·사회구조는 지난 세기 후반의 산업화 과정을 통해 크게 바뀌었다. 이와 동시에 시장경제가 자리 잡으면서 한국인들은 처음으로 자본주의식 경쟁사회를 경험하게 되었다. 다만 이때는 국가경제가 고속으로 성장하면서 한국 사회에 나름의 활력을 주었던 덕분에,[52]

---

52 탁선산, 『한국인은 무엇으로 사는가』, 파주 : 창비, 2008, 37쪽.

당시의 경쟁은 한국인들이 충분히 감내할 만한 수준이었다. 하지만 이후 경제 성장이 둔화되면서 한정된 자리를 놓고 벌이는 경쟁이 본격적으로 시작되었다. 최근에는 '수저 계급론'이 등장하는 등 계층 간을 잇는 사다리가 사라져 사회발전의 활력도 많이 떨어졌다.[53]

오늘날 한국의 경제·사회구조는 과거 조선시대와는 전혀 다른 모습이다. 산업화가 상당한 수준으로 진행되어 농업에 종사하는 사람은 소수에 불과하고, 이제 대부분의 한국인들은 도시에 거주한다. 도시에서 이웃은 더 이상 혈연관계도 아니고 또한 동업관계도 아니다. 사람들은 공동체를 위해서 서로를 돕기보다는 학교에서나 직장에서나 한정된 수의 자리를 놓고 서로 경쟁해야만 한다. 과거 조선사회는 사람들 간의 협력을 중요시하는 사회공동체였다. 이에 반해 현대 한국 사회는 주변의 모든 사람들이 잠재적 경쟁자인 소위 무한 경쟁사회이다.

유물론적 시각에서 보면, 사회의 하부구조인 경제체제가 바뀌면 그 상부구조에 해당하는 사회규범이 그것에 맞게 변한다. 이와 더불어 그 사회의 구성원들이 공유하고 있는 사고방식도 그것에 맞게 변한다. 그런데 이때 경제체제가 너무 급변하게 되면, 사람들의 사고방식이 그 변화속도에 미처 적응하지 못하게 된다. 왜냐하면 사람들의 사고방식은 완고한 편이어서 변화하는 데에는 많은 시간과 노력이 필요하기 때문이다.

농경사회에서 산업사회로의 전환이 서구에서는 수 세기에 걸쳐 일어났다. 반면, '압축성장'이라는 말에서 알 수 있듯이, 한국에서는 이러

---

53   「금수저-흙수저는 현실, 한국은 신계급사회로 가고 있다」, 『경향신문』, 2015.11.17.

한 전환이 불과 수십 년 만에 끝나버렸다. 과거 상부상조를 강조하던 씨족 중심의 농경사회는 이미 해체되었고, 현 사회에서는 무슨 일이든 효율을 중시하고 경쟁을 부추기고 있다. 문제는 많은 한국인들이 전통적 사고방식에 따라 여전히 일체감 등의 집단주의적 가치를 추구하고 있다는 것이다. 이렇듯 사회환경은 갑작스럽게 변해버렸지만, 사람들의 사고방식은 이에 적응하지 못하고 있다. 안타깝게도 이러한 부조화는 여러 사회적 부작용을 야기하고 있다.

일체감이 강한 사회의 구성원들 간에 서로 경쟁하라고 강요한다면 어떤 현상이 일어나겠는가? 집단주의 사회에서는 사람들이 다른 구성원들의 행동과 생각을 따르는 경향이 강하다.[54] 여기에 구성원들 간의 일체감이 중요한 사회적 가치로 존중 받는 상황이라면, 사람들은 혼자 뒤처지거나 따돌림 당하는 것을 두려워하여, 다수가 하는 것을 맹목적으로 따라 하게 된다. 이것이 바로 많은 사람들이 한쪽으로 휩쓸리는 사회적 동조同調(conformity) 현상, 즉 '쏠림 현상'이 한국에서 자주 목격되는 이유이다. 그런데 이렇게 모두가 한쪽으로 쏠리고 있는 상황에서 서로가 경쟁을 해야 한다면, 그 경쟁은 더욱 치열해질 수밖에 없다. 특히 현재의 한국 사회와 같이 낙오자를 따돌리는 상황에서라면, 사람들은 뒤처지지 않고 중간이라도 가기 위해서 안간힘을 다할 수밖에 없다.

한국 사회에서는 사람들이 주변의 다수가 하는 행동과 생각에 동조해야만 하고, 그러기 위해서 남들의 이목에 항상 신경 써야만 한다. 이런 상황에서 많은 학생들은 자신의 적성이나 능력과는 상관없이 남들

---

54   R. Bond, "Conformity across cultures", *Encyclopedia of Applied Psychology* 1, 2004, pp.45
7~468.

이 인정하는 대학과 전공을 선택한다. 이런 식으로 대부분이 한쪽으로 몰리면서 경쟁이 더욱 치열해졌고, 이는 한국 사회에 사교육 및 조기유학 등 지나친 교육열을 만들어냈다. 그리고 많은 학생들은 졸업한 후에도 남들이 인정하는 대기업이나 정부기관 등에 들어가기 위해서 서로 또 치열한 경쟁을 해야만 한다. 결국, 이런 이유로 한국의 젊은이들은 수년간의 혹독한 취업재수를 감수하거나 위험한 성형수술도 불사하게 되었다.[55]

경쟁을 부추기는 일체감

주지하듯이 현재 한국에서는 어린 학생들의 집단 따돌림이 주요 사회문제가 될 정도로 심각한 상태이다. 어느 나라에나 학교에는 약한 학생을 괴롭히는 철없는 학생들이 있기 마련이지만, 그것이 한국에서처럼 '집단' 따돌림으로 비화되는 경우는 흔하지 않다. 약자의 괴롭힘이 집단화되는 이유는 대다수의 의견을 거스르지 못하고 거기에 따라야만 하는 일종의 동조 현상 때문이다.[56]

개인주의가 발달한 서구 선진국에서와는 달리, 한국에서는 어린 학생들의 집단 따돌림이 빈번하다. 그 이유는 학생들에게 한편으로는 '모

---

[55] 원하는 대학에 들어가기 위해서 재수나 삼수를 하는 것을 외국에서는 보기 힘들다. 더군다나 원하는 직장에 들어가기 위해서 재수 혹은 삼수를 한다는 것은 외국에서는 생각조차 하기 힘든 일이다. 즉, 취업재수는 한국 사회에서만 발견되는 매우 독특한 사회 현상이다.

[56] 김원중, 「왕따 — 의미, 실태, 원인에 관한 종합적 고찰」, 『상담학연구』 5, 2004, 451~472쪽.

나지 않게' 행동해야 한다고 집단주의적 사고방식을 가르치면서, 다른 한편으로는 동료 학생들과의 경쟁에서도 이겨야 한다고 다그치기 때문이다. 즉, 입시경쟁에 여념이 없는 어린 학생들이 집단 내 다수의 의견을 거스르면서까지 어려운 상황에 처한 소수의 희생자들을 도우려 하지 않는다는 것이다.

집단주의 사회에서는 다른 사람들의 행동과 생각에 동조해야 하는데, 그 이유는 구성원들 간의 *끈끈한* 유대를 통해서 공동체의 안정과 화목을 이룩하기 위함이다. 그런데 구성원들 간의 경쟁이 치열해지면, *끈끈한* 유대관계는 허울뿐이고 실제로 존재할 수는 없게 된다. 결국, 사람들은 공동체의 안정을 위해서가 아니라, 단지 자신이 다음번의 피해자가 되지 않기 위해서 어쩔 수 없이 다수인 가해자 편에 서게 된다. 이렇듯 공동체의 안정을 위해 필요했던 구성원들 간의 동조 행위는, 경쟁이 심해지면서 그 순기능은 없어지고, 어려움에 처한 소수를 외면하는 등 오히려 심각한 역기능을 불러온다.

사회주의 체제와 비교할 때 자본주의 체제가 가진 미덕은 '적당한' 경쟁을 통해서 효율을 높일 수 있다는 것이다. 문제는, 한국 사회에서는 그 적당해야 할 경쟁이 너무 지나칠 때가 많다는 것이다. 이런 현상은 이익이 생기는 곳으로 사람들이 몰릴 수밖에 없는 자본주의 체제가 가진 구조적 문제라고 할 수 있다. 하지만 그것이 한국 사회에서 유난히 더 심각한 모습으로 나타나는 이유는, 모두를 한 방향으로 쏠리게 하는 사회적 동조, 즉 남들이 하는 것을 나도 하지 않으면 뒤쳐지거나 따돌림 당하게 된다는 불안감이 이미 치열한 경쟁을 더욱 심화시키고 있기 때문이다.

이렇듯 한국 사회에서는 사람들이 한쪽으로 쏠리는 과잉 동조 현상이 빈번하고, 이에 따른 부작용으로 구성원들 간의 경쟁이 불필요하게 심화되기도 한다. 지나친 사회적 동조 현상은 한국 사회가 그만큼 집단주의 성향이 강하기 때문이라고 설명할 수 있다. 그렇다면 사회적 동조 현상으로 발생되는 여러 부작용은, 오랜 유교적 전통으로 집단주의 문화가 지배적인 동아시아 국가에서 공통적으로 발견되는 것인가, 아니면 일체감을 유난히 강조하는 한국 사회만의 문제인가? 이 질문에 답하기 위해서는 한국 사회와 비교할만한 대상이 필요한데, 이에 가장 적합한 곳이 바로 홍콩이다.

홉스테더의 개인주의 지수IDV는 홍콩이 25로, 중국의 20에 비하면 약간 높은 수준이다. 즉, 홍콩은 나름 집단주의적 성향이 강한 사회라고 할 수 있다. 이는, 주민들의 대부분이 중국계인 만큼, 홍콩에서는 가족 혹은 혈연을 중심으로 한 집단주의 문화가 지배적이라는 것을 의미한다. 물론, 홍콩은 과거 오랫동안 영국의 식민지였고, 지금도 중국과는 다른 정치 및 경제체제를 갖춘 도시국가의 형태를 유지하고 있기 때문에 홍콩의 사회와 문화는 중국과는 다소 다른 양상을 보인다.[57]

홍콩의 부모들은 자녀의 사교육을 포함한 교육비로 많은 비용을 지출하고 있지만,[58] 그래도 한국보다는 상대적으로 적은 수준이다.[59] 또한 한국과 달리 홍콩에서는 아이의 조기유학을 위해서 '기러기 아빠'와 같

---

57 "Hong Kong residents, mainland people have similarities - and also big differ-ences", *The South China Morning Post*, 2016.11.12.

58 "At HK$ 1 million, Hong Kong parents spend three times global average on children's education : study", *The South China Morning Post*, 2017.6.30.

59 「무리한 사교육 노후에 '毒'…대학까지 양육비 4억육박」, 『연합뉴스』, 2017.2.28.

은 가족 간의 이산을 감수하는 경우는 매우 드물다. 홍콩의 대학 진학률은 50% 이하로 세계 최고 수준인 한국(약 80%)에 비해 훨씬 낮은 수준이다.[60] 따라서 학생들이 원하는 대학에 가기 위해 재수를 하는 경우는 드물다. 대학을 졸업한 학생들도 취업을 위해 재수를 한다거나 성형수술을 하지는 않는다.[61] 이렇듯 홍콩에서는 한국에 비해 사람들이 한쪽으로 몰리는 쏠림 현상, 즉 과잉 동조 현상이 상대적으로 적은 편이다.

홍콩의 인구 십만 명당 자살률은 2014년을 기준으로 8.6명으로 한국의 28.9명에 비하면 현저히 낮은 수준이다.[62] 홍콩은 한국에 비해 소득수준은 높지만,[63] 빈부격차가 매우 심하고,[64] 사회보장제도도 한국에 비해서 훨씬 열악한 상황이다.[65] 지나친 경쟁으로 인한 정신적인 압박감이나 경제적인 부담감 등이 자살의 주요 원인이라고 알려져 있다.[66] 이런 사실을 감안하면, 사회 안전망이 부실하고 동시에 비싼 생활비로 악명 높은 홍콩의 자살률이 한국보다 오히려 매우 낮다는 것은, 홍콩 사람들이 경쟁으로 인한 정신적 압박감을 한국 사람들에 비해 훨씬 덜

---

60 "Fewer Hong Kong teens expect to complete university", *The South China Morning Post*, 2013.4.25.

61 "Only 1pc Hong Kong have plastic surgery, survey finds", *The South China Morning Post*, 2007.2.26.

62 "HKU Centre for Suicide Research and Prevention Release Latest Figures", *The South China Morning Post*, 2015.9.14.

63 2017년 기준 1인당 GDP(예상치)는 홍콩이 약 4만 5천 달러이고, 한국은 2만 9천 달러이다.

64 UN이 발표한 2009년의 'Human Development Report'에 따르면, 홍콩에서의 소득 상위 10%와 하위 10%의 비율(R/P 10%)은 17.8배로 한국의 7.8배에 비해 훨씬 높다.

65 "Hong Kong people still need better social welfare protection", *The South China Morning Post*, 2017.6.21.

66 이상영 외, 『우리나라의 자살급증 원인과 자살예방을 위한 정책과제』, 한국보건사회연구원, 2012, 83~85쪽.

받고 있다는 것을 의미한다.

한국과는 달리, 홍콩에서는 사람들이 한쪽으로만 몰리는 과잉 동조 현상이 심각하지 않고, 이에 따라 경쟁이 불필요하게 심화되지 않는다면, 그 이유는 무엇인가? 이에 대한 해답을 얻기 위해서는 여러 방면의 심도 있는 비교 및 분석이 필요하지만, 홍콩과 한국 사이에는 비교적 쉽게 분명히 발견되는 한 가지 문화적 차이가 있다. 그것은 바로, 비록 가족 중심의 집단주의 문화가 여전하지만, 홍콩에서는 문화적 동질성이나 구성원들 간의 유대를 한국에서만큼 강조하지 않는다는 것이다.[67]

집단주의 사회에서 구성원들 간의 동조 행위는 개인주의 사회보다 자주 발생한다. 그러나 집단주의 사회에서 사회적 동조 현상을 심화시키는 결정적인 요인은, 자신과 다른 구성원들 간의 유사성을 자각하느냐의 여부이다.[68] 주지하듯이, 오랫동안 한국에서는 문화적 동질성을 강조하고, 구성원들 간의 일체감을 중요시 해왔다. 따라서 한국인들은 자신의 주변 한국인들과 강한 동질감과 유대감을 느끼며, '그들이 하면 나도 해야 한다'는 강박감을 갖게 되었다. 그리고 이러한 사고방식이 한국 사회에서 과잉 동조 현상을 빈번하게 만들고, 이에 따른 부작용으로 경쟁이 불필요하게 심화되고 있는 것이다.

일체감이란 구성원들끼리 경쟁하지 않는 사회에서 필요한 덕목이다. 왜냐하면 서로 경생해야만 한다면, 구성원들 간의 끈끈한 유대관계는

---

67 국제도시라는 명성에 걸맞게 홍콩에는 외국인 거주자의 비율도 높은 편이고, 인구의 대부분을 차지하는 중국계 주민들도 중국의 각기 다양한 지방 출신으로 구성되어 있다. 따라서 정책적인 측면에서나 인구 구성으로 볼 때 그동안 홍콩은 문화적 동질성을 강조할 만한 상황이 전혀 아니었다.

68 조긍호·김은진, 「문화성향과 동조 행동」, 『한국심리학회지 : 사회및성격』 15, 2001, 139~165쪽.

유지될 수 없기 때문이다. 치열한 경쟁사회에서 필요한 덕목은 일체감이 아니라 '공정함'이다. 하지만 대부분 한국인들의 사고방식은 공평무사보다는 여전히 인지상정에 가깝다고 할 수 있다. 즉, 한국인들의 사고방식은 아직 경쟁사회에 완전히 준비되어 있지 않은 것이다.

경쟁이 전혀 필요 없거나 혹은 있더라도 그리 심하지 않은 사회에서는, 일체감 등의 집단주의적 가치는 구성원들 간의 협력과 더 나아가서는 다른 구성원들을 배려하는 이타심을 끌어낼 수도 있다. 그러나 집단주의 성향이 강한 사회에서 구성원들 간의 경쟁이 치열해지면, 자신이 집단에서 낙오되거나 따돌림 당하지 않는 것이 최우선 과제가 되므로, 남을 배려할 여유가 없어진다. 이는 일체감 등과 같은 집단주의적 가치가 경쟁사회에서는 그 기능을 전혀 발휘하지 못한다는 것을 의미한다. 또한, 지나친 경쟁을 다소나마 완화시키기 위해서 한국 사회가 필요한 것은 문화적 다양성 등과 같은 개인주의적 가치라는 것이다.

자본주의와 상충하는 집단의식

과거 유교에서는 대동사회를 구현하기 위해서 인격수양과 도덕의 실천을 강조했고, 조선시대의 사대부들은 이를 따르려고 노력했다. 그런데 그들이 유교의 가르침을 따랐던 이유는 그 내용에 동의했기 때문일 수도 있지만, 당시에는 성리학에 능통한 사람만이 과거시험을 통해서 출세할 수 있었기 때문이다. 말하자면, 조선시대의 유교는 국가의 통치이념이자, 동시에 경제체제를 의미했다.

현대 한국 사회의 경제체제는 자본주의이다. 유교는 더 이상 국가의 통치이념이 아니며, 이제 자본주의식 경제체제에 적응해야만 하는 종속적 입장일 뿐이다. 따라서 유교적 전통에 따른 인격수양과 도덕의 실천을 아무리 강조하더라도, 이러한 노력이 현재의 자본주의식 경제체제를 바꿀 수 없으므로, 자본주의식 경제체제에서 발생하는 사회문제를 근본적으로 해결할 수는 없다.

중국 정부는 화계사회와 소강사회를 국정지표로 정하는 등 전통적 사회규범이었던 유교가 현 중국 사회의 안정에 도움이 되기를 기대하고 있다. 그렇지만 중국 정부가 유교의 실천방법들을 정책에 반영할 가능성은 거의 없다. 현재 중국의 주요 사회문제들은 모두 경제문제에서 비롯된 만큼, 중국 정부는 경제 정책을 통해서 이들을 해결하고자 노력할 것이다. 왜냐하면 집단주의적 가치를 다시 아무리 강조하더라도 이것이 자본주의식 경제체제로 인해 발생하는 문제들을 해결할 수 없기 때문이다.

앞서 논의했듯이 일체감 등의 집단주의적 사고방식과 경쟁을 통한 효율성 제고라는 자본주의식 철학은 서로 상충한다. 현재 상황에서 자본주의는 경제체제인 만큼, 사회 및 모든 분야의 주도권을 쥐고 있다. 이에 반해 집단주의를 강조하는 전통 사회규범은 그것을 따라야 할 입장이다. 따라서 현재의 자본주의식 경제체제가 계속해서 유지된다면, 한국인들이 가지고 있는 집단주의 성향은 점차 약화될 수밖에 없을 것이다.

자본주의의 경험이 많아질수록 사회의 구성원들이 공유하는 집단주의 성향이 약화되는 현상은 일본의 사례에서 확인할 수 있다.[69] 홉스테더의 개인주의 지수IDV에 근거하면, 일본의 개인주의 성향(46)은 서구의 미국(91) 및 프랑스(71)에 비하면 약한 편이지만, 한국(18)이나 중국(20)에 비하면 상당히 강한 편에 속한다. 전통적으로 일본은 집단주의 문화가 발달했던 사회였다. 그러나 현재 일본인들의 집단주의 성향은 크게 완화되고 개인주의 성향은 강화되었는데, 이는 그동안 그들의 사고방식이 자본주의식 경제체제에 적응해왔기 때문이라고 설명할 수 있다.

실제 역사적으로도 자본주의의 발전은 개인주의와 무관하지 않았다. 개인주의는 서구의 상공인들이 추구했던 윤리였다. 이들이 자본주의 사회의 주역이 되면서, 이들의 윤리인 개인주의가 서구 사회의 일반적 윤리가 된 것이다.[70] 홉스테더의 개인주의 지수를 살펴보더라도, 자본주의가 발달한 구미 선진국들은 한결같이 개인주의 성향이 강하다는 것을 알 수 있다.

유교적 전통을 공유한 동아시아 국가들은 집단주의 성향이 강한데도 불구하고 경제발전에 성공했다.[71] 이를 근거로 자본주의와 개인주의와의 관계, 즉 상호의존성이 상황에 따라 달라질 수 있다는 견해도 나왔다.[72] 그러나 유교적 전통이 국가의 경제발전에 도움을 준다 하더라도, 이것이 유교문화와 자본주의 경제체제가 서로 잘 어울린다는 것

---

[69]   M. Ishii-Kuntz, "Collectivism or Individualism? Changing Patterns of Japanese Attitudes", *Sociology & Social Research* 73, 1989, pp.174~179.

[70]   이근식, 『에덤스미스의 『국부론』 읽기』, 세창출판사, 2013, 153~172쪽.

[71]   이를 설명하기 위해 관련 학자들은 '동아시아 발전모델' 또는 '유교 자본주의'라는 개념을 만들었다. 이는 국가 중심의 권위주의적 경제 정책 덕분에 동아시아 국가들이 눈부신 경제발전을 이룩할 수 있었다는 것으로, 앞서 『문화DNA는 없다』에서 언급한 '아시아적 가치'와 같은 맥락을 지닌다. 이런 주장은 1997년의 '아시아 경제위기' 이전까지 한동안 유행했었다.

[72]   Brayan S. Turner, "Individualism, Capitalism and The Dominant Culture : A Note on the Debate", *Journal of Sociology* 24, 1988, pp.47~64.

을 의미하지는 않는다. 본질적으로 유교는 공동체의 안정을 위해 구성원들 간의 화합을 강조하는 사회규범이기 때문에, 내부 경쟁을 통해서 효율을 제고하는 자본주의 철학과는 상충될 수밖에 없다.

일본의 예에서 알 수 있듯이, 자본주의에 대한 경험이 쌓일수록 사람들의 집단주의 성향은 점차 약화된다. 한국인들의 사고방식도 자본주의식 경제체제에 적응하면서 집단주의에서 개인주의적인 성향으로 점차 변모될 것으로 예상된다. 이런 예상을 일정부분 뒷받침해 주는 조사결과가 있다. 문화체육관광부가 발표한 자료에 따르면, '국가를 위한 희생 의향'은 70%(1996), 52%(2006), 50%(2016)로 지난 20년 동안 계속 감소 추세이다.[73] 이를 통해서도 알 수 있듯이, 비록 한국인들의 가족에 대한 집단주의 성향은 여전하지만, 가족을 벗어난 좀 더 큰 집단—이를테면 사회나 국가—에 대한 집단주의 성향은 지속적으로 약화되고 있다.

앞서 언급했듯이 빈부격차와 관련된 사회문제는 경제체제와 관련된 문제이다. 따라서 이를 해결하기 위한 최선의 방법은 결국 경제 정책을 보완하는 것이다. 즉, 사회안전망을 포함한 좀 더 체계적인 복지제도가 구비된다면, 사람들을 한 방향으로 내모는 경쟁도 어느 정도 완화될 수 있을 것이다. 한편, 경쟁을 요구하는 현 경제체제에 적응하기 위해 한국인들의 집단주의 성향은 점차 완화되고 있다. 이런 상황에서 오히려 계속 집단주의 문화를 강조한다면, 부작용만 커질 뿐 심화된 경쟁을 완화시키는데 전혀 도움이 되지 않는다.

---

73 문화체육관광부, 『한국인의 의식·가치관 조사 보고서』, 2016, 22쪽.

최근의 한 조사에 따르면, 한국인의 타인에 대한 신뢰도는 다른 국가들에 비해 매우 낮은 편으로 나타났다.[74] 이러한 결과가 나타난 원인에 대해서 다양한 해석이 가능하다. 그중 한 가지로, 한국인들의 타인에 대한 기대수준을 주목할 필요가 있다. 즉, 한국은 강한 집단주의 사회인 만큼 한국인들은 자기 주위 사람들에 대한 기대가 너무 높은 탓에 그만큼 실망도 크다고 설명할 수 있다.

한국인들은 자신들이 '정이 많은 사람들'이라고 자부한다. 실제 한국인들은 지연 및 학연 등과 연관된 사람들과의 관계를 위해 많은 노력을 아끼지 않는다. 그러나 이런 식의 인간관계는 과거 폐쇄적인 농경사회에서 필요했던 것으로, 오늘날의 한국 사회에서는 오히려 부작용을 낳는 측면이 있다. 왜냐하면 현재와 같은 경쟁을 부추기는 자본주의 사회에서 필요한 덕목은 공정함이지 인정이 아니기 때문이다. 따라서 한국 사회에 이러한 괴리가 계속 존재한다면, 한국인들은 주변 사람들과의 인간관계가 자신들의 기대 수준에 못 미친다고 계속 실망할 수밖에 없을 것이다.

유교가 추구했던 공동체의 안정과 대동사회라는 이상향이 잘못된 사상이나 정책은 결코 아니다. 조선시대 오백 년 동안 사회가 비교적 안정되었다는 사실은, 유교의 가르침과 이를 통해 다져진 집단주의 문화가 그 당시의 사회에는 매우 유효했다는 증거이다. 문제는 이러한 유교의 실천방법이 현재의 자본주의식 경제체제와는 잘 어울릴 수 없다는 것이다. 유교와 자본주의가 서로 상충하는 가장 큰 이유는, 경쟁을

---

74 「이웃도 정부도 못 믿는 한국…타인 신뢰도 OECD 국가 중 23위」, 『연합뉴스』, 2017.2.9.

통해서 효율을 제고하려는 자본주의 체제에서는 유교가 추구하는 집단주의적 가치가 설 자리가 없기 때문이다.

기독교의 부상

등록된 신자의 숫자를 기준으로 세계에서 가장 큰 교회는 '여의도 순복음 교회'라고 한다.[75] 좀처럼 믿기 어려운 사실은 현재 한국의 최대 종교는 천 년 이상의 전통을 지닌 불교가 아니라 불과 수 세기 전에 서양에서 수입한 기독교라는 것이다.

2015년에 한국에서 실시된 인구센서스에 따르면, 주민 중 불교 신자의 비중은 15.5%, 개신교 신자는 19.7%, 천주교 신자는 7.9%이다. 개신교와 천주교를 합친 기독교 신자의 비중은 27.6%로, 기독교가 현재 한국에서 최대 종교이다.[76] 한편, 기독교와 불교를 제외한 다른 종교를 믿는다고 대답한 사람은 약 1%에 불과했고, 나머지 약 56%는 종교가 없다고 대답했다. 이와 같이 한국은 주민의 절반 이상이 무신론자이지만, 아시아에서 필리핀과 동티모르 다음으로 기독교인의 비중이 높은 나라가 되었다.

한국의 기독교는 경세발선이 한장일 때인 1970년대에 급성장했다.[77] 당시 한국에서 기독교가 폭발적으로 부상한 것은 전 세계적으로

---

75 金惠媛, 「教會十字架與招財猫」, 『香港文學』 305, 2010, pp.42~45; "South Korean mega-churches : For God and country", *The Economists*, 2011.10.15.

76 「신자 수, 개신교 1위…"종교 없다" 56%」, 『조선일보』, 2016.12.20.

77 김성건, 「고도성장 이후의 한국교회 – 종교사회학적 고찰」, 『한국기독교와 역사』 38,

유례가 없는 매우 드문 현상이었다. 특히 한국 전체 인구의 약 20%를 차지하고 있는 개신교의 두드러진 성장은 세계적으로도 주목을 받았다. 그렇다면 한국에서 산업화가 한창 진행 중일 때 기독교가 크게 부상했던 이유는 무엇이었을까?

몇 년 전에 보도된 홍콩의 한 신문기사에 따르면, 2009년을 기준으로 중국 내 기독교 신자의 수는 전체 인구의 약 10% 정도로 추정된다고 한다.[78] 한국에서 그러했던 것처럼 중국에서도 기독교가 부상하고 있는 것이다. 이런 추세라면 아마도 머지않은 미래에 세계에서 제일 큰 교회는 한국이 아니라 중국에서 찾아야 할 것이다. 그 기사에서 한 중국 교회의 목사는 "지역 및 사회 계층 간 많은 모순점들이 커져가고 있는 현 상황에서 교회는 중국 인민들에게 가족과 같은 소속감을 통해서 정신적인 위안을 주고 있다"라고 말했다. 그의 주장을 요약하자면, '소속감sense of belonging'이 중국 기독교의 성공 요인이라는 것이다.

불교의 의식儀式은 상대적으로 개인적으로 치러지는 데 반해, 기독교의 예배는 여러 사람들이 모여서 하는 단체 의식이다. 여럿이 모여 하는 의식儀式은 소속감이나 유대감을 강화시키는데 효과적이다. 이런 까닭에 같은 교회 신자들 간의 유대감은 매우 강한 편이다. 이렇듯 기독교는 다른 종교에 비해서 신자들에게 소속감이나 유대감을 제공하는데 보다 유리하다고 할 수 있다.

한국에서는 지난 1970년대부터 산업화가 진행됨에 따라 집단주의적 가치를 강조했던 유교적 사회질서가 급속도로 해체되기 시작했다.

2013, 5~45쪽.

[78] "Christ has risen", *The South China Morning Post*, 2009.4.12.

이런 상황에서 기독교는 신자들에게 내세의 구원을 약속해주는 것 이외에도 그들에게 집단의식을 고양시킬 수 있는 새로운 장소를 제공한 것이다. 중국과 마찬가지로, 이것이 바로 한국의 기독교가 과거 산업화 기간 동안 빠르게 성장했던 이유라고 할 수 있다.

오랜 세월 유교문화를 공유했던 한국과 중국에서 기독교가 빠른 속도로 부상했다. 기독교는 서양을 대표하는 문물인 만큼, 이를 서구화의 한 결과라고 해석할 수 있다. 그러나 아시아의 다른 지역에 비해 한국과 중국에서 유난히 빠른 속도로 기독교가 부상했다는 사실은, 이것이 오직 서구화에 의한 영향만은 아니라는 것을 암시한다. 즉, 한국과 중국이 모두 급격한 사회환경 변화를 겪었다는 사실을 고려하면, 양국에서 기독교가 특정한 시기에 급부상하게 된 이유는, 전통적 사회질서가 급속도로 해체되고 있는 반면, 사람들의 사고방식은 여전히 집단주의적 가치를 추구하고 있기 때문이라고 분석할 수 있다.

체면과 노블레스 오블리제

앞서 제1장의 「오래전 사라진 코끼리」에서 논의했듯이, 사람들의 허영심은 문화의 진화 방향에 영향을 수는 비경제적인 동기이다. 허영심이란 '실속이 없는 자기만족'이라고 정의할 수 있다. 남들에게 센 척하는 허세도 허영의 한 형태지만, 경제적 이득을 기대하지 않고 남들에게 칭찬이나 존경을 받기 위한 공명심도 일종의 허영이라고 할 수 있다. 이런 의미에서 보면, 사회 지도층이 솔선수범한다는 의미의 '노블레스 오블리제'를 허영심에서 우러나온 이타적 행위라고 해석할 수 있다.

대동사회나 소강사회와 같은 계층 간의 갈등이 없는 사회를 만들 수 있느냐의 성공여부는 부와 권력을 독점하고 있는 사회적 강자들이 얼마나 자신들의 기득권을 포기할 수 있느냐에 달려있다. 즉, 사회적 강자들이 경제적 혜택이 아니라 이타적인 허영심을 추구할수록 그 사회는 건전해질 수 있다. 과거 유교에서는 사회적 강자인 소위 군자君子에게 소인小人과는 차별되는 많은 도덕적 책무를 지게 했다. 이를 통해서 알 수 있듯이, 유교가 동아시아에서 오랫동안 사회규범으로 확고히 자리 잡을 수 있었던 이유도 공자를 비롯해서 유교를 만들고 발전시킨 유가 사상가들이 이런 점을 잘 알고 있었기 때문이다.

한국이나 중국에서 중요시하는 체면이 어떻게 유래되었는지를 살펴보면, 그것은 공동체의 건전성을 유지하기 위해서 사회적 강자들이 지켜야 할 책임의 일부였을 가능성이 크다. 예를 들면, 사회적 강자인 군자가 자신의 체면을 지키기 위해 약자의 이권에 개입하지 않는다는 것은 공동체의 안정에 도움이 되기 때문이다. 이러한 이유라면, 적당한 체면치레는 사회에 순기능으로 작용할 수 있다.

현대사회에서 체면을 중시하는 문화가 비판을 받는 이유는, 더 이상 거기에서 노블레스 오블리제가 갖고 있는 '공익성'을 찾아볼 수 없기 때문이다. 체면이라는 문화가 만들어진 원래의 의도는 사회적 강자의 약자에 대한 배려를 위해서였다. 하지만 오늘날의 체면에는 약자를 배려해야 한다는 원칙은 사라지고, 겉치레인 형식만이 덩그러니 남아있는 것이다. 이렇게 체면이 변질된 이유는, 유교가 지나치게 보수화되면서 합리성을 잃어버리고, 내용이 없는 형식만을 중시하게 되었기 때문이라고 분석할 수 있다.

예전에 한국이나 중국에서 과거시험으로 관리를 뽑을 때에는 응시자들이 쓴 글의 내용이 무엇인가보다는 글의 문장이 얼마나 훌륭한가를 기준으로 삼기도 했다. 왜냐하면 유교의 역사가 너무 길어지다 보니, 유교를 주제로 한 시험의 내용이 점점 대동소이하게 되었기 때문이다. 결국 당시 사람들의 관심사는 그 내용을 아느냐의 여부보다는, 모두가 아는 그 내용을 어떻게 하면 멋스럽게 표현할 수 있느냐로 바뀌게 된 것이다. 이런 식으로 동아시아의 유교적 사회규범은 시간이 지나면서 정체 및 보수화되었다. 이에 따라 당시의 지배 계층이었던 사대부들은 내용보다는 고상함이라는 형식을 중요시하게 되었던 것이다.[79]

유교가 체계화시킨 집단주의적 사고방식은 자본주의식 경제체제에서는 맞지 않는 부분이 분명히 있다. 물론 그렇다고 유교가 자본주의 체제에서는 사라져야 한다고 단정할 수는 없다. 하지만 유교가 현대사회에서도 환영 받기 위해서는 유교가 왜 형식에 얽매이게 되었는지, 그리고 체면이 왜 공익성을 잃어버리게 되었는지 등의 질문에 답하고, 그것에 대한 해결책을 제시할 수 있어야만 한다.

동일한 경제체제를 갖고 있는 두 국가라도 어느 한쪽은 건강한 문화를 가지고 있고 다른 한쪽은 그렇지 않을 수 있다. 이 책은 문화유물론이라는 방법으로 문화현상을 설명하고 있지만, 문화라는 것은 결국 그 사회의 구성원들이 만들어내는 것이므로 미래에 어떻게 될지 그것을 정확하게 예측하기란 쉽지 않다. 그럼에도 불구하고 오랜 세월 한국인들을

79　리 소테츠, 이동주 역, 앞의 책, 141~142쪽.

지배했던 집단주의적 사고방식은 앞으로 쇠퇴할 것으로 예상되는데, 이는 그것이 현재의 경제체제인 자본주의와 잘 맞지 않기 때문이라고 설명할 수 있다. 그러나 작금의 삭막한 자본주의를 개선할만한 무언가가 또 집단주의 문화에서 나올 수 있을지 아직은 아무도 모르는 일이다.

문화를 변화시키는 동력은 자연 혹은 사회환경의 변화로부터 만들어진다. 하지만 그것을 바꾸는 주체는 결국 그 사회의 구성원들, 즉 사람들이다. 한편, 사람들이 자신들에게 익숙한 기존의 방식을 바꾸게 되는 동기는, 대부분의 경우 경제적인 혜택을 얻기 위해서이다. 그러나 종종 어떤 사람들은 경제적 이득을 바라지 않고 일반 사람들이 하기 어려운 업적들을 이루기도 한다. 바로 이런 '이타적인 허영심'을 가지고 있었던 영웅들 덕분에 사회는 단순한 진화를 넘어 진보할 수 있었던 것이다.

한국, 문화변용의 성공사례 ————————

서구화를 통한 탈중국화

한국의 서구화는 대한제국 시절(1887~1910) 근대화의 개념으로 처음 시작되었다고 할 수 있다. 일제강점기(1910~1945)에는 일본을 통해 서구문물이 본격적으로 들어오면서, 조선시대의 봉건제도들이 차례로 해체되었다. 이후 대한민국 정부가 수립되고(1948), 선거로 국민의 대표를 뽑는 민주주의와 시장경제를 바탕으로 한 자본주의가 많은 시행착오를 거치면서 자리 잡기 시작했다. 그리고 한국은 숱한 우여곡절을 겪었지만, 불과 수십 년 만에 산업화 및 민주화를 이루어냈다.

서구화의 양대 축을 자본주의와 민주주의라고 정의한다면, 한국의 서구화는 민주화 운동이 결실을 맺은 1980년대 후반에 사실상 일단락되었다고 할 수 있다. 그리고 현재 한국에서는 서구화의 연장선이라고 할 수 있는 세계화가 한창 진행되고 있다. 따라서 근대화라는 개념에서의 서구화는 이미 완성되었지만, 한국의 서구화는 오늘날까지도 계속되고 있다고 설명할 수 있다.[80]

한국은 이웃인 문명대국 중국과 삼국시대부터 본격적으로 교류하기

---

80 한국의 세계화에 대한 설명은 다음과 같이 세 가지 다른 시각의 분석이 가능하다. 첫 번째는, 위의 본문에서 주장한 바와 같이 현재 한국이 추구하고 있는 세계화를 서구화의 연장선으로 보는 것이다. 두 번째는, 한국의 세계화를 서구와의 연장선으로 보기보다는, 서구 국가들의 문화가 진화하는 방향으로 한국의 문화도 같은 방향으로 진화하고 있다고 보는 것이다. 세 번째는, 현재의 한국 사회가 서구화의 결과가 아닌, 산업화 혹은 현대화의 결과라고 보는 시각도 있을 수 있겠다.

시작했다. 이후 한국은 자연스럽게 한자와 유교 등 중국의 선진문물을 받아들이게 되었다. 따라서 한국 문화사를 크게 두 시기로 구분한다면, 대부분을 차지하는 전반의 약 2천년 동안은 중국문화를 수용했던 시기이고, 후반의 짧은 약 백 년 동안은 서구문화를 수용했던 시기라고 할 수 있다.

서구에서 만들어진 제도인 민주주의와 자본주의의 수용을 서구화라고 정의한다면, 중국식 사회규범인 유교 및 문자체계인 한자의 수용을 한국문화의 '중국화'라고 부를 수 있다. 이와 마찬가지로 한국에서 유교 및 한자의 영향력이 약화되고 있는 지난 한 세기 동안의 과정을 한국문화의 '탈중국화'라고 정의할 수 있다. 서구에서 수입한 자본주의에 의해 유교의 영향력이 약화되었고, 영어식 외래어가 늘어나면서 한국어에서 한자어의 비중이 점차 줄어들고 있다. 그러므로 한국문화의 탈중국화는 곧 서구화를 의미하는 셈이다.

문화변용이란 이질적인 문화와의 접촉으로 인해 기존의 문화가 변화하는 현상을 의미한다. 한국의 입장에서는 중국화나 서구화는 모두 한국문화의 변용이라고 할 수 있다. 대부분의 나라가 그러하듯이 한국도 경제적 혜택을 얻기 위해서 선진문물을 수용했으며, 그 결과 한국문화에는 두 차례의 큰 변용이 발생했다. 이와 같이 한국이 겪은 두 차례의 문화변용은 같은 동력으로 이루어졌지만, 두 경우의 세부적 내용은 서로 큰 차이를 보인다.

조선시대의 국가이념이었던 유교는 정치는 물론 경제체제의 역할을 했을 뿐만 아니라, 동시에 사회규범이기도 했다. 사회규범으로서 유교는 당시 한국인들의 삶, 특히 사고방식에 직접적인 영향을 주었다. 이를 테면, 당시 사람들은 일상적으로 유교의 가르침을 배우고 익혀야만 했고, 이를 위해 한자로 쓰인 유교경전을 열심히 공부해야 했다. 이렇듯 한국이 중국화를 통해서 수용한 것은 중국의 제도뿐만 아니라, 중국인들의 정신적 혹은 지적 문화도 포함했다고 주장할 수 있다.

반면, 지난 세기에 한국이 서구화를 통해서 수용한 것은 서구의 민주주의와 자본주의라는 '제도'였다. 이들은 각각 정치체제 및 경제체제일 뿐 유교와 같은 사회규범이 아니었다. 이런 까닭에 서구화가 한국인의 사고방식에 영향을 주는 방식은 다분히 간접적이었다. 과거 유교에 대해서는 한국인들이 관련 경전을 읽고 공부하면서 유교의 가르침을 일상생활 속에 체득화해야 했다. 이와는 달리 서구화에 있어서는 한국인들이 서양사상을 일상적인 탐독을 통해 체득화하거나, 과거 유교의 수용에서와 같은 그것에 대한 진지한 토론을 하지도 않았다는 것이다.

대다수의 한국인들이 영어를 배우기 위해 많은 시간과 돈을 투자하고 있다. 하지만 이러한 노력은 서구의 전문지식을 배우거나 경제활동을 위한 것이지, 서구인들의 사고방식을 배우기 위해서는 아니다. 이는 곧 한국인들이 영어를 계속 아무리 열심히 습득하더라도, 한국이 앞으로 영어문화권의 일부분이 될 가능성은 없다는 것을 의미한다. 이와 같이 한국문화의 서구화가 한국인의 사고방식에 영향을 주는 방식 및 범위는 과거 중국화 과정에서와는 큰 차이가 있다.

한국문화의 중국화 과정에서는 이웃국가라는 지리적 인접성이 나름의 촉진제 역할을 했다(참고로, 서울과 베이징 사이의 거리는 홍콩과 베이징 사이의 거리보다 훨씬 가깝다). 한편, 한국문화의 서구화 과정에서는, 정보통신 및 교통수단이 발달한 덕분에 한국과 서구와의 지리적 제약은 큰 문제가 되지 않았다. 그리고 한국문화의 서구화 과정에서 뜻밖의 촉진제 역할을 하고 있는 것은 바로 한글이라고 할 수 있다.

한국의 선조들이 중국의 선진문물을 수용하는 과정에서 사용했던 매체는 한자였고, 이로 인해 한국은 한자문화권에 속하게 되었다. 한편, 한국인들이 서구의 선진문물을 배우는 가장 일반적인 방법은 원서보다는 한글로 쓰인 번역본을 읽는 것이다. 게다가 한글은 외래어의 표기를 자유자재로 할 수 있어 서양에서 온 선진문물에 대한 이해도를 높이는데 일조를 하고 있다.[81] 한글은 표기수단으로서 한자를 대체하면서 한국문화의 탈중국화를 촉진시켰고, 동시에 한글은 자유자재의 외래어 표기 능력으로 서구의 문물을 아무런 가감 없이 받아들이게 함으로써 서구화를 촉진시키고 있다.

한국은 중국화와 서구화라는 두 차례의 문화변용에서 모두 성공한 사례라고 할 수 있다. 앞서 제2장의 「중국문화의 아류?」에서 설명했듯이, 한국과 비슷한 물적 조건을 지닌 국가들 중에서 한국만큼 경제적으로 성공한 국가는 없다. 예를 들면, 세계 주요 경제대국들의 모임인 G20 국가들 대부분은 한국보다 영토가 크고 인구도 많은 대국들이다. 그리고 그렇지 못한 몇몇 나머지 국가들도 한국보다 인구는 적으나 대신 영토가 큰 자원부국들이다. 이러한 한국이 이룩한 경제적 성공은 그동안 한국이 중국과 서구를 열심히 배우지 않았다면 거의 불가능했을 것이다.

---

81 한글은 한자나 일본의 가나문자에 비해 영어 등 서양에서 온 외래어를 매우 정확하게 표기할 수 있다. 또한 한글은 로만 알파벳에 비해 중국어 등 동양 언어의 발음도 훨씬 정확하게 표기할 수 있다. 이렇게 한글은 다른 어떤 문자들보다도 외래어 표기에 월등히 유용하다. 한국인들은 외래어 표기에 이런 한글이 사용되는 것을 너무나 당연시 하는데, 이런 태도로 말미암아 오히려 한글의 유용성이 과소평가될 수 있다.

여전히 집단주의적인 인간관계

그동안 관련된 법과 제도가 꾸준히 정비되면서 한국 사회에 민주주의와 자본주의가 나름 정착되었다. 이는 한국의 사회환경, 즉 사회의 하부구조는 이미 적정 수준의 서구화가 되었다는 것을 의미한다. 하지만 사회의 상부구조라고 할 수 있는 한국인의 사고방식은 여전히 서구화의 진행단계에 머무르고 있다.

앞서 제1장의 「문화 DNA는 없다」에서 언급했듯이, 경쟁을 요구하는 자본주의식 경제체제가 도입된 후 한국인들은 유교식 전통의 점잖음보다는 효율을 중시하면서 매사를 서두르게 되었다. 이렇듯 자신의 경제적 이익에 직접적인 영향을 주는 행동양식은 자본주의라는 새로운 사회환경에 맞게 이미 변했다. 그러나 한국인들이 가지고 있는 그 밖의 행동양식, 특히 다른 사람들과의 사회적 관계를 구성할 때의 행동양식은 여전히 전통적 사회규범에 영향을 받고 있다. 이를테면, 한국 사회에서는 상호 인격적 존중을 바탕으로 한 수평적 관계보다는 사회적 신분에 따른 수직적 관계가 아직까지도 지배적이며, 개성을 존중하기보다는 집단의 이익을 위한 일체감이 여전히 요구되고 있다.

이렇듯 한국에서는 집단주의적 가치를 강조하는 전통적 사회규범이 효율을 중시하는 자본주의식 경제체제와 상충하고 있다. 그리고 이러한 부조화는 몇 가지 심각한 사회적 부작용을 낳고 있다. 그 첫째는 사람들이 한 곳으로만 몰리는 쏠림 현상으로, 이는 가뜩이나 심한 경쟁을 더욱 심화시키고 있다. 둘째는, 한국인들은 인간관계에 많은 시간과 정성을 쏟고는 있으나, 기대하는 만큼 그것이 원활하지는 않다고 느끼며,

그 결과 점차 타인을 신뢰하지 않게 되었다.

그나마 다행스러운 점이라면, 한국인들의 집단주의적 사고방식과 현 경제체제와의 부조화는 과도기적인 현상이라고 할 수 있다. 즉, 현재의 자본주의식 경제체제가 앞으로도 계속 유지된다면, 많은 한국인들이 공유하고 있는 강한 집단주의적 성향은 점차 약화될 수밖에 없다. 따라서 향후 한국 사회에서 서구식 개인주의는 점진적으로 보다 보편화되고, 이에 따라 한국인들의 사고방식도 결국 자본주의라는 사회환경에 적응하게 될 것이다.

한국에서 사라진 한자문화

중국이 세계 무대에서 경제대국으로 다시 부상하고 있다. 그러나 중국이 과거에 누렸던 문화 수출국의 지위를 가까운 미래에 되찾을 것으로 보이지는 않는다. 따라서 경제활동을 위한 중국어의 수요는 계속 증가하겠지만, 한국어에서 다시 한자가 예전만큼 광범위하게 사용될 이유는 없어 보인다. 한편, 한자를 완전히 대체한 한글은 외래어의 표기에 매우 용이하다. 게다가 한글은 정보화기기와의 호환성도 뛰어나다. 따라서 한글은 서구화와 이의 연장선인 세계화에 아주 적합하다고 할 수 있다.

어려운 한자를 익혀야 한다는 부담감은 덜었지만, 한국인들은 이제 더 많은 노력을 영어에 쏟고 있다. 그러나 현재 한국어에서 한자어 어휘가 차지하고 있는 위상은 앞으로도 한동안은 유지될 것으로 보인다.

이는 영어가 한국인들의 인식 혹은 사고방식의 영역까지 그 영향이 미치려면 훨씬 더 많은 시간이 필요하다는 것을 의미한다.

한국에서 영어식 외래어의 사용은 크게 증가했다. 그렇지만 한국인들의 언어문화는 효율성 및 논리적 합리성에서 아직 서구화되어 있지 않다고 할 수 있다. 즉, 한국인들의 언어습관은 여전히 유교적 전통에 따라 수동적이며, 또한 수직성 및 비효율성을 지니고 있다. 여기서 수동적 언어습관이란 한국인들은 자신의 의사나 의견을 적극적으로 표현하는데 익숙하지 않다는 것을 의미한다.

한편, 언어습관의 수직성 및 비효율성은 높임말을 남발하거나 혹은 의미는 같으나 어감이 미묘하게 다른 여러 표현을 만들어내는 등의 낭비적인 습관을 의미한다. 한글이 쉽고 과학적인 문자임에도 불구하고, 한국어가 배우기 어려운 언어인 이유 중 하나는 바로 이러한 비효율적인 언어습관 때문이다. 한국인의 이러한 언어습관은 권위주의적 사회규범이 낳은 일종의 부작용이라고 할 수 있다. 현재 한국 사회는 보다 개방적이고 수평적인 인간관계를 추구하고 있다. 그러므로 한국인의 언어습관도 보다 수평적이고 효율적으로 점차 바뀔 것으로 예상된다.

한국어에는 지난 수 세기에 걸쳐 여러 새로운 문법 요소들이 많이 만들어졌다. 그 결과 오늘날의 한국어 문법은, 유형학적으로 상이한 중국어와의 비교는 말할 것도 없고, 한국어의 문법과 가장 유사하다고 알려진 일본어와 비교해도 훨씬 더 복잡하고 산만하다. 이는 오랜 세월 한자를 사용하다가 매우 유연한 문자체계인 한글을 사용하게 된 것이 한국어의 이러한 문법진화에 적지 않은 영향을 끼친 것으로 사료된다.

한국과 다른 중국문화의 서구화

앞서 언급했듯이, 이웃국가들이 중국으로부터 한자 및 유교 등의 선진문물을 받아들이던 과정과, 반대로 그것들로부터 벗어나는 과정을 각각 '중국화'와 '탈중국화'라고 정의할 수 있다. 다른 동아시아 국가들과 마찬가지로, 중국도 청나라가 망한 후(1912) 근대화 과정을 거치면서 자신이 만들어낸 한자와 유교에 대한 의존도를 줄였다. 그렇다면 중국의 이러한 과정 역시 중국문화의 탈중국화라고 정의할 수 있을 것이다.

중국문화의 탈중국화에 대한 동력도 주변의 다른 나라에서와 마찬가지로 역시 서구화였다. 하지만 중국의 서구화는 한국의 그것과 다소 차이를 보인다. 한국의 서구화는 근대화의 개념, 즉 봉건사회의 제도를 개혁하는 것으로 시작되었으나, 한국은 근대화 이후에도 모든 분야에 걸쳐 철저히 서구를 배우고 있다. 반면, 이러한 한국의 철저한 서구화와는 달리 중국에서 서구화란 근대화의 개념일 뿐, 그 이상은 아니라는 것이다.

20세기 초 청나라가 붕괴되자 중국에서는 소위 '신문화 운동'이 활발히 전개되면서 서구화에 대한 요구가 충만했다. 이런 상황에서도 중국의 많은 지식인들은 중국의 전통적인 것들을 진지하게 연구하여 이를 서구의 문물과 결합시켜야 한다는 절충안을 지지했다.[82] 이와 같이 중국인들은 자신들의 찬란했던 문화에서 긍정적인 면을 찾아내려고 노력하는 등 자신들의 전통을 쉽사리 바꾸려 하지 않는 경향이 강하다.

---

82 러우 위리에, 황종원 역, 『중국의 품격』, 에리리치홀딩스, 2007, 40~46쪽.

이는 중국이 한국과 달리 문화변용에 대한 경험이 전혀 없기 때문이라고 설명할 수 있다.

중국은 과거 문명대국으로서 외국 문화를 일부 수용하여 자신의 문화에 편입시켜 본 경험은 있다. 하지만 1949년의 공산주의 혁명을 제외한다면, 중국은 외래문화를 따르기 위해 자신의 것을 철저하게 버린 경험이 없다고 할 수 있다. 이렇듯 중국인들은 자문화에 대한 자긍심이 남달라, 외래문화의 수용에 있어서도 취사선택하여 진행할 것으로 예상된다.

중국은 경제발전을 명목으로 서구에 문호를 개방하고 시장경제를 도입했다. 그렇지만 중국정부는 중국의 시장경제를 자본주의가 아닌 사회주의 체제라고 여전히 주장하고 있다. 또한 중국의 공산당 지도자들이 자신들의 기득권인 공산당 일당 독재체제를 버리고, 그 대신 서구식 정치체제인 민주주의를 도입할 가능성은 현 상황으로서는 전혀 없어 보인다.[83] 이러한 것들을 고려할 때 중국에서의 서구화는 매우 제한된 범위에서만 가능할 것으로 보인다.

이에 더해서, 앞서 제3장의 「아름다운 나라 혹은 쌀의 나라」에서 설명했듯이, 중국인들은 외래 문물을 대할 때 이를 자신들의 시각으로 재해석한 후 받아들이는 경향이 있다. 이런 식으로 그들이 외래문화를 있는 그대로 받아들이지 못하는 주요 이유 중 하나는, 그것들을 표기하는 그들의 언어적 문제에서 비롯된다. 즉, 이런 중국인들의 태도는 그들의 표기수단인 한자가 가진 구조적인 문제에서 연유된다고 설명

---

83   마크 레너드, 장영희 역,『중국은 무엇을 생각하는가』, 파주 : 돌베게, 2011, 103~109쪽.

할 수 있다. 따라서 이런 제한성이 강한 표기체제인 한자를 계속 사용하는 한 중국인들의 자문화 중심적인 사고는 쉽게 바뀌지 않을 것으로 사료된다.

한국과 공유하고 있는 중국의 사회문화 현상

중국의 서구화는 경제를 비롯한 몇몇 분야로 그 범위가 제한되어 있다. 그럼에도 불구하고 중국이 시장경제를 도입한 이래 중국인들의 사고방식에도 많은 변화가 일어났다. 과거 중국인들은 '만만디'로 대변되었듯이 업무처리에서 매우 느긋했지만, 이제 그들은 새롭게 바뀐 경제체제에 적응하기 위해서 매사를 서두르게 되었다.

그렇지만 한국인들과 마찬가지로, 다른 사람들과의 사회적 관계 구성에서 중국인들의 사고방식은 여전히 전통적 사회규범의 영향을 받는다. 예를 들면, 체면을 중시하는 중국인들의 태도는 여전히 외국인들이 이해하기 힘들 정도이다.[84] 이러한 전통적 사고방식과 이미 변화된 사회환경 사이의 괴리에서 발생하는 부조화와 이에 따른 사람들의 부적응은 한국의 경우와 유사하게 많은 사회적 부작용을 낳고 있다.

한국에서 보여지는 '뒤쳐지거나 따돌림 당하지 않기 위해서 남들을 따라 할 수밖에 없는 경우'와 그 결과로 발생하는 '쏠림 현상'은 중국에서도 나타나고 있다. 예를 들면, 한국에서만 찾아 볼 수 있었던 과도한

---

84   정광호, 『한국이 싫다』, 매일경제신문사, 2009, 65~68쪽.

교육열이 중국에서도 서서히 나타나고 있다.[85] 앞으로 멀지 않은 미래에 중국 경제가 현재와 같은 고속 성장이 멈춰지면서 한정된 자리를 놓고 벌이는 경쟁이 본격적으로 시작되면, 이러한 쏠림 현상은 중국에서도 심각한 사회적 부작용을 야기할 것으로 예상된다.

한국과 중국은 집단주의적 가치를 강조하는 사회규범을 오랫동안 공유해왔다. 그리고 양국은 근래에 급격한 사회환경 변화와 이에 따른 사회문제를 똑같이 경험하고 있다. 두 나라의 차이점이라면, 한국이 중국에 비해 조금 일찍 이러한 사회문제들을 접하면서 이들을 해결하기 위한 여러 시행착오를 다양하게 이미 겪어왔다는 것이다. 이는 곧 사회문제의 해결을 논의하는데 있어서 한국이 중국의 훌륭한 모델이 될 수 있다는 것을 의미한다. 즉, 중국이 서구화 과정에서 겪고 있거나 앞으로 겪게 될 여러 가지 사회문제를 효과적으로 해결하기 위해서는 한국의 소중한 경험을 배울 필요가 있다는 것이다.

---

85   "China's college entry test is on obsession", *The New York Times* (Asia Pacific Edition), 2009.6.12.

제4장

한·중 문화유산
원조 논쟁

중국에서 온 달력
같은 이름, 다른 콘텐츠

중국에서 온 달력 ─────────

여러 개의 부처님오신날

2017년 한국의 법정 공휴일은 일요일을 제외하고 총 15일이다. 그 중에서 음력을 기준으로 하는 공휴일은 총 7일로 설날 연휴 3일, 추석 연휴 3일 그리고 부처님오신날이다. 2017년의 부처님오신날은 양력으로 5월 3일이었다. 한국과는 달리 홍콩에는 불교 사찰도 거의 없고 불교 신자도 많지 않다. 그럼에도 불구하고 홍콩에서도 부처님오신날은 공휴일로 지정되어 있으며, 이번에도 한국과 같은 날인 5월 3일이었다.

여러모로 홍콩과 비슷한 도시국가인 싱가포르에서도 부처님오신날은 공휴일로 지정되어있다. 그런데 흥미롭게도 2017년 싱가포르의 부처님오신날은 5월 3일이 아닌 5월 10일이었다. 한편, 일본에서는 많은 사람들이 장례식을 불교식으로 치르지만, 실제 불교 신자는 그리 많지 않고, 대부분은 국교인 신토神道를 믿는다. 일본에서는 부처님오신날이 매년 4월 8일로 고정되어 있지만, 공휴일로 지정되어 있지는 않다. 일본의 부처님오신날이 4월 8일인 까닭은 '사월초파일'을 양력인 그레고리안 달력에 그대로 적용해 쓰기 때문이다. 그렇다면 싱가포르의 부처님오신날은 왜 한국이나 홍콩과는 다른 날짜일까?

싱가포르의 부처님오신날이 한국과 다른 날짜인 이유는 싱가포르와 한국이 서로 다른 달력을 사용하고 있기 때문이다. 싱가포르를 비롯한 대부분의 동남아시아 국가에서는 부처님오신날을 '베삭데이Vesak Day'라고 부르며, 오랜 전통에 따라 이 날은 일종의 힌두식 달력으로 날짜를 계산한다.

고대에 살던 사람들은 태양의 움직임으로 날짜를 계산할 수 있을 만큼 아직 천문학적 지식이 풍부하지 못했기 때문에 민족과 지역을 막론하고 대부분은 달의 삭망주기를 이용해서 날짜를 계산했다. 이런 까닭에 민족이나 지역에 따라 각기 다른 여러 종류의 음력달력이 만들어졌다. 그들 중 현재까지 사용되고 있는 대표적인 것들이 바로 중국식, 힌두식, 이슬람식 등이다.

중국의 전통 달력은 엄밀한 의미에서 음력이 아니라 태음태양력이다. 이는 달의 삭망주기 외에도 태양의 움직임을 함께 고려한다는 의미이다. 달의 삭망주기만으로는 농경사회에서 꼭 필요한 '24절기'와 같은 계절에 대한 정보를 얻을 수 없기 때문에, 중국인들은 점차 천문학적 지식을 쌓으면서 태양의 움직임도 함께 고려하게 되었다.[1] 중국식

---

1   중국에서는 아주 오래전, 즉 공자 이전 시대부터 막대의 그림자 길이가 어떻게 변화하는지를 관찰하여, 일 년 중 해가 가장 짧은 날인 동지에 대한 개념을 알고 있었다고 한다.

달력에서는 기본적으로 달의 삭망주기인 29.5일로 각 달을 나누고, 열두 달에 해당하는 354일을 일 년이라고 정한다. 그리고 이때 생기는 오차 11일(365일-354일=11일)을 태양의 움직임으로 보정하는데, 이를 위해 19년 동안마다 일곱 번의 윤달을 집어넣고 있다.[2]

현재 전 세계 대부분의 국가에서 공식적으로 사용하고 있는 달력은 그레고리안 달력이다. 이 서양식 태양력은 1582년에 기존의 율리우스 달력을 보완하기 위해 만들어졌다. 불세출의 영웅 카이사르의 이름을 딴 율리우스 달력은 기원전 45년부터 로마제국 전역에서 사용되었던 태양력이다. 율리우스 달력은 일 년의 길이를 365.25일로 정하고 있다. 이에 반해 그레고리안 달력의 일 년은 365.2422일로, 율리우스 달력보다 11분 14초만큼 짧다. 보통 사람들에게는 이런 차이가 매우 미세하다고 느껴지겠지만, 일월식 등을 정확하게 계산해야 하는 천문학에서는 그렇지 않은 모양이다.

태양의 황도黃道상 위치를 포함한 오행성의 위치, 일월식이 일어날 날짜 등을 예측하기 위한 천문학적 계산법을 '역법'이라고 불렀다. 과거 중국에서 이 역법은 일종의 국가기밀에 해당하는 첨단 과학기술이었다. 한국은 중국에서 새로운 역법책이 나올 때마다 중국 왕조의 도움으로 이를 수입하여 사용했다.

고려 말부터 조선 초기까지 우리 선조들은 중국의 명나라에서 만든 대통력大統歷을 사용했다. 이후 조선 중기부터는 청나라에서 만든 시헌력時憲歷을 사용했다.[3] 시헌력은 서양의 역법을 참고하여 만든 것으로,

2 http://100.daum.net/encyclopedia/view/b15a3111b010 (다음백과, "중국의 역법")
3 http://100.daum.net/encyclopedia/view/b15a3111b011 (다음백과, "한국의 역법")

일 년의 길이가 그레고리안 달력과 동일한 365.2422일로 계산한다.[4] 한편, 세종 때인 15세기에 조선은 독자적인 역법인 칠정산七政算을 만들어 내편內篇 및 외편外篇을 편찬했는데, 이것은 각각 중국의 역법을 보완하고 아라비아의 천문학을 수용한 결과라고 한다.[5]

당시 첨단 과학기술에 해당하는 역법을 중국 왕조가 고려 및 조선에게 선뜻 내준 이유는 그것이 중국과의 조공朝貢관계를 의미하는 것이었기 때문이다. 중국과 조공관계를 맺는다는 것은 중국 황제의 연호年號와 중국식 역법을 사용한다는 것을 의미했다. 이런 까닭에 세종 때 공을 들여 만든 독자적인 역법인 칠정산은 공식적으로는 사용할 수 없었다고 한다.

현재 한국에서는 조선 중기부터 사용해오던 중국의 시헌력을 계속 사용하고 있다. 즉, 한국의 전통명절인 설, 부처님오신날, 단오, 추석 등은 중국 청나라에서 만들어 사용했던 시헌력을 그 기준으로 하고 있다. 중국문화권에 속해 있었던 일본과 베트남도 한국과 마찬가지로 중국의 역법을 오랫동안 사용했다. 그러나 일본은 메이지 유신(1867) 이후 중국식 역법의 사용을 버리고 양력인 그레고리안 달력을 사용하면서 모든 명절도 이 서양식 달력으로 치르고 있다. 따라서 현재 일본에서는 일체 중국식 달력을 공식적으로 사용하지 않고 있다. 이것이 바로 일본의 부처님오신날이 음력이 아닌 양력으로 4월 8일이 된 연유이다.

한편, 베트남을 제외한 대부분의 동남아시아 국가들은 애초부터 중

---

4   당시 중국에는 마테오 리치(1552~1610) 이후 많은 예수회 소속 천주교 선교사들이 활동하고 있었는데, 이들이 시헌력의 제작에 참여했다고 알려져 있다.

5   「세종시대 최첨단 역법서-'칠정산」, 『한겨레』, 2005.12.7.

국식 달력을 사용하지 않았고, 그 대신 우리와는 전혀 다른 그들만의 전통적인 날짜계산법을 사용해오고 있다. 이런 이유로 싱가포르를 포함한 동남아시아 국가들이 정한 부처님오신날이 우리와 다른 날짜에 있는 것이다.

중국식 설날

몇 년 전 미국의 한국 교민들은 중국과 한국이 같은 날 쇠고 있는 '설날'의 영문표기를 'Chinese New Year(중국식 새해)'가 아닌 'Lunar New Year(음력 새해)'로 바꾸자는 캠페인을 추진했다.[6] 나는 같은 한국인으로서 그들의 캠페인을 지지해주고 싶지만, 안타깝게도 논리적으로 그들의 주장에는 무리가 있다.

앞서 언급했듯이 음력을 사용하는 지역이나 국가는 동아시아에만 국한된 것이 아니다. 예를 들면, 이슬람교를 믿는 전 세계 약 16억 명의 무슬림들은 주요한 종교적 행사들을 모두 이슬람식 달력을 기준으로 치르는데, 이 이슬람식 달력은 물론 음력이다. 만약 한국과 중국의 새해 첫날을 미국에서 'Lunar New Year'라고 표기한다면, 미국의 무슬림들이 억울해 할 것이 분명하다.

현재 대만, 싱가포르, 홍콩 등 중화권을 제외하고, 중국과 같은 날짜에 새해 첫날, 즉 설날을 쇠는 나라는 전 세계에서 한국과 베트남뿐이

---

6   「미 한인 설날 'Lunar New Year' 표기 캠페인」, 『한국일보』, 2015.1.20.

다. 한국과 베트남이 설날과 같은 전통명절을 중국과 공유하고 있는 이유는, 역사적으로 오랫동안 조공관계에 따라 중국식 역법과 이를 바탕으로 한 중국식 달력을 사용해왔기 때문이다. 한국인들의 입장에서는 자존심이 꽤나 상하는 일이라고 할 수 있겠지만, 현재에도 한국의 설날 등 주요 명절은 모두 중국의 시헌력을 기준으로 하고 있다. 따라서 우리의 설날이 미국에서 'Chinese New Year'라고 불려지는 것에 대해 크게 반발하기 어렵다.

중국문화권을 종종 '동아시아 문화권'이라고 에둘러 표현하기도 하니, 'Chinese New Year'에 대한 대안으로 'East Asian New Year', 즉 '동아시아의 새해'라고 부르자고 제안할 사람들도 있을 것이다. 그러나 이 경우 동아시아가 아닌 동남아 국가로서 중국식 달력을 따르는 베트남이나, 반대로 동아시아 국가이지만 더 이상 중국식 달력을 따르지 않는 일본이 반발할 가능성이 있다. 다른 대안으로는 일본이 부처님 오신날을 양력으로 정했듯이, 양력으로 1월이나 2월 중 적당한 날을 골라 이를 설날로 정한 후, 영어로 'Seol-lal'(설날) 혹은 'Korean New Year'(한국식 새해)라고 표기하는 것도 한 방법이 될 수 있다.

만 원권 지폐의 앞면에는 「용비어천가」의 첫 구절을 배경으로 세종대왕의 인자하면서도 근엄한 모습이 있고, 그 뒷면에는 뜻밖에도 '혼천의渾天儀'라고 하는 복잡하게 생긴 기구의 모습이 그려져 있다. 혼천의는 천체를 관측하는 기구로 해와 달 그리고 오행성의 위치 등을 측정할 때 사용되었다. 이 혼천의를 적절하게 이용하면 하루 중 시간과 일 년 중 오늘의 날짜를 계산할 수 있었다고 한다. 실제로 만 원권 지폐에 소개된 혼천의는 '혼천시계'라고 하는 시계장치의 일부 부속이었다고 한다. 역사학 등 관련 전문가들은 이 혼천의가 중국에서 유래된 것인 만큼 한국의 상징물로서 지폐에 사용되기에는 문제가 있다고 주장하고 있다.[7]

혼천설渾天說은 중국의 전통 우주관 중 하나였는데, 일종의 천동설이라고 할 수 있다. 이 혼천설에서는 하늘과 땅을 각각 달걀의 껍데기와 달걀의 노른자에 비유했다. '혼渾'이란 '흐리고 애매하다'라는 의미로, '혼천'이란 '하늘, 즉 우주의 경계가 애매하다'라는 의미가 된다. 현대 과학에 따르면 실제로 우주가 팽창하고 있어 그 경계가 애매하다고 하니, 2천여 년 전 한나라 때 만들어진 중국의 전통 우주관인 혼천설이 꽤나 진보적인 생각을 담고 있었던 셈이다. 혼천의는 바로 이런 우주관을 반영하여 만든 기구였다.

오랫동안 중국으로부터 혼천의를 수입하여 사용해오다가, 세종 15년인 1433년에 장영실(1390?~1450?)에 의해 우리 하늘에 맞는 혼천의가 처음으로 만들어졌다고 한다. 이런 역사적 배경 덕분에 혼천의가 세종대왕과 함께 만 원권에 실릴 수 있었다. 그런데 만 원권 지폐에 등장하는 혼천의는 장영실이 만든 것이 아니고, 현종 10년인 1699년에 송이영이라고 하는 조선 후기의 과학자가 만든 것이다.[8] 송이영은 이 혼천의를 매우 복잡하고 거대한 기계장치였던 혼천시계(국보 230호)의 일부로 만들었다고 한다. 전문가들의 입장은 혼천시계라면 모를까 지폐에 나타난 혼천의는 중국의 것을 개량한 정도에 불과하므로 일국의 지폐에 등장하기에는 독창성이 부족하다는 것이다.

이와 같이 과거 한국은 오랫동안 천문학을 중국에 의존해왔다. 역법

---

7   「중국유래 '혼천의'를 우리 지폐에 담다니…」,『조선일보』, 2007.1.22.
8   김호,『조선과학인물열전』, 휴머니스트, 2003, 182~186쪽.

은 현대적 개념으로 기상청과 같은 역할을 했다고도 할 수 있다. 계절의 변화에 따라 기후를 예측하는 일이 과거 농경사회에서 얼마나 중요했었는지 여기서 굳이 강조할 필요는 없을 것이다.[9] 이렇듯 역법은 한자와 유교에 버금가는 중국의 주요 선진문물이었다. 당연히 한국을 포함한 이웃국가들이 중국문화권을 형성했던 이유도 바로 이러한 선진문물들을 배우기 위해서였다.

소위 명절이란 한 사회의 구성원들이 공동으로 어떤 것을 기념하기 위해 매년 반복적으로 하는 행사라고 할 수 있다. 사람들은 그것을 매년 반복해서 기념하기 위해 일 년 중 어느 날에 행할지를 정해야만 했고, 그러다 보니 달력을 이용해야 했다. 한국은 오랫동안 중국의 달력에 의존했던 탓에 한국의 주요 명절들은 모두 중국의 그것들과 닮아있다. 일 년의 수많은 날들 중 왜 특별히 그날을 명절로 기념해야 했는지의 근원을 따지다 보면, 당연히 그 유래는 달력을 만든 중국이 될 수밖에 없다.

한국과 중국은 서로 이웃인 만큼 양국 간의 이해관계는 다양하게 얽힐 수밖에 없다. 양국 사이에 크고 작은 마찰이 있을 때마다, 중국인들은 한국이 그들의 명절을 도둑질해 갔다고 주장한다. 한국의 주요 명절들이 모두 중국과 같은 날짜에 치러지고 있지만, 그 내용을 들여다보면, 거기에는 제법 한국만의 독특한 것들을 발견할 수 있다. 이 장의 후반부인 「같은 이름, 다른 콘텐츠」에서 자세히 논의하겠지만, 한국의 주요 명절들은 모두 그 틀은 중국에서 유래했지만, 그 내용을 채우고 있는 것들은 모두 한국에서 만들어진 것이다.

---

9   조선시대에는 관상감이라는 관청을 두어 역법에 관련된 업무를 관장했다고 한다. 관상감은 지금에 비교하자면 기상청과 천문대를 합쳐놓은 관청이라고 할 수 있다.

같은 이름, 다른 콘텐츠 ─────────

중국에만 있는 전설

　한국의 설날은 중국의 춘절春節에 해당한다. 설날과 춘절은 모두 새해의 첫 시작을 의미하는 축제인 만큼, 한 해 동안의 안녕과 행운을 기원하는 새해인사가 이 축제의 핵심 의식儀式이다. 새해인사 외에도 한국의 설날과 중국의 춘절에서 공통적으로 발견되는 흥미로운 의식이 한 가지 있다. 그것은 새해가 되면 모두 집안의 어른들이 아이들에게 돈을 나눠준다는 것이다. 한국의 세뱃돈에 해당하는 것이 중국에서는 '붉은 봉투'라는 의미의 '홍빠오红包'이다. 다분히 가부장적이라고 할 만한 이런 풍습은 한국과 중화권 이외의 다른 지역에서는 찾아보기 힘들다.

　새해인사와 홍빠오를 제외하고는 중국의 춘절은 한국의 설날과 매우 다르다. 먼저 중국에서는 춘절이 다가오면, 사람들은 집이며 거리를 온통 붉은색으로 장식한다. 또한 춘절 연휴 동안 각 마을에서 벌어지는 폭죽놀이로 인해 사람들이 종종 다치기도 한다. 이렇듯이 중국의 왁자지껄한 춘절 분위기는 비교적 조용하게 설날을 지내는 한국과는 사뭇 다르다. 이에 디해 커다란 가년을 쓰고 이인일조로 추는 사자춤도 중국의 춘절 연휴에 빠지지 않고 등장하는 의식이다(한국에서도 '북청사자놀음'이라는 사자춤이 유명하다. 이것은 함경도 지방에서 정월대보름에 행해지던 풍습이다. 중국과는 달리, 설날에 한국에서는 사자춤 혹은 사자놀이를 하지 않는다[10]).

중국에서는 춘절을 맞아 거리를 온통 붉은색으로 장식하고, 폭죽을 터뜨리고 사자춤을 춘다. 이런 식의 요란한 행사들은 모두 액운이나 화禍를 물리치기 위한 의식儀式이라고 할 수 있다. 중국에서 춘절기간 동안 요란한 방법으로 액운을 물리치는 전통은 '니엔年'이라는 이름의 괴물에 관한 전설에서 유래되었다.

중국의 오래된 전설에 따르면, 니엔이라는 괴물이 있어 겨울이면 민가에 나타나 사람과 가축들을 잡아먹었다. 이 괴물은 붉은 색깔이나 밝은 빛 그리고 큰 소리 등을 싫어했다고 한다. 이런 연유로, 중국에서는 겨울을 보내고 새봄, 즉 새해를 맞는 춘절이면 액운을 몰아낸다는 의미로 붉은색의 장식, 폭죽놀이, 사자춤 등의 의식을 행하게 되었다. 특히 붉은색이 액운을 상징하는 니엔을 물리친다는 전설 덕분에 붉은색은 행운을 상징하는 색이 되었다. 또한 이것이 중국인들이 유난히 붉은색을 선호하는 이유이며, 축하한다는 의미로 누군가에게 돈을 줄 때면 항상 붉은 봉투인 홍빠오를 이용하는 이유이기도 하다.

중국의 춘절이 시끌벅적한 반면, 한국의 설날은 비교적 차분하다. 이러한 차이가 만들어진 '표면적인' 이유는 니엔에 관한 전설이 한국에는 없기 때문이라고 설명할 수 있다. 예를 들면, 니엔에 관한 전설을 모르는 한국인들에게 폭죽놀이는 그냥 하나의 위험한 놀이에 불과한 것이지, 설날과 연관 지을 만한 어떤 특별한 의식을 의미하지 않는다.

이와 마찬가지로 한국에서는 붉은색이 액운을 몰아내는 특별한 색이 아니므로, 한국인들이 다른 색깔들보다 붉은색을 유난히 선호해야

---

10   김남희, 「한국 사자춤과 중국 사자춤의 비교연구」, 이화여대 석사논문, 1994.

할 이유도 없다.[11] 따라서 한국에서는 홍빠오와 같은 붉은색 봉투는 찾아 볼 수 없고, 가장 흔한 봉투인 흰색 봉투가 세뱃돈이나 축의금 등에 두루 사용된다(반면, 중국인들은 흰색 봉투는 편지를 보낼 때를 제외하고는 장례식 때만 사용한다).

한국은 오랫동안 중국의 달력에 의존해온 탓으로 한국의 새해 첫날도 중국과 같은 날짜일 수밖에 없다. 그러나 중국에서 존재하는 니엔에 관련된 전설이 한국에는 없으므로, 그 전설과 관련된 의식儀式이나 풍습 또한 한국에는 당연히 존재하지 않는다. 그렇다면 한국에는 왜 니엔에 관한 전설이 없을까? 이에 대한 자세한 논의는 다음으로 이어지는 '지역의 풍토와 풍습'에서 계속하겠다.

설날과 춘절의 예에서 확인했듯이, 한국의 주요 명절들은 중국의 명절들과 그 틀은 비슷하지만, 그 내용에 해당하는 콘텐츠는 확연한 차이를 보인다. 한국과 중국의 또 다른 주요 명절인 추석도 예외가 아니다. 추석에 담긴 콘텐츠가 한국과 중국에서 각기 어떻게 다른지를 논의하려면, 먼저 달과 관련된 몇 가지 이야기를 알아야 한다.

추석의 유래에 대해서는 여러 설이 존재한다. 하지만 한 가지 분명한 사실은 가을의 보름달이 가장 크고 밝기 때문에 일 년 중 음력 8월 15일, 즉 추석이 달에 제사를 드리기에 가장 적당한 날이라는 것이다. 한국 및 중국에서 각각 추석을 대표하는 음식인 송편과 월병도 모두 달의 모양을 하고 있다.

달에 관한 흥미로운 사실 중 하나는 한국과 중국에서 모두 토끼를 달

---

11 과거 중국의 영향으로 한국의 민속에서도 붉은색이 액운을 몰아낸다는 믿음이 없지 않았다. 그러나 이러한 민속은 중국에 비해서 보편적이라고 할 수 없다.

과 연관시킨다는 것이다. 중국에는 어떻게 토끼가 달에 가서 살게 되었는지를 설명하는 전설이 하나 전해져 오고 있다. 이에 반해 한국에는 이와 관련된 전설을 찾을 수가 없다. 따라서 한국인들이 달과 토끼를 연관시킨 것은 과거 중국에서 받은 영향일 가능성이 크다고 할 수 있다.

중국의 「항아분월姮娥奔月」이라는 전래설화에는 토끼가 달에 갔다는 이야기가 나온다. 이 설화의 주인공인 항아는 아홉 개의 태양을 활로 쏘아 떨어뜨린 명궁 예羿의 아내이다. 그녀는 남편을 배신한 벌로 달에 쫓겨奔月 가게 되고, 이후 두꺼비가 되었다고 한다. 오랜 세월을 거치면서 사람들은 설화의 이러한 결말이 그녀에게 너무도 가혹하다고 생각되었는지, 또 다른 결말을 만들어냈다. 새로이 각색된 이야기에 따르면, 항아가 달의 여신이 되었고, 불로초를 빻는 토끼가 그녀를 돕기 위해 달에서 함께 산다는 것이다.[12]

「항아분월」이라는 전설 덕분에 중국인들은 달에 사는 토끼는 으레 조그마한 약방용 절구를 이용하여 불로초를 빻고 있다고 믿는다. 한편, 한국인들이 알고 있는 달에 사는 토끼는 계수나무 옆에서 커다란 절구로 떡방아를 찧는다. 한국에는 항아 혹은 달의 여신과 관련된 전설이 없으므로, 달에 사는 토끼가 굳이 그녀를 위해 불로초를 빻을 필요는 없을 것이다. 그렇다면 토끼가 빻는 것이 그 많은 것들 중에서 왜 하필 떡일까? 그 이유는, 단적으로 말하자면, 한국의 풍토가 중국과 다르므로 풍습도 그에 맞게 형성 및 변형되었기 때문이라고 설명할 수 있다. 그렇다면 한 지역의 풍토는 어떤 식으로 그 지역의 풍습에 영향을 준다는 것일까?

---

12 중국은 2013년에 무인 우주선을 달에 보냈는데, 이때 그 탐사위성의 이름을 '헝어[姮娥]', 즉 '항아'로, 그리고 그 월면차량의 이름을 '위투[玉兎]', 즉 '옥토끼'로 명명했다.

지역 풍토와 풍습

전통적으로 한국에서는 기후조건을 고려하여 밀보다는 다른 농작물들을 재배했다. 이런 까닭에 한국의 전통음식 중에는 밀가루로 만든 음식이 거의 없다. 한국의 대표적인 전통 면 요리인 냉면도 밀이 아닌 메밀로 만든 것이다. 당연히 옛날에는 밀가루로 만든 빵과 같은 간식들은 없었고, 그 대신 잔치 때면 주로 쌀로 만든 떡을 만들어 먹었다. 따라서 한국에는 '빵 문화'가 아닌 '떡 문화'가 발달하게 되었다. 일본도 한국과 마찬가지로 쌀로 만든 떡이 발달되어 있다. 예를 들면, 일본인들도 한국인들처럼 새해(양력으로 1월 1일)에는 '조니ぞうに'라고 하는 일본식 떡국을 먹는다.

일본의 찹쌀떡인 '모찌もち'는 한국인들에게도 익숙하다. 일본의 모찌는 한자로 '餠(병)'이라고 표기한다. 즉, 한자 餠의 일본어 훈독訓讀이 '모찌'이다. 그런데 원래 한자 '餠'은 '밀가루로 만든 빵'이라는 뜻이다. 밀가루로 만든 빵을 의미하는 '병餠'이 일본에서 찹쌀떡을 의미하는 '모찌'라고 읽히게 된 연유를 유추해 보면, 한국에서와 마찬가지로 과거 일본에도 '병餠'에 해당하는 빵과 같은 밀가루 음식이 없었기 때문일 것이다. 이는 과거 한국과 일본에서는 밀이 매우 귀했기 때문에 빵 문화가 발달할 수 없었고, 대신 떡 문화가 발달할 수밖에 없었다는 것을 의미한다.

오래전부터 한국인들은 명절 때면 쌀로 만든 떡을 먹어왔다. 특히 달과 관련된 명절인 추석의 대표음식은 달처럼 생긴 떡인 송편이고, 이런 떡을 만들기 위해서 꼭 필요한 것이 바로 떡방아였다. 따라서 한국의 선조들은 추석의 둥근 보름달을 바라보면서 달에 사는 토끼가 그들을 위해서 떡을 찧고 있다고 자연스럽게 상상했을 것이다.

한국의 전래설화에서는 '달에 사는 토끼'에 대한 이야기를 찾을 수 없다. 이런 사실을 고려하면, 한국의 선조들이 중국으로부터 「항아분월」을 전해 들었을 때 그 이야기의 일부인 '달에서 방아 찧는 토끼'를 당시 자신들의 생활과 연관 지어 '달에서 방아로 떡을 찧는 토끼'로 변형하여 받아들인 것으로 추측할 수 있다. 참고로, 한국처럼 떡 문화가 발달된 일본에서도 달토끼는 방아로 불로초가 아닌 떡을 찧는다고 전해져 내려오고 있다.

한편, 중국의 달토끼가 빻고 있는 것은 불로초인데, 이것은 명절음식과는 그다지 연관이 없다. 대신 중국에서는 그들의 추석 음식인 월병의 유래를 설명해주는 전설이 하나 전해져 오고 있다. 이에 따르면, 몽고족이 중국을 지배했던 원나라 말기에 누군가가 비밀 편지를 동그란 밀가루 빵 속에 몰래 감추어 사람들에게 나누어 주었는데, 이 비밀 편지에는 한족이 은밀히 주도하는 반란의 시간과 장소가 적혀 있었다고 한다. 이 밀가루 빵이 '월병'으로 불려졌는데, 그 생김새가 동그란 보름달 모양이기 때문에 붙여진 이름이다. 이후 중국에서 월병은 그 이름 덕분에 보름달과 가장 관련이 깊은 명절인 추석의 대표적인 먹거리가 되었다.

역사적으로 오랫동안 중국의 달력을 공유해 온 까닭에 한국은 중국과 같은 날짜에 맞추어 설날 및 추석 등의 명절을 쇠고 있다. 그러나 양국의 명절에 담긴 내용은 서로 확연히 다르다. 이런 내용의 차이가 만들어지게 된 근본적인 이유는 한국의 자연환경, 즉 풍토가 중국과 다르기 때문이다. 예를 들면, 한국에서는 기후 탓에 밀보다는 다른 농작물들을 재배했는데, 그중에서도 쌀이 가장 경제적 가치가 높았던 만큼 농부들은 가능하다면 벼농사를 지으려 했다. 이런 이유로 명절에 한국인들은 자연스럽게 밀가루로 만든 빵이 아닌 쌀로 만든 떡을 먹었다.

중국의 니엔에 관한 전설이 한국에는 전해지지 않은 이유도 중국과 다른 한국의 풍토 때문이라고 설명할 수 있다. 중국은 북쪽지방을 제외하고는 기후가 전반적으로 한국보다 온화하며, 이런 이유로 중국인들은 새해 첫날을 춘절이라고 부르며 봄맞이를 강조해왔다. 그리고 이렇게 날씨가 풀리기 시작하는 춘절은 추운 겨울에만 나타난다는 가상假像의 괴물 니엔을 쫓아내기에 적합한 시기인 것이다. 반면, 한국의 음력 1월은 봄이라고 하기에는 아직 이른 엄동설한이다. 따라서 아직 추운 설날에 겨울의 괴물 니엔을 내쫓겠다고 여러 가지 의식儀式을 해봐야 소용이 없는 것이다.

이렇게 한국의 설날은 추운 날씨 탓에 집밖에서 떠들썩하게 축제를 벌이고 즐기기에는 적당하지 않았던 것이다. 이를 거꾸로 말하면, 중국인들이 춘절에 니엔을 몰아낸다는 핑계로 떠들썩하게 축제를 즐기는 풍습을 만들 수 있었던 것은 시기적으로 이때의 기후가 그러한 축제를 벌이기에 가능했기 때문이다. 즉, 춘절이 중국 최대의 명절이 된 것은 새해의 시작이라는 춘절이 지닌 원초적인 상징성 때문이기도 하겠지만, 이를 뒷받침해 준 것은 때마침 온화해지기 시작하는 기후와 같은 중국의 자연환경적 조건이라는 것이다.

한겨울의 설날을 대신해서, 한국에서는 날씨가 좋고 수확의 계절로 먹거리가 풍요로운 추석이 떠들썩한 축제에 보다 적합한 명절이다. 반면, 한국보다 기후가 비교적 온화한 중국이나 열대지방인 베트남에서는 추석보다는 설날을 더 중요시 한다. 예를 들면, 중국의 설날인 춘절은 보통 일주일이나 공휴일로 지정된 반면, 중국의 추석은 3일 정도의 휴일로 지정된다. 베트남에서도 '뗏節'이라고 불리는 설날은 총 6일 이상의 법정 공휴일로 지정되어 있지만, 그들의 추석은 아예 법정 공휴일도 아니다.

이와 같이 한국과 중국의 명절을 자세히 비교해 보면, 그 지역의 풍토, 즉 자연환경적 조건이 음식이나 축제 등 지역의 문화와 풍습에 많은 영향을 준다는 것을 알 수 있다. 명저 『총, 균, 쇠』의 저자인 미국의 진화생물학자 재러드 다이어몬드는 인류의 문명사에서 문명은 같은 위도를 따라, 즉 같은 기후를 가진 지역을 따라 서쪽으로 이동했고, 기후 등 자연환경의 차이가 결국 다양한 문화를 만든다고 주장했다.[13] 그의 주장을 한국과 중국의 명절에 적용하면, 중국의 풍습이 한국으로 건너오면서 중국과 자연환경이 다른 한국의 지역적 조건에 맞게 진화되었다고 설명할 수 있다.

물이 높은 곳에서 낮은 곳으로 흐르듯이 문화도 높은 곳에서 낮은 곳으로 전파된다. 그런데 문화를 전파하는 지역과 그것을 수용하는 지역 사이의 자연환경은 모든 면에서 완벽하게 동일할 수 없으므로, 결국 문화는 그것을 받아들이는 곳에서 그들의 환경과 조건에 맞게 변형된다. 이런 까닭에 자연환경에 절대적으로 의존하는 의식주와 같은 생활양식과 관련된 문화는 자연히 각 나라마다 서로 다를 수밖에 없다. 따라서 이러한 생활양식에서 발견되는 독특한 문화적 요소들을 가지고 한국문

---

13 재래드 다이아몬드, 김진준 역, 『총, 균, 쇠』, 문학사상, 2005, 73~91쪽.

화의 '독자성'을 주장하는 것은 다소 설득력이 떨어지는 빈약한 주장일 수밖에 없다.

강릉단오제

조선시대(1392~1897)의 3대 명절은 설날과 추석 그리고 단오였다. 중국의 3대 명절 또한 이와 다르지 않았다. 조선이 중국의 달력을 사용했으므로 이 세 명절들은 당연히 중국과 같은 날짜에 각기 치러졌다.

한국에서 단오가 3대 명절에 당당히 낄 수 있었던 이유는, 시기적으로 음력 5월 5일이 양대 명절인 음력 1월의 설날과 음력 8월의 추석 사이의 중간쯤이고, 마침 이때에는 벼농사의 파종이 끝나고 농민들이 얼마간의 여유를 가질 수 있는 시기였기 때문이었다. 또한 이맘때가 봄이 끝나고 여름이 시작되는 시기이므로, 여러 가지 질병을 막기 위한 주의가 필요한 시점이라는 것도 주요한 이유였다고 전해진다.

단오절의 주요 행사는 농부들이 벼농사의 파종을 마무리하면서 농사를 주관하는 신이나 그 마을을 지키는 신령 등에게 안전과 풍요를 기원하며 드리는 제사였다. 따라서 설날과 추석이 가족모임이 핵심인 '가족 명절'이라면, 단오는 농업기반 사회의 지역주민들이 공동으로 치르는 '지역 명절'이라고 할 수 있다. 이제 한국은 더 이상 농업사회라고 할 수 없기 때문에 단오는 공휴일로 지정되지도 않았다. 하지만 농업적 기반이 강하거나 지역의 산업 특성상 관민이 합동으로 그 지역의 안전과 풍요를 기원해야 했던 곳에서는 아직도 단오의 전통이 강하게 남아있다.

현재 한국에서는 강릉 외에도 법성포, 전주 등 여러 곳에서 단옷날이면 다양한 행사들을 즐기고 있다. 이들 지역의 단오절 행사에서 공통적으로 찾아볼 수 있는 것은 씨름, 그네타기, 창포로 머리감기 등이다. 한국인들에게 너무도 유명한 신윤복(1758~1814?)의 풍속화〈단오풍정端午風情〉에는 단오절에 창포로 머리를 감고 그네를 타는 조선시대 여인네들의 모습이 아름답게 그려져 있다.

한편, 단오절의 원조인 중국에서 가장 주요한 단오절 행사는 용선龍船경주이다. 용선경주의 유래에 대해서는 몇 가지 설이 있다. 그중에서 가장 잘 알려져 있는 것은 중국 전국시대(B.C. 403~B.C. 221)의 굴원(B.C. 340~B.C. 278)과 관련된 것이다. 굴원은 왕족 출신으로 초楚나라의 뛰어난 정치인이었는데, 모함을 받아 추방되어 지금의 후난성湖南省에 있는 '멱라'라는 강에 투신하여 생을 마감했다. 한 전설에 따르면, 그가 죽은 날이 바로 5월 5일이었다고 한다. 용선경기는 강에 빠진 그의 시신을 구한다는 의식儀式으로서 시작되었다. 중국인들이 단오절에 먹는 대표 음식은 '쫑쯔粽子'라는 이름의 연꽃 잎에 싼 찹쌀밥이다. 이 음식의 기원은 굴원의 시신이 물고기들에 의해 훼손되지 않기를 바라는 의미에서 만들어졌다고 한다.

굴원에 관한 이야기는 사마천(B.C. 145?~B.C. 86?)의『사기史記』에 기록되어 있어, 이를 읽은 후세의 많은 사람들이 그를 애국자이자 시인으로 존경하게 되었다. 당연히 한국의 선조들도 용선경주의 유래가 된 굴원에 대한 이야기를 익히 잘 알고 있었을 터이지만, 단옷날에 그를 특별히 추모하지는 않았다. 이렇듯 한국이 오랫동안 중국의 달력에 의존하여 중국과 같은 날짜에 같은 이름의 단오라는 명절을 쇠고는 있지만,

중국과는 달리 한국의 단오에는 용선경기라는 중국인들의 주요 의식儀式이 존재하지 않는다. 이는 한국의 단오가 한국인들에게는 전혀 다른 의미의 축제라는 것을 말해준다.

앞선 사례에서도 보여주었듯이, 한국의 선조들이 중국으로부터 설날과 추석을 받아들일 때도 한국에 적용시키기 힘든 중국의 이야기 — 이를테면 춘절의 괴물 니엔 및 달의 여신 항아에 관한 전설 — 는 들여오지 않았다. 설사 그런 것들이 한국에 전해졌더라도, 중국과 풍토가 다른 한국 사회에서 한국인들의 생활양식과 연관을 맺기가 어렵기 때문에 결국 한국의 풍습으로 살아남지 못했을 것이다.

한국의 단오제 중에는 강릉에서 열리는 단오제가 가장 유명하다. 강릉의 단오제가 유명해진 가장 큰 이유는 강릉의 지리적 특성 때문이라고 설명할 수 있다. 동해안에 위치한 강릉은 어업이 중요한 해안도시이므로 바다신에게 풍어제를 올려야 했고, 인근에 위치한 대관령이 산세가 험하므로 산신령에게도 제를 올려야 했다. 이는 곧 강릉 지역에 무속신앙의 전통이 강하게 남을 수밖에 없었다는 것을 의미하며, 이러한 요소들이 강릉단오제에 그대로 포함되었다. 그리고 이런 특색 있는 풍습 덕분에 강릉의 단오제는 꽤 오래전인 1967년에 무형문화재 제13호로 지정될 수 있었다.

2005년 강릉시는 강릉단오제를 세계문화유산으로 등재시키기 위해 유네스코에 신청서를 제출했다. 이를 뒤늦게 알게 된 단오의 종주국인 중국의 관련 단체가 부랴부랴 비슷한 신청서를 제출했으나, 중국 측은 준비부족으로 탈락하고 한국의 강릉단오제만 등재에 성공했다. 이 소식은 자국 문화에 대단한 자부심을 가지고 있는 중국인들을 크게 분노

케 했고, 한국이 자신들의 고유문화를 도둑질해 갔다며 중국 내 반한反韓 감정이 걷잡을 수 없을 정도로 커졌다.

여기서 주목해야 할 사실은 강릉시가 유네스코에 등재를 신청할 때 강릉의 단오제는 1,500여 년 전 중국에서 전래된 것이라고 분명히 언급했다는 점이다. 실제로 유네스코에 의해 지정된 문화유산은 단오절에 강릉시에서 벌어지는 전통 지역풍습에 관한 것이지, 단오절 그 자체가 아니었다. 이 사실을 정확히 이해했던 중국 당국은 허베이성河北省의 단오절 행사를 세계문화유산으로 등재시키기 위해 유네스코에 다시 신청서를 제출했고, 마침내 2009년에 등재에 성공했다.

중국에서는 단오절의 주요 행사가 용선경주이기 때문에 단오절의 영어 명칭은 'Dragon-boat Race Festival'(용선경주축제)이다. 반면, 한국의 단오절에는 이런 용선경주가 없기 때문에, 단오의 한국식 발음인 'Dano'가 단오절의 공식 영어 명칭이 되었다. 참고로, 강릉단오제의 '제祭'는 축제를 뜻하는 반면, 중국의 단오절은 [뚜안우지에]로 불리며, 여기서 [-지에]는 '절節', 즉 명절을 뜻한다.

2005년 강릉단오제가 세계문화유산으로 등재된 이래 2009년 중국의 단오절 행사가 역시 세계문화유산으로 등재될 때까지 중국에서의 반한 감정은 매우 심각한 수준이었다. 특히 2008년의 베이징 올림픽을 전후로 반한 감정은 극에 달했다. 그리고 2007년에 실시한 한 여론조사에서는 한국이 일본을 제치고 중국인이 가장 싫어하는 이웃국가로 선정되는 불명예를 안기도 했다.[14] 지금도 여전히 중국의 네티즌들 사

---

14 「'우리문화 도둑질' 중국 반한감정 고조」, 『한겨레』, 2008.8.5.

이에서는 한국이 이번에는 중국의 고유문화유산 중 이러저러한 것들을 자신들 것이라고 우긴다는 글들이 떠돌고 있다.[15]

단오절과 관련된 한바탕의 소동을 겪은 중국 당국은 이후 자국의 문화유산 보호 및 발전에 더욱 분발하는 모습을 보이고 있다. 예를 들면, 중국은 2008년부터 단오절을 공휴일로 지정했다. 참고로, 용선경주를 주요한 국제행사로 매년 개최해 오고 있는 홍콩에서는 단오절이 오래 전부터 법정 공휴일로 대접받고 있다.

고대로부터 한국은 이웃인 문화대국 중국으로부터 많은 것들을 배웠다. 이런 까닭에 양국의 문화에서 많은 공통점들을 찾을 수 있다는 사실을 부인할 수 없다. 그러나 '떡방아를 찧는 토끼'를 통해서도 확인할 수 있듯이, 한국은 중국으로부터 받아들인 것들을 한국의 상황에 맞게 변형 및 발전시켜 왔다. 바로 이런 식의 진화가 문화의 가장 주요한 속성이다.

자국의 문화를 이해하고 그것에 대한 자긍심을 갖는 것은 매우 중요하다. 그렇지만 자국의 문화만을 알고 다른 문화를 모르면 국수주의에

---

15 중국의 한 방송프로그램에서 한 원로학자와 젊은 대학생들 간의 토론이 있었다. 이 원로학자는 중국인들이 간자체 한자뿐만 아니라 번자체도 같이 공부해야 한다고 학생들을 설득하면서, 그렇지 않으면 나중에 한국인들이 한자를 자기네들의 유산이라고 우길 것이라고 주장했다. 대부분의 한국인들은 이러한 중국학자의 태도에 대해 몹시 당황스러울 것이다. 안타까운 사실은, 충분한 근거 없이 다분히 민족주의적인 입장에서 한자가 먼 옛날 중국대륙에 살았던 한국의 선조들이 만든 것이라고 주장하는 한국인들이 실제로 있다는 것이다. 한족의 원류는 과거 황하 지역에 살았던 화하족(華夏族)인데, 이들은 당시 산동반도와 발해만 그리고 장강 하류에 이르는 넓은 지역에 살았던 여러 이민족들을 모두 '동이족(東夷族)'이라고 불렀다. 중국의 몇몇 학자들은 한자가 이들 동이족 중 일부에 의해 처음으로 만들어졌다고 주장한다. 이런 주장에 힘입어, 그 동이족이 바로 한국인의 선조이며, 한자는 한국인의 고유문자라고 주장하는 사람들이 있다. 그렇지만 화하족이 동이족이라고 불렀던 사람들이 한국인의 선조라는 증거는 아직 없다.

빠지기 쉽다. 자국의 문화와 이웃국가들의 문화를 모두 알면, 문화를 풍요롭게 하는 요인들이 무엇인지, 그리고 문화적 다양성이 왜 중요한지를 깨달을 수 있게 된다. 그러나 너무나 안타깝게도, 현재 동아시아인들은 이웃국가의 문화가 자국의 문화와 무엇이 비슷하고, 무엇이 다른지에 대해서는 전혀 관심이 없어 보인다. 동아시아인들이 유난히 민족주의 성향이 강하다는 사실을 고려하면, 이 지역에서 벌어지는 역사 및 문화유산과 관련된 논쟁은 앞으로도 계속될 것으로 예상된다.

맺음말

한자를 대체한 영어

　나는 한자교육을 받은 세대에 속한다. 나의 초등학교 시절에 고학년 학생들은 주로 토요일에 한 시간가량 한자수업을 받았다. 내가 속한 세대는 중고등학교에서 보다 체계적으로 한자수업을 받았고, 일 년에 한두 차례 별도의 한자시험도 치러야 했다. 당시 나는 한 획씩 그으며 한자를 익히느라 많은 시간을 투자해야 했지만, 한편으론 내가 모르고 써왔던 한자어의 어원을 익히며 신기해했던 기억도 있다. 하지만 막상 내가 대입학력고사를 치를 때 한자시험은 돌연 사라졌다.

　나는 대학교에서는 불어불문학을 전공했는데, 그 후 대학원에서 국어국문학 박사과정에 입학할 때 세 과목의 시험을 봐야 했다. 당시 내가 치른 세 과목의 시험 중 두 과목은 한국어와 관련된 전공시험이었고, 나머지 한 과목은 영어시험이었다.

　돌이켜 보면, 내가 중고등학교를 다니던 1970년대가 한국에서 한자문화가 그나마 명맥을 유지하던 때였다. 그 후 언제부터인가 학생들이 한자공부를 위해 열심히 읽어야 했던 신문의 사설에서 한자가 사라졌다. 그리고 이제는 고문헌 관련이 아니면 한국어나 국문학을 전공하는 사람들에게도 한자가 아닌 영어가 필수가 되었으니, 시험 때문에 한자를 공부하는 사람은 더 이상 찾아보기 어렵게 되었다. 그런데 흥미롭게도 이런 와중에 중국어를 배우려는 사람들은 늘어가고 있다.

우리 세대가 한자를 열심히 배워야 했던 시기에는, 그 한자들이 진작 중국에서는 어떻게 발음되는지 전혀 알 필요가 없었다. 그 까닭은 오랜 세월 동안 한국과 중국의 교류가 인적 교류가 아닌 서적을 통한 지적知的 교류에 치중했었기 때문이다. 대개의 경우 이웃나라들 사이에서는 다양한 형태의 교류가 활발하기 마련이고, 특히 사람들 간의 왕래가 빈번할 수밖에 없다. 그러나 과거 한·중 간의 관계는 지적 교류가 인적 교류를 압도했고, 그 교류도 양방향이 아닌 중국으로부터의 수입이라는 일방적인 것이었다.

과거 한국은 중국과의 지적 교류를 통해 중국의 여러 가지 지적 문화 유산을 배울 수 있었다. 그들 중 하나가 바로 유교였다. 유교는 당시로서는 꽤나 정교한 정치이념이자 사회윤리였다. 특히 조선시대에 유교는 사람들의 일상생활의 소소한 것들까지도 간섭했고, 글 읽는 선비들이라면 그러한 세세한 가르침을 배우고 익히기 위해서 관련된 경전을 마르고 닳도록 읽어야만 했다. 물론 나의 학창 시절에 유교는 이미 한국의 교과과정에서 사라진 지 오래되었지만, 내가 속한 세대만해도 당시 어른들이 "공자왈……" 혹은 "공자님 말씀이……"라며 유교의 가르침을 인용하는 것을 수없이 들으면서 자랐다.

과거 우리의 선조들이 중국에서 수입해온 유교경전을 비롯한 수많은 서적들을 읽을 수 있게 도와준 것이 바로 한자였다. 이를 달리 말하자면, 우리의 선조들이 한국어와는 잘 맞지 않아 불편하고 배우기도 어려운 한자를 배웠던 주된 이유는 중국에서 건너온 책들을 읽기 위해서였다는 것이다. 그리고 이렇게 오랜 동안 중국에서 수입해온 한문서적들을 열심히 공부한 결과, 한국어에는 매우 많은 한자어가 아직도 남아있게 되었다. 즉, 지난 2천 년 동안 한국이 가졌던 중국과의 지적 문화 교류에 대한 증거는 바로 한국어에 남아 있는 한자어라고 할 수 있다.

이제 한 · 중 간의 지적 교류는 옛날만 못해졌고, 이에 따라 한국인들이 어려운 한자를 배우거나 사용할 이유도 없어졌다. 비록 한국어에는 중국에서 온 외래어인 한자어가 아직 많이 남아있지만, 한글로 그것들을 표기해도 의사소통에 큰 문제는 없어 보인다. 그리고 이제 한국인들은 어려운 문자인 한자를 배우는 대신 한국인에게 또 다른 차원의 어려움을 주는 외국어인 영어를 배우고 있다.

한국인들이 세계 공용어인 영어를 열심히 배우는 이유는 외국인들과의 지적 및 인적 교류를 위해서이다. 한국인들이 서양의 문물과 함께 영어를 배우게 된 이래로, 이제는 한자어를 대신해서 영어 외래어가 유입되고 있다. 이런 추세라면, 한국어에서 차지하고 있는 한자어의 비중은 점차 줄어들 것으로 보인다. 한국에서 한자문화의 약화는 두 단계로 이루어지고 있다. 첫 단계는, 한글이 한자를 대체하는 과정인데, 이는 이미 어느 정도 이루어졌다. 그 다음은, 영어 외래어의 유입과 한국식 신조어의 생성으로 한국어에서 한자어의 비중이 서서히 줄어들고 있는 단계이다. 현재 이 단계는 한창 진행 중이라고 할 수 있다.

많은 한국인들이 돈과 시간을 쏟아 부으며 영어를 배우고 있지만, 과거 한자가 한국문화에 끼친 만큼의 영향을 영어가 한국문화에 끼치기는 어려울 것이다. 즉, 한국 사람들이 영어를 원어민처럼 구사한다고 해도 한국이 영어문화권의 일부로 편입될 가능성은 없다는 것이다. 이는 영어가 한국인의 문화, 특히 사고방식에 끼치는 영향이 매우 제한적이라는 것을 의미한다.

영어가 한국인의 사고방식에 그다지 큰 영향을 끼치지 못하는 주요 이유 중 하나는, 우리가 서양의 언어 중 대표라고 할 수 있는 영어를 배우면서 그들의 사고방식을 간접적으로 접하고는 있지만, 우리는 그들의 대표적인 사고방식이라고 할 수 있는 개인주의를 제대로 이해하려고 노력해 본 적이 없기 때문이다. 흥미로운 사실은, 우리가 개인주의를 배우는 방식은 예전에 유교문화를 습득했던 방식과는 전혀 다르다는 것이다. 즉, 우리는 개인주의를 서양 언어인 영어나 서양사상이 담긴 책들을 통해서가 아니라, 자본주의라는 서구식 경제체제를 경험하면서, 우리가 의식하지 못하는 사이에 하나씩 배우고 있다.

자본주의와 유교의 공존

내가 대학생일 때만 해도 한국에서는 자본주의라는 용어를 마치 불경스러운 것인 양 거의 사용하지 않았다. 자본주의는 공산주의와 서로 반대되는 개념인데, 어찌된 일인지 그다지 민주적이지 않았던 그 당시에 학생들은 공산주의의 반대는 민주주의 혹은 자유민주주의라고 배워야만 했다. 그리고 마치 한국이 자본주의 사회라는 사실이 알려지면 큰 일이라도 날 것처럼 모두가 자본주의라는 용어의 사용을 꺼렸다. 그 당시에는 자본주의를 비판하고 사회주의를 옹호한다는 이유로 칼 마르크스의 『자본론』이 금서로 지정되었다. 또한, 단지 그 책에서 다루고 있다는 이유로 '유물론'도 학교에서는 제대로 배우지 못하는 아주 불온한 주제로 취급 받았다.

반면, 당시 학교에서나 매스컴에서 학생들에게 자주 주입시키던 단어들이 있었다. '충효', '단결', '근면과 협동' 등의 다분히 유교적 전통과 관련된 덕목들이 바로 그것들이었다. 우리들은 역사수업 시간에 유교 탓에 조선이 망했다고 배웠지만, 학교 안에서나 밖에서나 나라에 충성하고 부모님께 효도해야 하며 동료들과는 협동해야 한다고 배웠다. 이와 같이 다소 혼란스러운 방식으로 내가 속한 세대는 한자문화뿐만 아니라 유교문화의 끝자락도 경험했다.

그러다가 1997년 경제위기가 한국을 덮쳤다. 단군 이래 최대의 국가위기라는 이 경제위기는 결국 한국에서 많은 것들을 바꿔 놓았다. 구조조정이라는 말이 여기저기서 들렸고, 평생직장이라는 개념도 그때부터 사라졌다. 드디어 한국인들은 냉혹한 자본주의 체제를 본격적으로 경험하게 된 것이다. 당시 기성세대는 학창시절 열심히 배웠던 충성이나 협동 등과 같은 유교적 덕목들을 학교 밖의 사회에서는 살아남기 위해서 잊어야만 했다. 즉, 한국인들의 오래된 유교적 전통이 경쟁을 부추기는 새로운 사회환경에 더 이상 어울리지 않게 된 것이다.

한자문화와 유교문화의 끝자락을 모두 경험했고, 이런 탓에 혼란스러운 20~30대를 보낸 내가 속한 세대는 그래도 축복받은 세대라고 할 수 있다. 그때만 해도 지금과 같은 일자리 걱정을 하지는 않았으니까 말이다. 현재 젊은 세대들은 훨씬 더 심각한 경쟁을 치러야 하는 상황인데, 이제 그들에게 우리가 예전에 배웠던 유교의 덕목들을 강요할 수는 없을 것이다. 오랫동안 한국인의 사고방식을 지배했던 유교는 이제 더 이상 힘을 발휘하지 못하고 사라져야 할 운명에 처해진 것이다.

자본주의라는 새로운 경제체제가 도입되면서 혼란을 겪게 된 것은 중국도 마찬가지라고 할 수 있다. 예전 한국의 군사정권이 자본주의라는 용어에 민감했듯이, 중국의 공산당 정부도 그들의 시장경제 체제를 자본주의라고 부르지 않고 여전히 사회주의라고 부르고 있다. 또한 중국 정부는 빈부격차 등의 심각한 사회문제들을 해결하기 위해서 그들이 한때 심하게 탄압했던 유교사상을 들고 나오고 있다.

한국과 중국이 모두 서구에서 수입한 자본주의라는 새로운 체제에 대해 혼란스러워 하는 주된 이유 중 하나는, 한국인이나 중국인들이 그동안 개인주의에 대한 경험이 전무했기 때문이다. 오랫동안 공동체의 안정을 최우선이라고 여겼던 탓에, 대부분의 한국인이나 중국인들은 아직도 개인이라는 개념에 낯설어 한다. 자본주의의 경험이 많은 서구 선진국들의 사례들을 보면, 삭막한 자본주의 체제를 그나마 부드럽게 해 줄 수 있는 것은 각 개인의 개성을 존중하는 개인주의이지, 공동체를 위해 개인의 희생을 강요하는 집단주의는 아니다.

한국이나 중국에서 종종 나이든 기성세대들은 "요즘 젊은이들은 너무 개인주의적이야"라며 현재의 사회 상황을 걱정하기도 한다. 하지만 그들 대부분은 개인주의와 이기주의를 혼동하고 있으며, 요즘과 같은 경쟁사회에서 더 이상 집단주의를 강요할 수 없다는 사실을 간과하고 있다. 결국 한국인들은 조금씩 개인주의를 배워가고 있는데, 그것은 책이나 학교를 통해서가 아니라, 자본주의 체제가 만들어 놓은 경쟁사회를 실제 몸으로 부딪히면서 배우고 있는 것이다.

한 · 중 문화비교

중국문화권이란 원조인 중국과 이웃국가들인 한국, 일본, 베트남으로 구성된 문화권을 말한다. 이들은 모두 한자와 유교라는 중국의 지적 문화유산을 오랫동안 공유해 왔다. 여기에 하나를 더 추가하자면, 중국의 역법도 이웃국가들이 전수받아 열심히 배우고자 했던 중국의 주요 선진문물이었다(현재 동아시아 국가들이 중국의 지적 문화유산에 얼마나 의존하고 있는지를 〈표 1〉에 정리했다).

이렇듯 한국 등 중국의 이웃국가들이 중국문화권을 형성했던 이유는 중국으로부터 한자, 유교, 역법 등을 배우고자 했기 때문이다. 그렇다면 그들이 한자, 유교 그리고 중국의 역법에 대해서 현재 어느 정도로 의존하고 있느냐에 따라 그들 문화의 탈중국화 정도를 평가할 수 있을 것이다.

현재 한자에 대한 의존도가 가장 큰 나라는 일본이다. 일본과 달리, 한국과 베트남에서는 이제 한자를 공식적으로 사용하지 않는다. 그런데 여기서 한 가지 주목할 점은, 일본은 서양에서 온 외래어도 거부감 없이 적극적으로 사용하고 있다는 것이다. 이렇듯 일본에서는 언어소통에 도움이 된다면 한자든 외래어든 가리지 않고 수용해서 사용하는데, 이를 문화에 대한 공리주의적 태도라고 설명할 수 있다.

한편, 〈표 1〉에서도 확인할 수 있듯이, 유교에 대한 의존도는 한국이 가장 크다고 할 수 있다. 조선시대 유교의 위세가 대단했던 만큼, 현재 유교에 대한 흔적도 종주국인 중국보다도 한국에 더 많이 남아 있다. 한국에서는 노인을 사회적 약자가 아닌 공경해야 할 대상으로 여기는 소위 경로사상에 대한 전통이 아직도 강하게 남아있다.[1]

마지막으로, 중국의 역법에 대한 의존성은 일본과 달리 한국과 베트남에서는 여전히 존재한다. 한국과 베트남은 공식적으로는 서양식 태양력을 사용하고 있지만, 전통명절은 여전히 중국식 달력을 따르고 있다.

중국의 세 가지 대표적인 지적 문화유산에 대한 동아시아 국가들의 의존도를 대략적으로 정량화하여 〈표 1〉에 정리했다. 이를 적절히 이용하면, 현재 동아시아 국가들의 탈중국화 정도를 정량적으로 서로 비교해 볼 수 있다. 이를 위해서 먼저 〈표 1〉의 수치들을 종합하여 각 나라별 '중국 지적 문화유산에 대한 종합적 의존도'를 계산한다. 여기서 한자(문자 및 어휘), 유교(지지도 및 집단주의 성향), 중국식 달력이 동아시아 국가들의 문화 전반에 끼친 영향력을 고려하여, 이들의 비중을 각각 40%(20%+20%), 40%(20%+20%), 20%, 즉, 총 다섯 가지 항목의 비중을 각각 20%로 가정했다.[2] 이럴 경우, 현재 각 나라별 중국 지적 문화유

---

[1] 문화체육관광부가 발표한 '2013년 한국인의 의식·가치관 조사 결과'에 따르면, 여전히 많은 한국인들은 '윗사람에 대한 존중'을 중요한 사회적 가치로 여기고 있다.

[2] 〈표 1〉에서 사용된 수치 중 '유교적 가치에 대한 지지도'는 설문의 범위가 대학생들로 한정되어 있다. 따라서 이 수치가 각 나라의 실제 상황을 제대로 반영한다고 보기는 어렵다. 만약 기성세대가 설문에 포함되었다면 유교적 가치에 대한 지지도는 다소 증가할 것으로 예상된다. 참고로, 문화체육관광부가 발표한 '2016년 한국인의 의식·가치관 조사 보고서'에 따르면, '충효사상 등 한국의 정신문화에 대한 자긍심'은 84%(2008),

산에 대한 종합적 의존도는 중국 82%, 한국 53%, 일본 48%로 나타난다. 이를 뒤집어 말하자면, 각 나라별 '탈중국화' 정도는 중국 18%, 한국 47%, 일본 52%이다.[3] 베트남에서의 '유교적 가치관에 대한 지지도'가 한국과 비슷한 수준이라고 가정할 수 있으므로, 베트남의 탈중국화 정도는 한국과 비슷하다고 할 수 있다.

이와 같이 몇 가지 주요 지표들을 이용하여 현재 동아시아 국가들에게서 한자, 유교 그리고 중국의 역법이라는 중국의 지적 문화유산에 대한 의존도를 종합해 보면, 현재까지 한국문화의 탈중국화는 베트남과 비슷한 수준이고, 일본에 비해서는 상대적으로 덜 진행되었다고 주장할 수 있다. 이는 곧 현재 전 세계에서 중국과 지적 문화를 가장 많이 공유하고 있는 나라는 한국과 베트남이며, 좋든 싫든 한국의 지적 문화에 중국이 지대한 영향을 끼쳤다는 것을 의미한다.

언어와 사고방식은 한 국가의 문화 정체성을 결정하는 주요 문화 요소들이다. 실제로 문화권을 구분하는 가장 일반적인 방법은 바로 언어 혹은 사고방식의 일종이라고 할 수 있는 종교의 유사성을 확인하는 것이다. 한국어에 한자어의 비중이 절반 이상이나 되고, 한국인의 사고방식이 유교적 전통에 많은 영향을 받았다는 사실은, 그만큼 한국의 문화 정체성이 중국의 그것과 가깝다는 것을 의미한다.

그런데 여기서 매우 흥미로운 사실은, 한국어에서 한자어의 비중이 매우 높음에도 불구하고, 한·중 양국문화의 차이점 중에서 가장 두드러진 차이점을 양국의 언어와 언어문화에서 찾을 수 있다는 것이다. 이

86%(2013), 85%(2016)으로 〈표1〉에서 사용한 수치인 71%보다 높은 수준이었다.

3   '탈중화 정도(%)=100−중국 지적 문화유산의 의존도(%)'라고 가정했다.

는 한국어와 중국어가 언어학적으로 매우 상이하며, 사용하는 문자체계 또한 각각 한글과 한자로 매우 다르기 때문에, 이와 연관된 언어문화가 달라질 수밖에 없다고 설명할 수 있다. 한국의 언어문화는 중국보다는 오히려 일본의 그것과 훨씬 더 비슷하다.

한국문화가 중국으로부터 많은 영향을 받은 이유는, 중국의 이웃이라는 한국의 지리적 특성 때문이지만, 농경사회라는 과거 한국의 경제·사회구조가 중국과 유사했기 때문이라고도 설명할 수 있다. 즉, 한국의 경제·사회구조가 중국과 서로 유사했던 만큼, 중국에서 들어온 여러 가지 문화적 요소들이 한국 사회에 쉽게 정착할 수 있었던 것이다. 그러나 이제 한국은 이미 농경사회에서 산업화 사회로 전환되었고, 지금은 정보화 사회로 또 한 번의 전환을 진행하고 있다. 이는 앞으로 한국문화가 점차 중국문화와 달라질 수밖에 없다는 것을 암시한다.

문화는 경험을 통해 진화한다. 그러므로 오늘을 살아야 하는 우리에게 우리 문화가 과거에 어떠했느냐보다는 지금 혹은 가까운 미래에 우리 문화가 어떠할 것이냐가 더욱 중요하다. 문화는 그 사회가 여러 가지로 다양한 경험을 할수록 풍성해지고, 또한 바람직한 방향으로 진화, 즉 진보할 수 있다. 문제는, 어떻게 하면 시행착오를 줄여 사회 구성원들이 겪을 혼란과 고통을 최소화할 수 있느냐이다.

지난 세기 산업화 과정에서 발생한 급격한 사회환경의 변화로 지금의 기성세대는 많은 혼란을 겪기도 했다. 한국은 현재 또 한 번의 사회환경 변화를 맞고 있는데, 이번에는 지난번보다 한국인들이 더 잘 적응할 것으로 예상된다. 이런 낙관적 전망에 대한 근거는, 여러 가지로 다양한 경험을 겪으면서 이제 한국 사회가 나름 성숙해졌기 때문이다.

〈표 1〉 중국 지적 문화유산에 대한 의존도

문화유산 \ 국가	한자		유교[①]		중국식 달력에 대한 의존도
	한자에 대한 의존도	한자 어휘에 대한 의존도	유교적 가치에 대한 지지도[②]	집단주의 지표[③]	
중국	~100%[④]	~100%[⑤]	76%	83%	~50%[⑥]
한국	~0%	~60%[⑦]	71%	85%	~50%[⑥]
일본	~50%[⑧]	~60%[⑦]	69%	61%	0%
베트남	0%	~60%[⑦]	N.A.[⑨]	83%	~50%[⑥]

① 동아시아에서는 여전히 많은 사람들이 다른 사람들과의 '사회적 관계'를 형성할 때면 유교적 전통 — 유교의 실천지침인 오륜(五倫)이 규정한 질서 — 을 따른다. 이러한 전통 탓에 동아시아에서 집단주의가 체계적으로 발전되었으므로, 동아시아의 각 나라별 집단주의적 성향이 어느 정도인가로 그 나라의 유교적 전통에 대한 의존도를 가늠할 수 있다. 그러나 아무리 집단주의 문화가 유교적 전통을 대표한다 하더라도, 이것만으로 각 나라별 유교적 전통에 대한 의존도를 확정할 수는 없다. 왜냐하면 유교적 전통은 동아시아인들의 가치관 형성에 보다 전반적인 영향을 주어 왔기 때문이다. 예를 들면, 여전히 많은 동아시아인들은 유교가 추구했던 오덕(五德) — 인(仁)・의(義)・예(禮)・지(智)・신(信) — 을 주요한 가치로 여기며, 이를 따르려고 노력하고 있다. 따라서 동아시아 국가들의 유교적 전통에 대한 의존도를 파악하기 위해서 여기서는 두 가지 지표, 즉 '집단주의 지표'와 '구성원들의 유교적 가치관에 대한 지지도'를 함께 고려했다.

② 2006년에 보고된 연구결과를 인용했다.[4] 이 연구에서는 동아시아의 대학생들을 대상으로 그들이 유교적 가치관에 대해서 얼마만큼 동의하는지를 다양한 설문을 통해서 조사 및 분석했다. 이 연구에서는 '원활한 인간관계', '사회적 위계질서', '전통의 보존' 등을 유교적 가치로 정의했는데, 이들에 대한 각각의 측정값을 취합하여 산술 평균한 후 〈표 1〉에 수록했다.

③ [집단주의 지표(%) = 100 − 홉스테더의 개인주의 지수(IDV) × (100/119)]로 가정하고 산출했다.

④ 병음을 사용하고 있지만, 문서작성을 위한 공식 문자는 여전히 한자이다.

⑤ 외래어의 비중이 점차 늘고 있지만, 여전히 이들을 한자로 표기하고 있다.

---

4   Yang Bing Zhang et al., "Harmony, Hierarchy and Conservatism : A Cross-Cultural Comparison of Confucian Values in China, Korea, Japan and Taiwan", *Communication Research Reports* 22, 2006, pp.107~115.

⑥ 공식적인 달력은 그레고리안 달력이지만, 전통명절은 중국식 달력을 사용하기 때문에 이에 대한 비중을 50%로 가정했다.

⑦ 일반적으로 알려진 한자어의 비중이다. 이는 사전에 수록된 한자 어휘의 비중을 의미한다. 실제 사용되는 빈도를 그 기준으로 한다면, 한자어의 비중은 이보다는 낮을 것으로 예상된다.

⑧ 가나문자와 혼용하고 있기 때문에 한자 사용의 비중을 50%로 가정했다.

⑨ 〈표 1〉에서 인용한 2006년의 연구에는 베트남에 대한 조사결과가 포함되어 있지 않다. 베트남의 유교적 전통은 여전히 건재한 것으로 보인다. 예를 들어, '경로사상'은 베트남에서도 한국만큼이나 매우 강하게 남아있다. 이런 사실을 고려한다면, 베트남에서의 '유교적 가치에 대한 지지도'는 한국과 비슷한 수준이 될 것으로 예상된다.

영화를 통한 외국 문화의 이해

그 방법론에 대하여

영화 〈첨밀밀〉

외국의 문화를 배우는 가장 좋은 방법은 당연히 그 나라에 가서 얼마 동안이나마 살아보는 것이다. 그러나 이를 실행하려면 적지 않은 돈과 시간이 요구되므로 대부분의 사람들에게는 비현실적이다. 이에 대한 대안으로 한국에 와 있는 그 나라 사람들과 교류하는 것을 생각해 볼 수 있다. 물론 이것도 낯선 외국인을 만나야 하는 것인 만큼 그리 쉬운 일은 아닐 것이다. 또 다른 대안이라면, 그 나라 출신의 작가나 감독이 만든 문학작품 혹은 영화를 보면서 그들의 문화를 간접적으로 경험하는 것이다.

소설이나 영화는 대부분 허구의 이야기를 바탕으로 만들어지지만, 그럼에도 불구하고 거기에는 작가나 감독이 경험했던 그 나라의 문화와 사회의 모습이 은연중에 고스란히 담겨 있게 마련이다. 문학작품과 영화는 외국의 문화를 이해하는데 필요한 교재로서 각각 나름의 장단점이 있다. 그 대상 국가의 언어에 능통하고 시간의 구애를 받지 않는다면, 당연히 책으로 쓰인 문학작품이 더 좋은 선택이 될 수 있다. 그러나 대부분의 사람들에게는 영화가 편리성이라는 측면에서 책을 앞선다고 할 수 있다.

홍콩의 대학생들에게 한국문화를 가르칠 때 나는 종종 그들에게 한국의 사회와 문화를 이해하는데 도움이 될 만한 한국산 영화를 보여주곤 했다. 이와 마찬가지로 나도 중국과 홍콩의 사회와 문화를 이해하기 위해서 중화권에서 만들어진 영화를 열심히 봐 왔다. 그리고 영화를 통해 중국과 홍콩에 대해서 무언가를 새롭게 발견하게 되면, 나는 그것을 영화감상문의 형태로 정리하여 홍콩의 문예지 등에 발표해 왔다.[5] 여기서는 내가 그동안 나름대로 터득한 영화를 통해 외국의 문화와 사회를 이해하는 방법에 대해서 소개하고자 한다.

이에 대한 논의를 위해서, 〈첨밀밀〉(1996)이라는 홍콩영화를 주요 텍스트로 살펴보겠다. 이 영화를 선택한 이유는, 평단의 큰 호평만큼이나 이 영화가 한국의 관객들에게도 많은 사랑을 받았기 때문이다. 그러나 문화연구를 위한 텍스트로서 이 영화를 선택한 보다 중요한 이유는, 한국인들에게 잘 알려져 있는 이 영화가 실제로는 한국인들이 잘 모르는 홍콩의 한 역사적 사건을 배경으로 하고 있기 때문이다.

'아는 만큼 보인다'는 말이 있듯이, 자신이 볼 영화가 어떤 배경으로

---

5   金惠媛, 「以電影了解香港」, 『城市文藝』 82, 2016, pp.107~108.

만들어졌는지를 사전에 이해하고 영화를 본다면, 우리는 더 많을 것을 볼 수 있다. 그런데 외국의 문화를 배우고자 하는 우리의 과제는 영화를 통해서 바로 그 영화의 줄거리가 만들어지게 된 배경을 이해하고자 하는 것이다. 외국의 영화를 감상하는 외국인 관객은 그 대상 국가의 문화나 현지 상황에 익숙하지 않으므로, 영화 속에서 종종 쉽게 납득할 수 없는 장면들을 발견하고 거기에 의문을 가질 수 있다. 여기서는 이러한 의문에 대한 해답을 귀납적으로 추론해 가면서, 그 영화가 만들어진 배경을 단계적으로 하나씩 알아가는 방법에 대해서 논의하겠다.

먼저, 〈첨밀밀〉의 줄거리를 간단하게 살펴보자. 영화의 남녀 주인공은 각각 샤오준(여명 분)과 치아오(장만옥 분)라는 이름의 중국에서 홍콩으로 이주한 이민자들이다. 샤오준은 소위 북방인으로 중국의 표준어인 북경어만을 쓰는 반면, 치아오는 홍콩과 인접한 광동성 출신의 남방인으로 홍콩에서 사용되는 광동어도 할 줄 안다.[6] 이 두 사람은 홍콩에 와서 처음으로 서로를 알게 되고, 둘의 처지가 비슷하여 곧 서로 사랑하게 된다. 그런데 안타깝게도 복잡한 사정으로 샤오준이 미국으로 홀로 떠나면서 둘은 헤어지게 된다. 그리고 십여 년이 지난 후 샤오준과 치아오는 미국에서 기적적으로 우연히 재회한다.

---

6   중국에는 '북방인은 남방에 가면 사기를 당하지나 않을까 걱정하고, 남방인은 북방에 가면 얻어맞지나 않을까 걱정한다'는 속담이 있다. 영화 〈첨밀밀〉에서도 북방인인 샤오 준은 세상물정에 다소 어두운 순박한 청년으로 묘사되고 있는 반면, 남방인인 치아오는 이재에 밝고 생활력이 강한 여자로 묘사되고 있다.

첫 번째 가정 – 영화 속 주인공은 나와 다르지 않다

영화를 통한 외국 문화의 이해를 위해서는 다음과 같은 몇 가지 사항에 유의해야 한다. 먼저, 영화 속 등장인물들 특히 주인공이 사랑이나 정의와 같은 인류의 보편적인 가치를 추구한다는 점에서 나와 크게 다르지 않다고 가정해야 한다. 이러한 시각은 이 책에서 지속적으로 강조하는 사회문화 현상을 대하는 태도 및 방법과도 일치한다. 즉, 각 나라마다 문화가 다른 이유는, 그 나라의 사람들이 우리와 달라서가 아니라, 그들이 그 사회에서 경험한 것들이 우리가 여기서 경험한 것들과 다르기 때문인 것이다.

영화 속 주인공이 나와 크게 다르지 않은 사람이라면, 그의 말이나 행동을 관객인 내가 이해하지 못할 이유가 없다. 만약 그가 영화 속에서 내가 이해하기 어려운 행위를 한다면, 그것은 그가 나와 아주 다른 종류의 사람이어서가 아니라, 그의 상황이 내가 아직 경험해 본 적이 없어서 이해하기 힘든 상황이라는 것을 의미한다. 이런 식으로 영화 속 주인공의 행위로부터 그가 처한 상황, 즉 그곳의 문화를 이해할 수 있다.

소설은 일인칭 주인공의 시점으로 쓰이는 경우가 흔한 반면, 대부분의 영화는 삼인칭 관찰자의 시점으로 이야기가 전개된다. 영화에서도 간혹 주인공이 일인칭 시점에서 내레이션을 하는 경우가 있지만, 이러한 경우에도 관객은 주인공이 어떤 행위를 하는지 알 수 있다(만약 완벽한 일인칭 시점으로 만들어진 영화라면, 실제로 관객은 주인공의 모습을 볼 수 없어야 한다).

삼인칭 관찰자의 시점인 경우, 관객은 영화 속에서 주인공이 어떤 말과 행동을 하는지를 볼 수는 있지만, 그의 숨겨진 의도까지 정확히 알 수는 없다. 관객이 주인공의 심중을 그나마 헤아릴 수 있는 방법은, 그가 고비가 될 만한 결정적인 순간에 어떤 선택을 하는지를 관찰하는 것이다. 이를 통해서 관객은 그가 가장 소중하게 여기는 것이 무엇인지, 혹은 가장 염려하고 있는 것이 무엇인지 등을 어느 정도 짐작할 수 있게 된다.

영화가 진행되면서 주인공은 일련의 선택을 한다. 예를 들면, 주인공은 어디로 갈 것인지 혹은 누구와 만날 것인지 등을 선택하고, 이러한 선택에 의해 그는 곤경에 빠질 수도 있고, 아니면 중요한 문제를 해결할 수도 있게 된다. 만약 주인공이 어떤 상황에서 관객인 내가 이해하기 어려운 선택을 했다고 가정해보자. 내가 그의 선택을 이해하지 못한다는 것은 내가 그의 의도를 제대로 파악하지 못하고 있다는 것인데, 이는 그가 처한 당시의 상황을 내가 그의 입장에서 충분히 이해하지 못했다는 것을 의미한다.

〈첨밀밀〉에서 샤오준은 치아오와 함께 미국으로 떠나기 위해 약속 장소에서 그녀를 기다렸으나, 그녀는 나타나지 않았다. 그러자 그는 어쩔 수 없다는 듯이 홀로 미국으로 떠났고, 결국 둘은 헤어지게 되었다. 한국인 관객이라면, 그다지 애쓰지 않고 그렇게 쉽게 사랑을 단념한 샤오준의 선택을 이해하기 어려울 것이다.

관객들이 영화 속 주인공의 행위에 대해 충분히 공감하지 못하는 경우는 드물지 않다. 그런데 그중에는 외국인 관객으로서 그 나라의 문화나 당시 사정을 제대로 이해하지 못해서 공감하지 못하는 경우도 흔하다. 즉, 영화 속의 어떤 상황에서는 우리가 미처 알지 못했던 그 나라만의 여러 현실적 한계와 제약이 있을 수 있다는 것이다. 따라서 외국인 관객이 영화 속 주인공이 결정한 주요한 선택에 대해서 공감할 수 없다면, 거꾸로 우리는 이것을 그 나라의 사회와 문화를 이해할 수 있는 좋은 단서로 활용할 수 있다는 것이다.

샤오준이 선택한 이별이 외국인 관객들에게는 불가항력적으로 보이지는 않지만, 당시 현지 사람들에게는 그것이 충분히 공감할 수 있는 내용이었다. 홍콩은 주거비용을 포함한 생활비가 매우 비싼 탓에 독신자 비율이 높고, 결혼 적령기도 상당히 늦다. 이러한 홍콩만의 특수한 사정으로 말미암아, 홍콩의 젊은이들은 남녀 간의 사랑에 그리 적극적이지 않은 편이다.

또한 이러한 이별을 선택한 샤오준을 좀 더 제대로 이해하려면, 영화 〈첨밀밀〉이 제작된 1996년이라는 당시 홍콩의 시대적 상황을 살펴볼 필요가 있다. 홍콩인들에게 1997년은 홍콩의 주권이 영국에서 중국으로 이양되는 역사적으로 중요한 해였다. 이러한 홍콩의 주권이양을 앞두고, 일부 홍콩인들은 불안한 마음을 감추지 못하고 캐나다 등으로 이민을 떠났고, 일부는 그대로 남아 조심스럽게 역사의 순간을 기다리고 있었다.[7] 이러한 상황을 몸소 겪고 있던 홍콩의 관객들이라면, 영화 속 샤오준이 선택한 이별을 당시 '주변상황에 어쩔 수 없이 순응할 수밖에 없었던 연약한 한 개인의 삶'으로 이해하고, 그의 선택에 대해서 어렵지 않게 공감했을 것이다.

---

[7]   1984년 중국과 영국은 홍콩의 미래에 관한 역사적 합의를 보았다. 이 합의에 따르면, 1997년에 홍콩의 주권은 영국에서 중국으로 이양된다는 것이다. 그런데 이러한 합의를 본지 불과 몇 년 후인 1989년에 중국에서 '천안문 사건'이라는 대규모의 유혈사태가 발생했다. 홍콩의 주권이양 합의에 가뜩이나 걱정하고 있던 많은 홍콩 주민들은 이러한 중국의 유혈사태에 경악을 금치 못하고, 적지 않은 주민들이 주권이양 전에 캐나다 등으로 이민을 떠나기 시작했다.

영화 속 상징의 이해

대부분의 영화에는 수많은 상징들이 포함되어 있다. 소설과는 달리 시간적 제한이 있는 영화에서는 소설의 지문에 해당하는 것들을 영상을 통해 관객들에게 재빠르게 설명해야만 한다. 따라서 영화를 제대로 이해하려면, 자칫 놓치기 쉬운 영화 속의 상징들을 올바르게 해독할 수 있어야 한다.

영화 속의 상징들은 크게 두 가지로 구분될 수 있다. 첫째는, 감독이 의도적으로 영화에 집어넣은 상징들이다. 이들 대부분은 감독이 영화를 통해 관객들에게 전하고자 하는 메시지, 즉 영화의 주제와 직접적인 연관을 갖는다. 둘째는, 감독이 의도하지 않았던 상징들이다. 이들은 주로 '문화적 상징들'이라고 할 수 있다. 문화적 상징들이란 그 영화를 만든 감독이나 현지 사람들에게는 친숙하고 당연한 것들이지만, 외국인 관객들이 보기에는 이상하거나 쉽게 이해되지 않는 것들을 의미한다. 그러므로 영화를 통해서 외국의 문화를 이해하려면, 영화 속에 등장하는 이러한 문화적 상징들을 놓치지 말고 찾아내야만 한다.

대개의 경우 잘 만들어진 소설이나 영화는 마지막 장면으로 다가갈수록 그 작품의 주제가 자연스럽게 관객들에게 전달된다. 그러나 주제가 조금 난해한 경우에는, 감독이 상징적인 인물, 물건, 장소 등을 영화의 곳곳에 의도적으로 배치하여 관객의 이해를 돕기도 한다. 이때 어떤 상징들은 영화의 줄거리와 자연스럽게 어울리는 한편, 어떤 것들은 다소 엉뚱하게 보이기도 한다. 당연히 영화 속에서 너무 튀지 않는 상징들이 영화적 완성도가 높은 것이라고 할 수 있다. 그렇지만 드러나지 않으면서 숨겨져 있는 상징들은 그만큼 관객들이 그것을 찾아내기가 힘들다.

홍콩영화 〈중경삼림〉(1994)도 〈첨밀밀〉과 마찬가지로 역사적인 홍콩의 주권반환을 앞두고 만들어진 영화이다. 이 영화의 특징 중 하나는 영화의 주제를 암시하는 상징들이 영화의 곳곳에 배치되어 있다는 것이다. 예를 들면, 여자주인공이 홍콩의 랜드마크라고 할 수 있는 센트럴의 옥외 에스컬레이터를 타고 가면서 유리 벽에 비친 자신의 모습을 바라보는 장면이 나온다. 이것은 마치 "너는 누구니? 너는 이제 어디로 가는 거니?"라고 묻는 듯하다. 이 장면을 통해 감독은 홍콩인들의 정체성과 홍콩의 미래에 대한 불안감을 은유적으로 보여주고 있다.

〈중경삼림〉의 에스컬레이터 장면은 영화의 줄거리와 잘 어울리면서도 동시에 감독의 의도를 잘 보여주는 영화 속 최고의 명장면이자 최고의 상징이라고 할 수 있다. 이 장면 외에도 '유통기한이 임박한 통조림', '금발 가발을 쓴 여인' 등 〈중경삼림〉에는 홍콩의 불안한 미래와 혼란스런 홍콩의 정체성 등을 암시하는 다소 노골적인 상징들이 많이 나온다. 감독도 여러 인터뷰에서 홍콩의 주권반환을 앞두고 불안해하는 홍콩 주민들의 모습을 이러한 상징들을 통해서 보여주고자 했다고 분명히 밝힌 바 있다. 따라서 이 영화를 본 관객이라면 아무리 외국인이라도 이러한 감독의 의도를 어렵지 않게 이해할 수 있었을 것이다.

〈첨밀밀〉에서도 감독의 의도를 보여주는 몇 가지의 상징들을 발견할 수 있다. 다만 이러한 상징들이 〈중경삼림〉에 비한다면 도드라지게 드러나지 않는 것들이어서 다소 중의적으로 해석될 수도 있다. 즉, 보는 사람에 따라서 그것들이 다르게 해석될 여지가 있는 것이다. 이제 영화 〈첨밀밀〉에 대한 나의 분석을 다음과 같이 설명해 보겠다.

샤오준이 홍콩으로 오게 된 계기는 오랜 전부터 홍콩에서 살고 있는 고모가 그를 초청했기 때문이다. 그의 고모에 관한 흥미로운 사실은, 그녀는 평생을 과거의 추억 속에서 살았고, 거기에서 헤어나지 못한 채 죽음을 맞이했다는 것이다. 그녀는 젊은 시절에 영화 촬영을 위해 잠시 홍콩을 방문했던 한 유명한 서양 배우와 짧은 사랑을 했고, 이후 그를 잊지 못한 채 독신으로 여생을 보내다가, 샤오준이 미국으로 떠나기 바로 직전에 사망한다.[8]

이렇듯 샤오준의 고모와 같은 다분히 비현실적인 인물을 설정한 감독의 의도는 무엇일까? 그 서양 배우를 평생 그리워했던 샤오준의 고모는, 영국의 식민지로서 서양을 선망하고 닮으려고 애썼던 홍콩의 한 단면을 은유적으로 보여주는 듯하다. 만약 실제로 감독의 의도가 그러하다면, 그녀의 죽음은 홍콩에 대한 영국 식민지배의 종말을 상징한다고 해석할 수 있다.

〈첨밀밀〉에는 상징적인 인물이 한 명 더 등장한다. 한때 치아오의 애인이었던 파오이다. 그는 조직폭력배이지만 그녀가 언제나 의지할 수 있는 고마운 사람이었다. 치아오가 샤오준과 함께 미국으로 떠나지 못했던 것도 곤경에 빠진 그를 차마 외면할 수 없었기 때문이었다.

파오는 비록 조직폭력배이지만 치아오에게만은 친절한데, 이런 그의 양면성도 홍콩을 상징한다고 해석할 수 있다. 이를테면, 홍콩은 중

---

8 1955년에 상영된 〈Love Is a Many-Splendored Thing〉이라는 유명한 미국영화가 있는데, 이것이 한국에서는 〈모정(慕情)〉이라는 제목으로 상영되었다. 이 영화는 홍콩을 배경으로 하고 있어, 홍콩인들에게도 널리 알려진 영화이다. 이 영화의 남자 주인공을 맡은 미국 배우는 윌리엄 홀든인데, 〈첨밀밀〉에서는 이 배우가 영화 촬영을 위해 홍콩을 방문했을 때 샤오준의 고모와 우연히 만나 서로 짧은 사랑을 나누었다고 설정하고 있다.

국에서 온 이민자들에게는 돈이 없이는 살아남기 힘든 살벌한 곳이면서도, 동시에 그래도 자신들과 같은 중국인들이 살고 있어 의지할만한 곳인 것이다. 그런데 파오는 치아오와 함께 홍콩 경찰을 피해 미국으로 도피하던 와중에 서구 자본주의의 심장이라고 할 수 있는 뉴욕의 거리에서 강도들에게 어이없는 죽음을 맞는다.

샤오준의 고모와 치아오의 애인 파오는 다소 작위적인 인물설정으로 보인다. 감독이 영화의 완성도를 해칠 수 있는 이런 작위성의 위험을 감수한 이유는, 이 두 인물을 통해서 영화의 주제를 보다 구체화시키고자 했기 때문일 것이다. 이 두 인물은 각기 다른 홍콩의 단면을 상징한다고 할 수 있는데, 공교롭게도 이들은 모두 영화에서 죽음을 맞는다. 감독은 두 사람의 죽음을 통해서 영국 식민지로서의 홍콩은 이제 끝났다는 사실을 은유적으로 관객들에게 말해주고자 하는 것 같다.

만약 나의 이러한 해석이 타당하다면, 이는 감독이 영화를 만들 때 홍콩의 주권반환을 염두에 두었다는 것을 의미한다. 따라서 샤오준과 치아오의 이별과 재회도 이러한 감독의 의도에 맞추어 해석할 필요가 있다.

샤오준은 치아오를 곧 단념하고 미국으로 홀로 떠난다. 두 남녀 주인공의 결합을 기대했던 외국인 관객들은 이를 쉽게 공감할 수 없었다. 그렇지만 당시 홍콩의 특수한 상황을 고려한다면, 관객은 샤오준의 소극적인 행위를 좀 더 이해할 수 있게 된다. 즉, 감독이 두 연인의 이별을 통해서 말하고자 하는 메시지는, 평범한 우리들은 결국 거대한 사회 환경 변화의 소용돌이에 휩쓸릴 수밖에 없는 연약한 존재라는 것이다. 이를 좀 더 확장하면, 영화 속 두 연인의 이별과 재회는 홍콩 주민들의 홍콩과의 이별과 재회에 대한 은유라고도 할 수 있다.

〈첨밀밀〉에서의 문화적 상징

　〈첨밀밀〉에서는 감독이 의도하지는 않았지만, 은연중에 자연스레 포함된 상징인 문화적 상징들도 발견할 수 있다. 먼저, 영화에서 여러 번 등장하는 자전거가 바로 그들 중 하나이다. 샤오준은 홍콩에서 자전거를 자주 타곤 했다. 영화의 한 장면에서 샤오준은 뒷자리에 치아오를 태우고 홍콩의 번화가를 여유롭게 자전거로 달리기도 했다. 그러나 실제로는 중국과 달리 홍콩에서는 거리마다 차량의 통행이 많아 한가롭게 자전거를 타는 사람을 발견하기가 매우 어렵다. 이런 사실을 고려하면, 허름한 옷차림으로 시내 거리에서 자전거를 타는 샤오준의 모습은 전형적인 중국인임을 상징한다고 볼 수 있다.

　샤오준과 치아오가 헤어지고 오랜 세월이 지난 후 미국의 최대 도시인 뉴욕의 한 거리에서 치아오는 우연히 샤오준의 뒷모습을 발견한다. 그녀가 이 번잡한 대도시에서 오래전에 헤어진 그의 뒷모습을 알아볼 수 있었던 이유는 바로 그가 자전거를 타고 있었기 때문이었다. 옷차림은 깔끔해졌고 자전거도 좀 더 고급스러워졌지만, 그는 여전히 자전거를 타고 있었다. 이는 그가 중국인임을 잃지 않았다는 것이고, 또한 그녀에 대한 사랑도 변치 않았다는 것을 상징적으로 보여준다.

　샤오준과 치아오는 미국, 그것도 대도시인 뉴욕의 한복판에서 마침내 재회하게 된다. 그때 두 사람은 바쁘게 각자 길을 걷고 있었는데, 한 상점의 쇼윈도에 전시된 텔레비전의 방송이 두 사람 모두의 주의를 끌었다. 그것은 대만 출신의 유명 가수 덩리쥔의 갑작스러운 사망소식을 알리는 방송이었다. 과거 두 사람은 덩리쥔의 노래를 즐겨 들었는데,

여느 중국인이나 홍콩인이라도 그녀의 갑작스러운 죽음에 놀라지 않을 수 없었을 것이다.

홍콩의 지구 반대편인 미국에서 헤어진 사람을 찾는다는 것은 마치 모래밭에서 바늘 찾기와 마찬가지일 것이다. 그러므로 헤어진 두 연인이 미국에서 우연히 재회한다는 이러한 설정은 서양 관객들이라면 쉽게 납득하기 어려울 수 있다. 하지만 아시아권 관객들은 이러한 상황의 설정을 큰 거부감 없이 받아들일 수 있는데, 이는 바로 이 영화에 등장하는 '인연'과 '윤회'라는 아시아인들에게는 친숙한 문화적 상징 덕분이다.

과거 샤오준과 치아오가 서로를 열렬히 사랑할 때 두 사람은 함께 덩리쥔의 노래를 즐겨 들었다. 그런데 그들이 좋아했던 그 가수가 사망했다는 소식의 텔레비전 방송 덕분에 헤어졌던 두 사람은 먼 타지에서 기적적으로 다시 만나게 되었다. 그리고 그 둘은 결국 새로운 출발을 할 수 있게 되었다. 누군가의 죽음이 다른 사람의 새로운 출발이 된다는 이러한 설정은 다분히 불교식 윤회를 상기시킨다.

영화의 맨 마지막에는 플래시백으로 샤오준과 치아오가 처음 홍콩으로 오는 장면을 보여준다. 놀랍게도 두 사람은 같은 기차에, 그것도 서로 등진 채 앉아있었다. 마지막으로 감독은 다시 한 번 이 두 사람 사이에는 엄청난 인연이 있었음을 강조한 것이다. 이러한 불교식 인연과 윤회는 한국인 관객들에게도 낯설지 않기 때문에, 앞서 두 사람이 뉴욕의 거리에서 우연히 재회한다는 설정도 보다 쉽게 납득할 수 있는 것이다.

홍콩이나 중국의 관객들은 불교문화에 어느 정도 익숙하기 때문에, 홍콩영화에서 감독이 인연이나 운명을 이용하여 이야기 전개의 우연성을 무마시키는 경우는 드물지 않은 일이다. 또한 영화 〈첨밀밀〉에서 감독이 인연의 중요성을 이야기한 이유는, 홍콩인과 홍콩과의 운명적 인연을 강조하기 위해서였다고 설명할 수 있다. 즉, 홍콩의 주권반환을 앞두고 많은 홍콩 주민들이 홍콩을 떠나야 했지만, 그들의 인연은 여전히 유효하며, 언젠가는 다시 만날 수 있다는 것을 암시한다는 것이다.

〈첨밀밀〉의 감독 진가신은 한 인터뷰에서 이 영화를 만들 때인 1996년, 즉 홍콩의 주권반환 바로 전 해에 홍콩의 정체성이 가장 강했다고 언급했다.[9] 이를 고려하면, 위에서 설명한 영화 속의 여러 상징들에 대한 나의 해석이 이 영화의 작가나 감독의 의도와 크게 다르지 않은 것으로 보인다. 설사 다르다 해도 작품의 해석은 관객의 몫이므로 이러한 시도는 나름의 가치가 충분히 있다. 더욱 중요한 사실은, 이런 방법으로 상징들을 하나씩 해독해 나가면서, 그 영화가 만들어진 배경을 좀 더 잘 이해할 수 있게 된다는 것이다.

영화는 외국의 문화와 사회를 이해하는데 매우 유용한 텍스트로 활용될 수 있다. 왜냐하면 감독이나 작가가 의도했든 아니든, 자신들의 문화적 경험과 당시 사회의 모습들이 은연중에 작품에 포함되기 마련이기 때문이다. 영화 속 주인공이 그 상황에서 왜 그렇게 할 수밖에 없었는지를 이해하려는 시도가 바로 그가 속한 환경, 즉 문화를 이해하는 방법인 것이다. 그리고 그렇게 하기 위해서는 영화 속에 등장하는 여러 상징들을 하나씩 해독할 필요가 있다. 물론 이것은 영화를 제대로 즐기기 위해 필요한 방법이기도 하다.

---

9 「홍콩영화가 망한 이유를 타산지석으로 삼아야」, 『씨네21』, 2002.4.2.

참고문헌

● 단행본 및 학술지 ●

국립국어원, 『숫자로 살펴보는 우리말』, 국립국어원, 2010.

기시모토 미오 · 미야지마 히로시, 김현영 · 문순실 역, 『조선과 중국 근세 오백년을 가다』, 고양
    : 역사비평사, 2003.

김광식, 「한국사회에 반말공용화를 묻는다 – 인지문화철학자의 반말 선언」, 『사회와철학』 28,
    2014.

김기덕 · 이동배 · 장제윤, 「한류 드라마에 나타난 가족주의」, 『문화콘텐츠연구』 2, 2012.

김남희, 「한국 사자춤과 중국 사자춤의 비교연구」, 이화여대 석사논문, 1994.

김동춘, 「유교와 한국의 가족주의 – 가족주의는 유교적 가치의 산물인가?」, 『경제와사회』 55,
    2002.

김성건, 「고도성장 이후의 한국교회 – 종교사회학적 고찰」, 『한국기독교와 역사』 38, 2013.

김세중, 「표준어 정책에 대해서」, 『새국어생활』 14, 2004.

김원중, 「왕따 – 의미, 실태, 원인에 관한 종합적 고찰」, 『상담학연구』 5, 2004.

김진무, 『중국불교사상사』, 운주사, 2015.

김혜원, 『딤섬으로 점심 먹기』, 고려대 출판문화원, 2013.

김호, 『조선과학인물열전』, 휴머니스트, 2003.

김훈호, 「論明淸時期漢語標準語的形成與發展」, 『중어중문학』 41, 2007.

니콜라스 카, 최지향 역, 『생각하지 않는 사람들』, 청림출판, 2010.

러우 위리에, 황종원 역, 『중국의 품격』, 에리리치홀딩스, 2007.

레프 비고츠키, 이병훈 외역, 『사고와 언어』, 파주 : 한길사, 2013.

로널드 허도우, 박의재 역, 『현대 사회언어학』, 파주 : 한신문화사, 1999.

리 소테츠, 이동주 역, 『한자문화, 어디로 가나』, 기파랑, 2010.

리처드 니스벳, 최인철 역, 『생각의 지도』, 파주 : 김영사, 2003.

리처드 도킨스, 이한음 역, 『만들어진 신』, 파주 : 김영사, 2006.

문화체육관광부, 『한국인의 의식 · 가치관 조사 보고서』, 2013.

문화체육관광부, 『한국인의 의식 · 가치관 조사 보고서』, 2016.

마빈 해리스, 박종렬 역, 『문화의 수수께끼』, 파주 : 한길사, 2000.

마이클 에이더스, 김동광 역, 『기계, 인간의 척도가 되다』, 산처럼, 2011.

마크 레너드, 장영희 역, 『중국은 무엇을 생각하는가』, 파주 : 돌베게, 2011.

문성훈, 「강한 선언, 혼란스런 근거—김광식의 '반말공용화'에 대한 반론」, 『사회와철학』 29, 2015.

문소영, 『못난 조선—16~18세기 조선 일본 비교』, 전략과문화, 2013.

박광무, 『한국문화정책론』 (개정판), 파주 : 김영사, 2013.

박규태, 『일본정신의 풍경』, 파주 : 한길사, 2009.

박완호, 『문화로 이해하는 중국』, 파주 : 한국학술정보, 2009.

백낙천, 「국어의 문법화 현상에 대해서」, 『한국언어문화』 39, 2009.

성명진, 「한자문화권에 대한 재검토—동아시아 3개 국어에 있어서 한자의 표음성과 관련하여」, 『한국문화연구』 28, 2015.

심춘수, 「한류드라마 콘텐츠 개발 연구」, 『영상문화콘텐츠연구』 10, 2016.

안병희, 「한국어 차자표기법의 형성과 특징」, 『제3회 국제학술회의 논문집』, 한국정신문화연구원, 1984.

오영균, 「기호와 문자로서의 한자—뜻과 소리의 자리」, 『동아시아문화와예술』 6, 2009.

이근식, 『에덤스미스의 『국부론』 읽기』, 세창출판사, 2013.

이기문, 『국어사개설』, 파주 : 태학사, 2009.

이상영 외, 『우리나라의 자살급증 원인과 자살예방을 위한 정책과제』, 한국보건사회연구원, 2012.

이성무, 『조선의 사회와 사상』, 일조각, 1999.

이중톈, 박경숙 역, 『이중톈, 중국인을 말하다』, 은행나무, 2006.

장장식, 「서울의 관왕묘 건치와 관우신앙의 양상」, 『민속학연구』 14, 2004.

장하준, 『나쁜 사마리아인』, 부키, 2007.

장하준, 『그들이 말하지 않는 23가지』, 부키, 2010.

재래드 다이아몬드, 김진준 역, 『총, 균, 쇠』, 문학사상, 2005.

정광호, 『한국이 싫다』, 매일경제신문사, 2009.

정수일, 『이슬람 문명』, 파주 : 창비, 2002.

조긍호, 「동아시아 집단주의와 유학 사상—그 관련성의 심리학적 탐색」, 『한국심리학회지 : 사회 및성격』 21, 2007.

조긍호・김은진, 「문화성향과 동조 행동」, 『한국심리학회지 : 사회및성격』 15, 2001.

최동주, 「문법화의 유형과 기제」, 『민족문화논총』 37, 2007.

최재석, 『한국인의 사회적 성격』, 현음사, 1994.

최준식, 『한국인에게 문화가 없다고?』, 파주 : 사계절, 2000.

최준식 외, 『한국문화는 중국문화의 아류인가?』, 소나무, 2010.

탁선산, 『한국인은 무엇으로 사는가』, 파주 : 창비, 2008.

필립 스미스, 한국문화사회학회 역, 『문화이론』, 이학사, 2008.

A. H. Maslow, "A Theory of Human Motivation", *Psychological Review* 50, 1943.

Brayan S., "Turner, Individualism, Capitalism and The Dominant Culture : A Note on the Debate", *Journal of Sociology* 24, 1988.

Geert Hofstede, *Culture's Consequences : International Differences in Work-Related Values* (2nd ed.), Beverly Hills CA : SAGE Publication, 1984.

Hyewon Kang Kim, "A Storyteller of Ancient China - A Book Review on 〈Love & War in Ancient China - Voices from the Shijing〉", *Korean Journal of Chinese Language and Literature* 3, 2013.

Hyewon Kang Kim, *Busy Koreans*, Seoul : Korea University Press, 2014.

Hyunjung Lee, "Younghan Cho, Performing Nation-ness in South Korea during the 2002 Korea-Japan World Cup", *Korea Journal* 49, 2009.

Julie Juan Li · Chenting Su, "How face influences consumption—A comparative study of American and Chinese consumers", *International Journal of Market Research* 49, 2006.

Marcia A. Finkelstein, "Correlates of individualism and collectivism : Predicting volunteer activity", *Social Behavior and Personality* 39, 2011.

M. Ishii-Kuntz, "Collectivism or Individualism? Changing Patterns of Japanese Attitudes", *Sociology & Social Research* 73, 1989.

Paul J. Hopper · Elizabeth Traugott, *Grammaticalization*, Cambridge : Cambridge University Press, 1993.

R. Bond, "Conformity across cultures", *Encyclopedia of Applied Psychology* 1, 2004.

Rowan Cruft, "Human rights, individualism and cultural diversity", *Critical Review of International Social and Political Philosophy* 8, 2005.

R. S. Yeh, "On Hofstede's Treatment of Chinese and Japanese Values", *Asia Pacific Journal of Management* 6, 1988.

William S-Y. Wang, "Languages Emergence and Transmission", Edited by Alain Peyranbe and Chaofen Sun, *Studies on Chinese Historical Syntax and Morphology*, Paris : EHESS, 1999.

William S-Y. Wang, *Love & War in Ancient China*, Hong Kong : City University of Hong Kong Press, 2013.

Yang Bing Zhang et al., "Harmony, Hierarchy and Conservatism : A Cross-Cultural Comparison of Confucian Values in China, Korea, Japan and Taiwan", *Communication Research Reports* 22, 2006.

金惠媛, 「個人意識與團體意識」, 『香港文學』 303, 2010.

金惠媛, 「教會十字架與招財貓」, 『香港文學』 305, 2010.

金惠媛, 「大衆文化」, 『香港文學』 308, 2010.

金惠媛, 「外來語與固有語」, 『香港文學』 318, 2011.

金惠媛, 「錢」, 『香港文學』 317, 2011.

金惠媛, 「以電影了解香港」, 『城市文藝』 82, 2016.

● 신문 및 정기간행물 ●

「경제・복지・문화・통일 '4대 국정기조'」, 『경향신문』, 2013.11.18.

「금수저-흙수저는 현실, 한국은 신계급사회로 가고 있다」, 『경향신문』, 2015.11.17.

「부자는 하나님나라에 가지 못한다?」, 『기독일보 Atlanta』, 2012.5.2.

「잘못 쓰는 높임말 "고객님, 이 옷은 사이즈가 없으세요" 사물 존대 NO」, 『동아일보』, 2015.3.18.

「中 초고속 경제성장의 그늘, 농민공」, 『동아일보』, 2016.8.29.

「한자 잃어버린 베트남도 '한자부활' 움직임」, 『세계일보』, 2011.7.1.

「시진핑 "국민이 풍족한 '소강사회' 건설"」, 『세계일보』, 2012.11.16.

「홍콩영화가 망한 이유를 타산지석으로 삼아야」, 『씨네21』, 2002.4.2.

「중국 선전시, '선한 사마리아법' 첫 시행」, 『연합뉴스』, 2013.8.1.

「이웃도 정부도 못 믿는 한국…타인 신뢰도 OECD 국가 중 23위」, 『연합뉴스』, 2017.2.9.

「"무리한 사교육 노후에 '毒'…대학까지 양육비 4억 육박"」, 『연합뉴스』, 2017.2.28.

「한 남성 화장품 시장 세계1위…'외모 가꾸기'에 지갑 연다」, 『YTN』, 2016.7.10.

「중국유래 '혼천의'를 우리 지폐에 담다니」, 『조선일보』, 2007.1.22.

「中 건설업체, 19일만에 57층 건물 완공」, 『조선일보』, 2015.3.11.

「신자 수, 개신교 1위…"종교 없다" 56%」, 『조선일보』, 2016.12.20.

「인정받으려 발버둥 대한민국이 아픕니다」, 『조선일보』, 2017.9.16.

「세종시대 최첨단 역법서-'칠정산'」, 『한겨레』, 2005.12.7.

「'우리문화 도둑질' 중국 반한감정 고조」, 『한겨레』, 2008.8.5.

「르네상스시대 천재 넘쳐났던 비밀은」, 『한겨레』, 2012.3.23.

「조선의 금속 활자는 왜 세상을 못 바꿨나」, 『한겨레』, 2014.1.5.

「'제노포이아' 심각…32% "이민자와 이웃되기 싫어"」, 『한겨레』, 2016.3.14.

「미 한인 설날 'Lunar New Year' 표기 캠페인」, 『한국일보』, 2015.1.20.

"Breakfast, lunch and dinner : Have we always eaten them?", *BBC News Magazine*, 2012.11.15.

"800,000 worshippers on Hong Kong Chinese New Year day", *CNN*, 2010.2.9.

"Welcome to the plastic surgery capital of the world", *CNN*, 2012.8.9.

"South Korean mega-churches : For God and country", *The Economists*, 2011.10.15.

"China's Migration Workers - at the Heart of Economic Growth", *Epoch Times*, 2016.6.6.

"The economic forecasters' failing vision", *Financial Times*, 2008.11.25.

"Gifu man, 71, sues NHK for distress over its excess use of foreign words", *The Japan Times*, 2013.6.27.

"Uglies of the world, unite!", *The New York Times*, 2000.8.27.

"China's college entry test is on obsession", *The New York Times*, Asia Pacific Edition, 2009.6.12.

"Money means more to people since financial crisis", *Reuters*, 2010.2.22.

"Only 1pc Hong Kong have plastic surgery, survey finds", *The South China Morning Post*, 2007.2.26.

"Christ has risen", *The South China Morning Post*, 2009.4.12.

"Fewer Hong Kong teens expect to complete university", *The South China Morning Post*, 2013.4.25.

"HKU Centre for Suicide Research and Prevention Release Latest Figures", *The South China Morning Post*, 2015.9.14.

"I don't understand the world of filthy rich : gold filled wedding with 'emperor' groom mocked online in China", *The South China Morning Post*, 2016.1.12.

"Hong Kong residents, mainland people have similarities - and also big differences", *The South China Morning Post*, 2016.11.12.

"No toilets, water or heating··· China's migrants still living on margins despite promise of reform", *The South China Morning Post*, 2016.11.21.

"Hong Kong people still need better social welfare protection", *The South China Morning Post*, 2017.6.21.

"At HK$ 1 million, Hong Kong parents spend three times global average on children's education : study", *The South China Morning Post*, 2017.6.30.

"Lee Kuan Yew, the Man Who Remade Asia", *The Wall Street Journal*, 2015.3.27.

"Culture May Be Encoded in DNA", *Wired*, 2009.3.5.

「鲁迅为何如此痛恨汉字 : "汉字不灭, 中国必亡"」, 『人民网』, 2010.12.7.

●기타●

SBS TV (2012.3.25~2012.4.8). SBS특집 다큐멘터리 3부작 〈천재들의 도시 피렌체〉.
다음백과, "중국의 역법", http://100.daum.net/encyclopedia/view/b15a3111b010
다음백과, "한국의 역법", http://100.daum.net/encyclopedia/view/b15a3111b011
일본어 한자어의 동음이의어, http://100.daum.net/encyclopedia/view/b15a3111b011
Geert Hofstede, http://geert-hofstede.com